W

Detlef A. Huber

Zwischen Walen und Windeln am Ende der Welt

Einmal quer durch Südamerika

Wiesenburg Verlag

Bildnachweis:
Alle Bilder von Detlef A. Huber

Bibliografische Information der Deutschen Nationalbibliothek:

Die Deutsche Nationalbibliothek verzeichnet diese Publikation
in der Deutschen Nationalbibliografie;
detaillierte bibliografische Daten sind im Internet
über http://dnb.ddb.de abrufbar.

1. Auflage 2013

Wiesenburg Verlag
Postfach 4410 · 97412 Schweinfurt
www.wiesenburgverlag.de

ISBN 978-3-95632-108-5

Für Klara & Thilo

MURG, 18.3.2014

FÜR MEINEN LB.

BRU. VOLKER

Inhaltsverzeichnis

AB JETZT GIBT'S KEIN ZURÜCK
Hamburg, Hafen

Die große Reise beginnt mit Nummernziehen. Womit auch sonst. Wir befinden uns schließlich noch in Deutschland. Paco und ich haben die Nummer 3031 im Abfertigungsgebäude O'swaldkai mitten im Hamburger Hafen gezogen. Brummifahrer gehen hier ein und aus, und mir ist leicht mulmig. Hoffentlich klappt alles, und unser Wohnmobil, das neuerdings auf den Namen Paco hört, kommt mit. Er ist vollgepackt bis oben hin, jetzt schon überladen und mit vollen Gasflaschen an Bord. Darf man nicht. Stand so in dem Beipackzettel von Seabridge, unserem Spediteur. Auf gar keinen Fall Gasflaschen! Ist gefährlich, und man kommt sonst nicht aufs Schiff. Da ich jedoch wenig Lust verspüre, gleich zu Beginn der Fahrt einen argentinischen Gashöker zu suchen, um zu testen, ob unser Gasflaschen-Adapter auch wirklich funktioniert, probier ich es einfach mal aus. Die Grande San Paolo wird wegen ein bisschen Campinggas schon nicht abfackeln. Und wenn: Wir sind gut versichert. Allerdings muss der Kahn dann auch wirklich absaufen.

Dann geht alles ganz schnell. Eine freundliche Hamburgerin erklärt mir, wie ich in die Ladezone komme und was ich zu tun habe. Auf jeden Fall Warnweste tragen. Was ich auch brav mache, damit man keinen Container auf mich plumpsen lässt. Die Übergabe selbst gestaltet sich recht unspektakulär. Ich stelle Paco einfach auf den Parkplatz zu all den anderen Landmaschinen, Lastkraftwagen, Baggern und sonstigem schweren Gerät, das von hier seine Reise in die weite Welt antritt. Ein Wohnwagen steht auch mittenmang und ein Camper aus Basel, der offensichtlich die Panamericana schon hinter sich hat. Paco ist also in guter Gesellschaft. Ein Azubi der Hafenlogistik oder so ähnlich kommt angetrabt, notiert alle Schmutzflecken und Macken, und fertig. Der Mann hat weder einen Blick ins Wageninnere geworfen, noch Fragen zur Beladung gestellt. Zündschlüssel steckenlassen, Türe nicht abschließen, den Rest machen dann die Jungs im Hafen. Das war's. Alle Aufregung umsonst. Jetzt muss ich nur noch meine Familie heil über den Teich bringen. Die anschließende Zugfahrt zurück nach Freiburg absolviere ich mehr oder weniger im Schlaf. Kein Wunder nach drei Flaschen Pfälzer Riesling (Liter), zwei Flaschen Primitivo aus Apulien (Dreiviertel) und diversen Schnäpsen vom Vorabend mit meinen Freunden Hase und Jojo. Irgendwo zwischen Mannheim und Karlsruhe lässt das Kopfweh dann nach, und ich starre aus dem ICE ins Badische. Jetzt gibt es kein Zurück mehr, denke ich. Paco ist so gut wie verschifft, das Flugticket nach Buenos Aires schon lange gekauft und dem Brötchengeber gekündigt. Wobei das in meinem Falle nicht ganz richtig ist. Ich konnte meinen Arbeitgeber davon überzeugen, dass ich völlig überflüssig sei und sowieso zu teuer. Wäre viel besser, mich mit einer kleinen, bescheidenen Abfindung „freizusetzen", wie das heutzutage heißt. Es ist gar nicht so lange her, als ich dies meinem neuen Boss – Amerikaner und ehemaliger Hedge-Fonds-Manager – erklärt habe. Bei ranzigen Erdnüssen und einem überteuerten Paulaner Weißbier in einer Hotelbar in Boston. Zum Glück war seine Reaktion ausgesprochen professionell, geradezu freundlich. Nicht etwa, weil ich ohnehin auf der Abschussliste stand (dann wäre meine Abfindung wahrscheinlich stattlicher ausgefallen), sondern weil ich angeboten habe, in den nächsten sechs Monaten einen Übergabeplan auszuarbeiten, meinen Nachfolger gewissenhaft einzuarbeiten und danach bis zu meinem Abflug und bei Bedarf als freier Berater zur Verfügung zu stehen. Eigentlich selbstverständlich. Nicht so in Amiland. Wenn dort jemand kündigt, ist spätestens zwei Wochen später Sense. Jeff – mein Chef – war dementsprechend glücklich und bedankte sich artig für meine Fairness. Was er zu diesem Zeitpunkt wahrscheinlich nicht auf dem Schirm hatte, war – Amiladen hin oder her – mein Schweizer Arbeitsvertrag mit komfortablen sechs Monaten Kündigungsfrist. Komfortabel, wenn man unfreiwillig „freigesetzt" wird, quälend lange, wenn man nicht mehr will. Und bei mir war das so. Ich war durch. Kein Bock mehr. Kein Burnoutopfer, einfach keine Lust mehr. Ich war jetzt sieben Jahre bei der Firma, und es hat einen Mordsspaß gemacht. Die Karriereleiter hochgeklettert, zum Schluss „SVP" (sehr wichtig für Amerikaner und Engländer: Senior Vice President, im Deutschen Sprachgebrauch – auch ganz wichtig: Direktor), „Reporting" direkt an den CEO[1], Mitglied des „Management Teams" und der höchsten Bonusstufe, wenn denn einer gezahlt wurde. In der höchsten Stufe war das zum Glück meistens so. Die Bezahlung war in Ordnung, ebenso die Arbeitszeit. Wenn man vom Blackberrywahnsinn und der ständigen Erreichbarkeit einmal absieht sowie von Telefonkonferenzen zur Unzeit, weil Amerikaner nicht wissen, dass Europa in einer anderen Zeitzone liegt.

Das wurde aber mehr als aufgewogen durch ansprechende Reisetätigkeit – London, Paris, New York, Rocky Hill. Die Hotels sollten laut Reisereglement nicht die ersten am Platze sein (zu prätentiös), aber das jeweils zweite oder dritte durfte es dann schon sein. Damit lässt sich leben, selbst wenn man leicht verwöhnt ist. Das Spesenkonto ließ sich sehen, der Chef war weit weg, und auch sonst gab es keinen, der mir in die Suppe spuckte. Warum also „das alles" aufgeben, um mit Diana und den Kleinen in ein Wohnmobil zu ziehen? Ich habe mich das, ehrlich gesagt, selbst nicht gefragt (nur ganz kurz). Dafür meine Eltern umso mehr. „Bist du sicher, dass du das willst? Du hast doch soooo einen tollen Job. Und dann noch zu den Wilden nach Südamerika, mit kleinen Kindern. Ist das nicht unverantwortlich?"

---

1   Chief Executive Officer

Ist es nicht. Unverantwortlich wäre es, einen lange gehegten Traum nicht umzusetzen, obwohl man es könnte. Man lebt schließlich nur einmal. Gut, der Spruch ist einer, mit dem sich im Zweifel auch Crackkonsum rechtfertigen ließe. Ändert aber nichts daran, dass es stimmt. Ich habe die Leute immer bewundert, die mit „wenig" glücklich und zufrieden sind.

Die wagemutige Reisen unternehmen, mehrere Sprachen können und fremde Völker kennenlernen, über den berühmten Tellerrand blicken und dann auch noch – welch Wunder – glücklicher sind als die heimische Arbeitsameise. Warum es also nicht selber versuchen? Erst recht, wenn man „alles" erreicht hat. „Alles", das heißt in diesem Falle einen Opel Astra zum Pendeln in die Schweiz, eine Familienkutsche, ein Mittelreihenhaus zur Miete, ausreichend Urlaub und einen gut gefüllten Weinkeller (auf diesen möchte ich allerdings wirklich nicht verzichten). „Wenig" bedeutet hingegen, nicht der Norm entsprechen und sich dem ISO-zertifizierten Leben zumindest zeitweise zu entziehen. Ich wollte das einmal ausprobieren. Einfach mal etwas anderes machen, uns einen Traum erfüllen. Der jetzige Job war ausgereizt, die Kinder noch nicht in der Schule, Diana am Ende ihrer Elternzeit. Was liegt also näher, als ein gebrauchtes Wohnmobil zu kaufen, es nach Buenos Aires zu verschiffen und gemütlich durch Südamerika zu gurken?

Ich muss zugeben: so einiges. Beispielsweise weitermachen wie bisher. Die denkbar einfachste Variante. Oder einen anderen Job suchen und das große Abenteuer – wie so viele – auf die Rente und die Zeit nach dem zweiten Herzinfarkt verschieben. Ganz schlechte Idee. Dann doch lieber den Quartalshippie geben und sich ins Ungewisse stürzen. Die meisten Freunde, denen ich von unserer Idee erzählt habe, fanden unser Vorhaben mutig und gaben zu, sich so etwas nicht zu trauen. Mutig sieht meiner Meinung nach anders aus. Zum Beispiel auf Ski zum Nordpol wie Reinhold Messner, oder Missionar im Kongo, oder seiner Frau sagen, dass die neue Hose nicht wirklich passt. Mit einem Mercedes-Wohnmobil durch Südamerika ist allenfalls außerhalb des üblichen Wahnsinns, nicht aber besonders mutig. So dachte ich jedenfalls. Jetzt, kurz vor der Einfahrt nach Freiburg und nur noch wenige Wochen bis zum Abflug sehe ich das nicht mehr ganz so. Hoffentlich klappt das alles. Hoffentlich müssen wir unsere Kenntnisse aus dem Erste-Hilfe-Kurs für Kinder nicht anwenden. Hoffentlich beißt uns keine tollwütige Fledermaus (ja, das gibt's). Hoffentlich werden wir nicht ausgeraubt. Hoffentlich hält Diana mich sieben Monate, 24 Stunden rund um die Uhr aus und ich sie. Wird schon irgendwie schiefgehen. Ein Zurück gibt's jetzt ohnehin nicht mehr.

Wenig später sind dann endlich die Kühlschränke abgetaut, der Weinkeller dezimiert (wir haben eine recht trinkfreudige Nachbarschaft), und wir werden mit großem Bahnhof von Nachbarn und Eltern verabschiedet. Höhepunkt der folgenden 22 Stunden sind die acht Stunden Schlaf von Klara und Thilo – stell' ich später noch vor –, absoluter Tiefpunkt: die Lufthansa-Fütterung. Gegen Mitternacht werden abgezählte Blechschachteln an die eingepferchten Economy-Passagiere verteilt. Nachdem man sich die Finger an der Aluhülle verbrannt und den Siffdeckel irgendwie unter den Napf bekommen hat, wird der Blick auf den Inhalt frei. Kantine vom Feinsten. Rindergulasch mit Maisbrei (hochtrabend als Polenta angekündigt), geschmacksneutraler Salat, ein Grahambrötchen, das in der Konsistenz zwischen Schwamm und Reibeisen schwankt, ein Würfel Käseersatz und zum Nachtisch pappiger Nusskuchen. Klebt mir jetzt noch am Gaumen. Zum Glück bequemt sich der fliegende Kellner wenigstens, mir einen Kirsch aus der Business-Klasse zu holen. In der Holzklasse wird wahlweise Baileys (für die Mädels) oder Chantré (für wen weiß ich nicht) gereicht. Nun denn, möglicherweise bin ich durch meine Geschäftsreisen etwas verwöhnt.

DER PLAN
Freiburg – Ushuaia und zurück

Unser Plan ist eigentlich ganz einfach. Sieben unbeschwerte Monate mit Familie im Wohnmobil durch Südamerika. Von Freiburg einmal nach Ushuaia und wieder zurück. Ushuaia liegt in Argentinien und ist die südlichste Stadt des amerikanischen Kontinents. Danach kommt nur noch der Südpol – bzw. einige chilenische Außenposten, die nur gegründet wurden, damit nicht Argentinien die südlichste Siedlung Amerikas sein Eigen nennt.

Die Detailplanung der Route ist dann nicht mehr ganz so simpel, wenn man „nur" sieben Monate zur Verfügung hat und man einerseits viel sehen, aber auch nicht zickzack durch Argentinien und Chile fahren kann und will. Nach etlichen Stunden über Landkarten und Reiseführern zeichnet sich die grobe Route dann einigermaßen ab: von Buenos Aires an die Atlantikküste, an derselben bis zur Península Valdez, UNESCO-Weltnaturerbe, wo zwischen Oktober und Dezember Wale bei der Aufzucht ihrer Brut beobachtet werden können. Verlegung ins Inland und Streifzüge durch die Seen und Wälder bei Bariloche. Erste Andenquerung nach Chile bei Pucón und dann wieder südwärts über die Isla Chiloé auf die sagenumwobene Carretera Austral. Wieder Sprung an die Küste Argentiniens nach Puerto Deseado (Magellanpinguine gucken) und dann ab nach Feuerland und Ushuaia. Zu Weihnachten treffen sich in der Nähe der südlichsten Stadt der Welt europäische Globetrotter, um gemeinsam zu feiern. Dann geht's wieder zurück nach Freiburg, also gen Norden. Auf dem Heimweg nehmen wir die argentinischen Gletscher Patagoniens mit und fahren über Santiago de Chile, diesmal an der Pazifikküste, bis in die Atacamawüste. Wieder Andenquerung nach Salta in den argentinischen Nordwesten und flugs zu den Iguazú-Fällen. Vielleicht streifen wir auf dem Weg dorthin Paraguay. Ein mehrwöchiger Aufenthalt an den Stränden Brasiliens ist angedacht, um uns von den Reisestrapazen zu erholen, bevor wir Uruguay unsicher machen und wieder in Buenos Aires landen. Nicht ganz unambitioniert für den Zeitraum, mit zwei Kleinkindern im Gepäck und einem Wagen, der schon auf deutschen Autobahnen kaum 90 km/h auf den Tacho kriegt. Aber es ist eben nur ein Plan und ein schöner noch dazu.

Schnell ist klar, dass es etwas anders laufen wird. Schon im Juni 2011 hatte der chilenische Vulkan namens Puyehue in der Nähe von Bariloche Asche gespuckt und den internationalen Flugverkehr streckenweise lahmgelegt. Nachdem sich die Lage zunächst beruhigt hatte, gab es im Oktober wieder vermehrte Aktivität. Die Zeitungen, die ich noch in Buenos Aires lese, schreiben von starker Beeinträchtigung der Bevölkerung, gesperrten Pässen, Autounfällen mangels Sicht, hunderttausenden verendeter Schafe. Dazu gibt es Bilder von Kindern mit Mundschutz und Bergseen, auf denen zentimeterdicke Asche wabert. Nicht gerade das, was man sich als Urlaubsort aussucht. Ich besorge mir Informationen von Bekannten vor Ort und höre, dass die Presse wieder einmal dick aufträgt und alles nicht so wild sei, höchstens punktuell. Wegen der vorherrschenden Ostwinde sei auch nur die argentinische Andenseite betroffen, in Chile bliebe kaum etwas hängen. Als dann im November ein zweiter Vulkan, diesmal auf argentinischer Seite und weiter südlich, Asche bläst, wird mir klar, dass die argentinische Schweiz möglicherweise doch auf uns verzichten muss. Wir wollen uns aber selbst ein Bild machen und kreuzen die Anden im Zweifel etwas weiter südlich als geplant. Das Schöne an Plänen ist schließlich, dass sie geändert werden können.

Die Crew, die diese Strecke hinter sich bringen soll, besteht aus Klara, meiner Tochter, zum Zeitpunkt des Reiseantritts fünf Jahre alt, Thilo, gerade drei Lenze jung, und meiner Frau Diana, deren Alter ich hier verschweige, die aber für mich immer noch süße 25 ist und hoffentlich auch bleibt. Klara ist eine kecke Blondine mit hellblauen Augen, deren Mundwerk nicht still steht. Mädchen eben. Momentane Lieblingsbeschäftigungen: Rollenspiele aller Art, und das ohne Unterlass, wildfremden Leuten von ihrem ersten Wackelzahn erzählen sowie Willkommensparty für unsere Rückkehr planen. Bereits in der ersten Woche Buenos Aires stand die grobe Festplanung für den halben Kindergarten inklusive Spiel- und Speisefolge. Seitdem wird täglich verfeinert. Mit Thilo, Typ blonder Frechdachs mit den schönen grünen Augen seiner Mutter, hat sie gemeinsam, dass alles, was nicht niet- und nagelfest ist, gesammelt wird. Selbst wenn wir einen 12-Tonner als Gefährt hätten, wäre dieser innert kürzester Zeit gefüllt mit Muscheln, Stöckchen, Steinen, Samen, Federn, Blumen und was sonst noch so auf südamerikanischen Böden herumfliegt, wenn Diana und ich nicht regelmäßig ausmisten würden, was – so wir denn ertappt werden – von herzzerreißendem Geflenne begleitet wird. Thilos Lieblingsbeschäftigungen sind: in dunkle Löcher greifen, Müll sammeln, Pfützenspringen und alles sofort anfassen, was gerade in seiner Gegend kriecht, krabbelt oder verwest. Je ekliger, desto besser.

Es ist schön zu sehen, wie beide alles Neue aufsaugen und wie unkompliziert die Reise mit ihnen ist – meistens. Enger Raum, ungewohnte Gegend, fremde Leute und Laute, alles kein Thema. Es gibt ja auch immer etwas Spannendes aufzuheben oder anzufassen. Nur das Sitzen im Auto ist ihnen etwas lästig, und der Fahrer bekommt das zu spüren. Am liebsten auf sechsspurigen Schnellstraßen in Buenos Aires oder, wenn wir uns gerade verfahren haben. Dann ist immer Alarm, und zwar vom Feinsten. Einen Kampfjet durch feindliche Flugabwehr zu steuern, ist eine Yogaübung im Vergleich zu dem Stress, den diese Bagage verursachen kann, wenn sie gerade fies drauf ist. Allerdings wäre die Fahrt ohne die Kleinen auch nicht das Gleiche. Obwohl mein Gemütszustand schwankt zwischen „Ach Gott, was sind die herzig!" und „Wir fahren morgen wieder zurück, und ihr kommt ins Heim!", bin ich unglaublich stolz auf sie und freue mich riesig, dieses Abenteuer mit ihnen teilen zu können. Und natürlich mit Diana. Der patenten Hamburger Deern, die ich liebe, seit ich sie auf dem Schlagermove auf dem Kiez gesehen habe. Obwohl wir schon acht Jahre verheiratet sind und viel Schönes zusammen erlebt und auch erreist haben, ist die Fahrt in einer Kunststoffschachtel von 12 qm eine Prüfung der besonderen Art. Allerdings habe ich nicht den geringsten Zweifel, dass wir das bzw. die Kinder schon schaukeln werden. Und deutlich reicher an Erfahrungen und Eindrücken wieder in den Schwarzwald kommen, vielleicht sogar entspannter, als das in unseren Breitengraden üblich ist.

ERDBEBEN IN BUENOS AIRES
Erste Tage am anderen Ende der Welt

Klara merkt sofort, dass etwas anders ist als bei uns im Schwarzwald. „Papa, gibt es hier eigentlich viele Erdbeben?" Verdutzt
frage ich, wie sie denn darauf komme. „Na, weil die Straßen hier
alle offen sind. Das kommt doch von den Erdbeben, oder?"

Wir machen gerade einen Ausflug nach San Telmo, einem
Stadtteil in Buenos Aires, wo uns die Lufthansa vorgestern abge-
setzt hat. In diesem Viertel, dessen Wege in der Tat schon bessere Zeiten gesehen haben, findet jeden Sonntag ein Flohmarkt
auf der Plaza Dorrego statt. Antiquitätenhändler und Kunsthandwerker, fliegende Orangensaft-, Empanada- und Kaffeever-
käufer zwischen Touristen aus aller Herren Länder. Dazu jede
Menge *porteños*, die Einwohner von Buenos Aires. Neben der Plaza die alte Markthalle, eine der letzten verbliebenen in der Stadt.
Zwischen Gemüse, Obst und Fleisch, alten Teddys, Büchern,
Kristall und allerlei Antikem genehmigen wir uns eine Pause an
der Marktbar. Bei uns gibt es so etwas leider selten. Zwischen
den Einkäufen mal kurz „einen zwitschern", sich mit den Nachbarn austauschen, ein schneller Kaffee oder gleich Mittagessen.
Alles in herrlich verstaubter Atmosphäre, wo Pfannen und
Kochgerät mindestens so alt sind wie die Matronen dahinter. Jeder hat Zeit, und nichts pressiert, wie bei uns so häufig. Da Klara
und Thilo aber nicht annähernd soviel Freude daran haben wie
wir, uns auf Barhockern die Patina vergangener Zeiten anzusehen, geht's zügig weiter zum Straßentango. Der hat mir 2002, als
ich zum letzten Mal in Buenos Aires war, mitunter am besten gefallen. Der alte Mann mit Hut, der jede Frau betanzt, ist immer
noch da, ebenso der schmalzlockige Tangoindio, der auf der
Mitte der Plaza eine eindrucksvolle Schau bietet. Im Gegensatz
zu ihm ist seine Tanzpartnerin nicht älter geworden, aber blon-

der als die letzte. Allerdings fehlt der Blondinen das Loch im Netzstrumpf, das die Verflossene noch zur Schau trug. Hat sich in meine Erinnerung eingebrannt. Passte auch viel besser zu der leicht morbiden Kulisse. Aber ich will mich nicht beschweren, die „Neue" ist wirklich nicht von schlechten Eltern. Die Tangolehrer hier haben schließlich Geschmack und auch eine gute Auswahl.

Sonst ist hier viel beim Alten geblieben. San Telmo war früher im 19. Jahrhundert ein Reichenviertel, und dementsprechend viele schöne, teils verfallene Villen sind hier zu sehen. Insbesondere, wenn man die Nebenstraßen der Plaza Dorrego und der Flaniermeile Defensa durchstreift. Eine Gelbfieberepidemie hatte die wohlhabende Schicht 1871 in luftigere Gegenden weiter im Norden vom Buenos Aires vertrieben. Geblieben sind die Villen, die zu sog. *conventillos* umfunktioniert wurden. Statt einer Familie wohnten nun mehrere in den einstigen Herrschaftshäusern in wohl nicht ganz feinen Umständen. Für viele Einwanderer waren diese Behausungen erste Anlaufstelle in ein neues Leben. Die modernen Conventillos nennen sich heute Hostals und werden zeitweise von Touristen bewohnt, die viel Geld in Umlauf bringen, mal mehr, mal weniger freiwillig (angeblich wurde die Tochter von George Bush im Beisein von sechs Bodyguards ihrer Tasche entledigt). Aber die Armut ist nach wie vor nicht zu übersehen. Bei uns nennt man das „mediterraner Charme". Die Chancen, dass San Telmo diesen behält, stehen nicht schlecht, da keine Häuser mehr abgerissen und durch gesichtslose Blocks ersetzt werden dürfen.

Am liebsten hätte ich uns auch in einem runtergerockten Appartement voller Antiquitäten und mit einem Grill im Hof eingemietet, aber drei von vier Freunden rieten mir dringend von so einem Wahnsinn ab. Vor allem nachts sei ein Streifzug durch die Gemeinde nicht unbedingt angesagt, da das Viertel zusammen mit dem Nachbar*barrio* La Boca zu den gefährlicheren Gegenden gehört. Ich bin fest davon überzeugt, dass Einheimische diesbezüglich leicht paranoid sind, aber ich wollte kein Risiko eingehen. Wenn Klebstoff schnüffelnde Kinder schon in schicken Einkaufszentren zu sehen sind und Altpapiersammler (*cartoneros*) allerorten, muss ich mit zwei im Badischen (halbwegs) sozialisierten Bälgern nicht den Helden spielen. Diana hat schon die Krise gekriegt, als sie hörte, dass die Limo vom Flughafen in die Stadt nicht über zwei vom TÜV Süd zertifizierte Kindersitze verfügt, sondern über gar keine. Aber das ist eine andere Geschichte.

Wir wohnen derzeit im Stadtteil Barrio Norte, unweit vom angesagten Teil Buenos Aires namens Palermo Hollywood weiter nördlich und der edlen Gegend Recoleta ein paar Blocks im Süden. Dass diese Ecke zu den besseren bis sehr guten gehört, merkt man erst auf den zweiten Blick. Auf den ersten sieht man mehrstöckige Wohnhäuser mit zahllosen Geschäften im Parterre, viele Restaurants und noch mehr Autos. Erinnert alles ein bisschen an oberklassige Wohngegenden in Madrid. Sowohl die Architektur (wilde Mischung aus Glas, Stahl, Holz und Klinker, dazwischen Jahrhundertwende) als auch das rege Treiben auf den Trottoirs. Nicht zwingend schön – zumindest nach Maßstäben deutscher Gemütlichkeit –, aber teuer. Uns gefällt's. Wir schließen unseren Hausmeister Oscar ins Herz und haben schnell unsere Stammkonditorei an der Ecke gegenüber, die ganz vorzügliche buttrige Minicroissants (*medialunas*) und beste Konditorwaren feilbietet. Der Wäschemann kennt uns nach knapp zwei Wochen auch, das Internetcafé sowieso. Die Eck*parrilla* einen Block weiter rechts ist deutlich besser und auch billiger als die vielen schicken Grillrestaurants der Gegend, die Pastamanufaktur – auch nur 5 min zu Fuß – unschlagbar. Die Kleinen vertilgen Unmengen der mit Fleisch und Schinken gefüllten Tortelletis. Um auch die Raviolones und andere frisch gezauberte Teigtaschen zu probieren, sind wir leider viel zu kurz in der Gegend. Mit anderen Worten: Wir könnten hier ewig rumgammeln. Einziger Minuspunkt: Tretminen. Da die besser situierten Argentinier offenbar nichts zu tun haben, außer Steuern zu hinterziehen, legen sie sich Wach-, Jagd-, Kuschel- und sonstige Hunde zu. Braucht man hier unbedingt. Da die Zeit dann aber doch zu kostbar ist, um Gassi zu gehen, hat – wer auf sich hält – einen Hundeführer. Kannte ich vorher auch nicht. Ein Hundeführer ist ein meistens männlicher Tierliebhaber, der gar nicht genug Hunde spazieren führen kann. So werden zehn, zwölf, in einem Fall sogar gezählte vierzehn (!) Hunde an ebenso vielen Leinen von Dienstleistern in den Park geführt, damit sich Hund und Herrchen gleichermaßen entspannen können. An unserem ersten Samstag haben wir auf kurzer Strecke vier Gassischwadrone zählen können. Was diese hinterlassen, ist unschwer auszumalen.

STADT DER KONTRASTE
Zwischen Polospielern und Cartoneros

Wenige Tage nach unserer Ankunft ruft Paola bei uns an. Paola kenne ich von früher, sie ist die Frau meines ehemaligen Arbeitskollegen Guillermo in Buenos Aires, mit dem ich 2002 die hiesigen Bars unsicher machen durfte. Momentan macht sie in Sachen Marketing und sucht Sponsoren für Polomannschaften. Zwar habe ich gerade keine 150.000 Dollar locker, um ein Team für eine Saison zu sponsern – wird vielleicht noch –, über eine Einladung zu einem Match freue ich mich aber trotzdem riesig. Schließlich wollte ich schon immer mal eines sehen. In der „Kathedrale" des Polo, der Arena in Palermo erst recht. Meine Kenntnisse des Spiels beschränken sich auf die Szenen in „Pretty Woman", wo viele Reiche und Schöne mit Champagnerglas am Feldrand stehen und hinterher den Rasen wieder glatt treten. Ist nicht ganz so. Ich werde trotzdem nicht enttäuscht. Das Spiel ist rasend schnell auf einem Feld, etwa doppelt so groß wie ein Fußballplatz. Die Spieler (vier pro Mannschaft und jeder mit mindestens zwei Pferden angereist) reiten wie die Henker im Bündel von rechts nach links und links nach rechts. Dazwischen hört man das harte Klackklack der Schläger, und es staubt kräftig. Bei all der Schnelligkeit wirkt das Spiel erstaunlich kontrolliert, und man wundert sich, dass nicht dauernd ein Spieler vom Pferd fällt oder einen der langen Schläger (*mallet*) an den Helm bekommt. Allerdings sind die argentinischen Spieler Weltklasse und ohne Konkurrenz. Selbst in diesem Vorrundenspiel, das schlecht besucht ist, hat kaum ein Spieler ein Handicap unter acht. Handicap 10 ist die höchste Leistungsklasse, und wenn ich recht informiert bin, sind die Top-Spieler mit diesem Handicap ausnahmslos Argentinier. Haben ja auch genug Platz, um die Pferde einzureiten, und nicht wenige haben auch das nötige Kleingeld, sich diesen Sport zu leisten.

Das Faszinierende an Buenos Aires sind die vielen Gesichter und Kontraste. Auf der einen Seite Polopublikum in Tommy-Hilfiger-Tracht, auf der anderen schwarzfüßige Straßenkinder und Cartoneros. Das sind die, die nachts den Müll nach Altpapier und Karton durchwühlen. Manchmal sieht man morgens abgemagerte Gäule im Stadtverkehr, die Karren voll mit Papier und Pappe in die Vororte ziehen. Schicke und superteure, aber auch superleckere Eisdielen, die auch nach Hause liefern, neben Kleinkrämern, Hundefutterhökern und Geflügelschlachtern. Im Süden der Stadt La Boca und San Telmo mit dem Ambiente vergangener Zeiten, in der Mitte das hektische Geschäftszentrum mit der fürchterlichen Calle Florida, einer schier end- und lichtlosen Fußgängerfalle, und der prachtvollen Avenida de Mayo, die sehr stark an die Gran Via im Zentrum Madrids erinnert. Unweit davon der Puerto Madero, eine gekonnt aufgehübschte alte Hafengegend, heute Flaniermeile mit Calatravabrücke, Mehrsternehotels, Restaurants und Büros. Eine der wenigen verkehrs- und hundefreien Zonen der Stadt. Im Norden dann die besseren Wohnviertel und Parks mit Zoo, Botanischem Garten und allem, was der Städter so braucht. Eine tolle Mischung, in der man es sehr gut aushalten kann, wenn man sich erst mal an den Verkehr und die Geräuschkulisse gewöhnt hat. Haben wir nach über zwei Wochen Großstadt nicht wirklich. Trotz Einfachverglasung.

Hier ein paar Monate Zeit und Geld totschlagen (dann aber nur mit Kindermädchen) oder für eine Weile auch arbeiten: Sofort! Aber leben? Ich weiß es nicht. Trotzdem es uns und vor allem mich immer wieder in die Ferne zieht und mir bundesrepublikanische Pedanterie, Einfallslosigkeit und Bürokratie zuwider sind, würde ich hier wohl nicht glücklich werden. Der deutschen Effizienz wird hier zwar Improvisationstalent entgegengesetzt, aber das ist nicht alles. Pedro, mein argentinischer Freund aus Madrider Studienzeiten, erklärte mir kürzlich, dass ein Argentino immer einen Plan B hat – mindestens einen. Man ist stets auf alles und nichts gefasst und kann mit jeder Situation umgehen. Das ist eine Tugend, die uns zumindest in Nordeuropa abgeht.

Nach zwei Wochen Hundescheiße, irren Busfahrern und ewigem Warten, sowohl auf unser per DHL vor fünf Wochen verschicktes Paket (steckte drei Wochen im Zoll, völlig normal) als auch auf den Frachter mit Paco, hilft einem das aber auch nicht wirklich. Man will eben immer das, was man gerade nicht hat. Das ging mir schon damals in Madrid so, wo ich ein Jahr studiert habe (andere würden sagen: wo ich eingeschrieben war). Nach mehreren Monaten Leben in Saus und Braus kam die Ernüchterung, und ich konnte den Lärm, den Dreck, die Öffnungszeiten (der Geschäfte – ich war immer entweder zu früh oder zu spät) und das schale Bier nicht mehr ertragen. Zwei Wochen daheim bei geleckten Straßen und funktionierendem Nahverkehr, und ich vermisste pulsierendes Leben, Tapas und die Öffnungszeiten (der Bars). Zu Buenos Aires sind die Unterschiede aber krasser. Das betrifft vor allem die Kriminalität. Wir merken davon zwar wenig, fühlen uns sicher. Die Taxifahrerin, die schon 14 Mal am helllichten Tag überfallen wurde und deshalb weder Mobiltelefon noch Autoradio hat, gab uns zu denken, und in Zeitungen und Gesprächen mit Freunden ist Sicherheit ständiges Thema, mit starkem Einfluss auf die Lebensqualität. Wer Kinder hat und es sich leisten kann, zieht in abgeschlossene und gesicherte Wohnblöcke am Stadtrand. Dort ist man dann rund um die Uhr bewacht und hat in seinem Wohnkomplex ein eigenes Schwimmbad, Gemeinschaftsräume mit Grill, Spiel- und Tennisplatz etc. Noch eine Spur sicherer ist, wer der Stadt gleich ganz den Rücken kehrt und mehrstündiges Pendeln in Kauf nimmt. So wohnt beispielsweise Martín, auch ein ehemaliger Arbeitskollege und Freund, in einer Retortensiedlung im Tigredelta. Wo vor zehn Jahren rein gar nichts war, außer Feld, Wald und Wiese, sind mittlerweile komplette Kleinstädte entstanden. Jede mit mehreren Sicherheitsgürteln. Einer um die ganze Siedlung und ein weiterer um die einzelnen *barrios*. Einlass nur nach Vorlage der Ausweise und Kontrollanruf beim Gastgeber. Dann erst wird Einlass gewährt. Drinnen gibt es mehrere Schulen, Kinos, Kaufhäuser und sogar eine kleine Klinik nebst Buslinie direkt ins Zentrum von Buenos Aires. Natürlich nur für Bewohner der Siedlung. Hier muss man sich keine Sorgen machen, wenn die Kinder auf den verkehrsberuhigten Straßen spielen, und hat Platz für *parilla*[2], Pool und Einliegerwohnung von Kindermädchen oder Zugehfrau. Klar, ich hätte auch gerne einen drei Quadratmeter großen Grill auf meiner Terrasse neben dem Pool. Aber bitte nicht hier. Dann doch lieber europäisch beengt leben und klitzekleine marinierte Fleischlappen, Steak genannt, auf meinem Obi-Billig-Rundgrill geröstet. Dafür gibt es (zumindest noch) Sicherheit für meine Familie, kurze Wege und vor allem ein gewachsenes, natürliches Umfeld. Die Kneipe an der Ecke, den Wochenmarkt fußläufig, die Kinderkrippe ohne Stacheldraht. Klingt zwar ein bisschen spießig, aber das „mediterrane Flair" mit allem, was dazugehört, brauche ich nicht rund um die Uhr. Höchstens manchmal. Dann fahre ich nach Hamburg ins Schanzenviertel oder gleich gen Spanien.

Neben der Sicherheitslage ist die Inflation ein weiteres Problem. In der La Nación, einer angesehenen Tageszeitung, stand letzte Woche, dass sich die offizielle Inflation kaum bewegt. „Kaum bewegt" bedeutet nach hiesigem Verständnis knapp um etwa ein Prozent – pro Monat. Ende des Monats September 2011 betrug die offizielle Inflation damit „nur" 9,9 %. Wohlgemerkt: die *offizielle* Inflation, also die von der Regierung aufgrund getürkter Zahlen und gefälschter Statistiken verbreitete Propa-

---

2   Grillstelle, meistens gemauert

ganda. Das wäre für uns schon der GAU. Die tatsächliche Inflation beträgt hingegen satte 25 – 30 % p.a. Ist zwar immer noch besser als die Hyperinflation von 1989 mit 200 % – pro Monat –, aber Spaß macht es trotzdem nicht. Ein Ladenbesitzer klagt, dass er dauernd die Preise neu ausschreiben muss, in einem Restaurant wird ein 25%iger Aufschlag bei Zahlung mit Kreditkarte verlangt, und ich meine auch, dass die Zeitung vor einer Woche noch etwas günstiger war, bin mir aber nicht sicher. Wenn man hier arbeitet und nicht in der Gewerkschaft ist oder einer unterprivilegierten Wählergruppe angehört, die von der derzeitigen Kleptokratie namens Kirchner protegiert wird, hat man ein ernstes Problem. Die Preise gehen stetig nach oben, die Gehälter werden aber nicht im selben Maße und schon gar nicht im selben Tempo angepasst. Wer kann, tauscht seine Pesos schnellstmöglich in Dollar um. Als ich meine Mitgliedschaft im A.C.A., dem Pendant zu unserem ADAC, bezahlen will und frage, ob es in der Nähe denn Banken oder Wechselstuben gäbe, fragt mich die nette ältere Dame hinter dem Schalter, ob ich denn nicht bei ihr tauschen wolle. Privat. Da sie mit 1 USD:4,24 Pesos einen guten Kurs bietet[3], kommen wir schnell ins Geschäft. Ratzfatz hat die Frau, die gar nicht so nach Schwarztauscher aussieht, ein paar Bündel 100-Peso-Scheine aus ihrer Handtasche gezaubert und mir nach sehr sorgfältiger Prüfung meiner Dollarnoten auch ausgehändigt. Scheint ein übliches Nebengeschäft der Angestellten des A.C.A. zu sein.

---

3 Anmerkung: ein halbes Jahr später war der offizielle Kurs schon bei ca. 1:5; Ende 2012 kann ein Argentinier offiziell praktisch gar keine Dollar mehr tauschen, nur nach Antrag für Geschäfts- oder Urlaubsreisen. Dann werden auch gerne mal USD 90.– für zwei Wochen Miami gewährt. Über Kreditkarten kann im Ausland eingekauft werden, da der offizielle Dollarkurs aber manipuliert ist, nimmt die Bank bei USD-Transaktionen einen 15%igen Aufschlag. Das ist dann noch ein gutes Geschäft. Sommer 2013 wird auf der Straße schon 1:9 getauscht, der offizielle Kurs ist immer noch ca. 1:5!

EIN HAIFISCHBECKEN NAMENS ZOLL

Im Hafen von Buenos Aires

Coima kommt aus dem *lunfardo*. Das wiederum ist eine Sprache oder besser gesagt eine Art Dialekt, der sich in Buenos Aires im Zuge der Einwanderung von Mitte des 19. Jahrhunderts bis zum Beginn des ersten Weltkriegs entwickelt hat. Es ist eine bunte Mischung aus Gossen- und Ganovenjargon mit sehr vielen genuesischen, neapolitanischen und sizilianischen Einflüssen, mit französischen, portugiesischen, englischen und deutschen Einsprengseln (z.B. *chopp* für Bierglas von Schoppen, auch im brasilianischen Portugiesisch gebräuchlich). Begriffe aus dem indianischen Quechua, der Landbevölkerung sowie des Militärs runden das Ganze ab. Viel davon hat sich in der Alltagssprache der Porteños gehalten, und ein sehr sehr, sehr wichtiges Wort ist das eben erwähnte *coima*. Nach dem Lexikon des Lunfardo bedeutet es: Gratifikation für denjenigen, der ein Geschäft ermöglicht. Oder: Handgeld für den Spielhöhlenbetreiber (*garitero*), damit dieser sich um den Spieltisch sorgt. Man kann das auch weniger aufwendig mit Schmiergeld übersetzen. Schmiergeld passt in diesem Fall besser als das hässlichere Wort Bestechung, da es letztlich für eine Leistung gezahlt wird, die ohnehin erbracht worden wäre – irgendwann –, aber diese Leistung eben schneller erbracht wird oder von besserer Qualität ist bzw. von weniger Begleiterscheinungen geprägt. Was man ordentlich schmiert, läuft eben. Bestechung hingegen ist eher für Gefälligkeiten, die normalerweise nicht geleistet würden.

Wie dem auch sei, in den 980.– USD, die ich dem Agenten von Grimaldi, Plate Logistics S.A., auf den Tisch lege, sind 350.– USD für dessen Subagenten, Abteilung Zoll. Diese Leistung ist fakultativ und beinhaltet alle „Trinkgelder", wie mir versichert wird. Ich könnte den Wagen auch selbst aus dem Hafen holen, was aber gut drei

Tage dauern würde – mindestens. Da mir meine argentinischen Freunde geraten haben, einen Bogen um das Haifischbecken Zoll zu machen, nehme ich dies Angebot weniger dankend als vielmehr grummelnd an. Ich kann mir einen besseren Zeitvertreib vorstellen, als mit Zöllnern zu verhandeln, die ihren Bakschisch flöten gehen sehen. Ein befreundeter Anwalt bestätigt mir letztlich, dass dies die richtige Entscheidung war. Es ist wohl durchaus üblich, dass Zollagenten ihre Kontakte regelmäßig mit hübschen Summen beglücken, damit die Waren der Agenturkunden nicht im Hafen verschimmeln. Wir werden sehen.

Paco hat nun schon über eine Woche Verspätung. Ich war vorgewarnt, dass es Verzögerungen geben könnte, und habe unser Apartment vorsichtshalber für ein paar Tage länger gemietet. Dass es aber sooo lange dauern würde, damit habe ich nicht gerechnet. Zunächst war die Grande San Paolo für Dienstag, 11. Oktober angekündigt. Am Vortag hieß es dann Donnerstag, am Mittwoch stellte sich heraus, dass der Kahn noch in Rio ist und wohl erst Samstag/Sonntag einlaufen würde, was wir für einen Kurzausflug ins Umland nutzen. Guter Dinge rief ich dann am Montag, 17. November beim Agenten von Plate Logistics an, nur um zu hören, dass wegen Schiffsstau in Buenos Aires zunächst in Zarate, einem unweit gelegenen Hafen, gelöscht würde und am Mittwoch erst in Buenos Aires. Zum Glück haben wir keine Nachmieter und können in unserer Wohnung bleiben. Mittlerweile kennen wir fast jeden Park (davon gibt es hier viele, besonders sehenswert der Jardín Japonés und der Parque Tres de Febrero mit einem schönen Rosengarten), und uns fällt die Decke auf den Kopf. Am Donnerstag, 20. Oktober ist es dann endlich soweit, und ich darf mit Myriam, meiner mir zugeteilten Zollagentin, den Papierkram erledigen und Paco dann am Freitag aus den Fängen italienischer Reeder und argentinischer Zöllner befreien. Keine glückliche

Kombination, aber mit ordentlich Coima und einer hoffentlich hübschen Agentin sollte die Sache laufen!

Im zweiten Stock des leicht angeschmuddelten Zweckbaus war Myriam schnell ausgemacht. Lange blondierte Haare, enge Jeans, blaues Top, alles schön drapiert. Mit der unterhält sich jeder Zöllner gern, denke ich. Stimmte auch. Nachdem sie mir zwei Unterschriften abgeluchst hat, verschwindet sie in einem Zollbüro. Publikumsverkehr ist offensichtlich unerwünscht. Die Rollläden vor den Schaltern sind dicht, die Türen zu und die Herren über Export und Import drinnen. Wahrscheinlich trinken sie gutgelaunt Mate und zählen ihr Schmiergeld. Irgendwann kommt Myriam dann wieder. „Alles bestens, komm' morgen so um 09:00 – 09:30 Uhr." Auf meine ziemlich dämliche Frage, wann denn nun, 09:00 Uhr oder 09:30, bekomme ich die präzise Auskunft: „Na, zwischen 09:00 Uhr und 09:30 Uhr."

Freitag um Punkt 10 Uhr und 36 Minuten taucht Myriam dann auf. Ich war natürlich schon um 09:00 Uhr da, bin nach anderthalb Stunden Warten schon ganz weich. Mit mir warten Bernard der Belgier sowie ein französisches Rentnerpärchen, France und Guy. Es gibt Probleme. Super. Sie erzählt irgendetwas vom Terminal und dass das Schiff ja erst gestern fertig gelöscht wurde und verschwindet wieder in einem Verschlag. Wieder warten. Lernt man hier, wenn man will. Will ich aber nicht. Allerdings interessiert das keinen. Letztendlich kommt unsere Agentin wieder, tut geknickt und teilt mit, dass die Container mit den Autos meiner Zufallsgefährten noch nicht bereitgestellt sind.

„Habt Ihr etwa nicht anständig geschmiert? Kann man das nicht irgendwie regeln?" Myriam schaut mich entsetzt an. „Nein nein, das liegt nicht an uns. Wir zahlen laufend und ordentlich und haben Priorität. An uns liegt das nicht, das kannst du mir glauben." Bernard wartet auf seinen Landrover Defender, den er mit seiner Familie, drei Mädchen, einer Frau und einem Bordercollie, für die nächsten zwei Jahre beziehen will. Guy und France haben sich nach 16-monatiger Reise im Wohnmobil durch Südamerika ein Stückchen Land bei Salta (Nordargentinien) gekauft und importieren ein Auto aus Frankreich. Für den frankophonen Teil der Gruppe wird es auf jeden Fall Montag. Da Paco im sog. RoRo-Verfahren[4] gekommen ist, macht mir Myriam etwas Hoffnung. Ich solle es am Nachmittag noch mal probieren. Mein Wagen steht zwar schon in einem Depot bereit, aber es gibt Probleme mit dem Computersystem, sie kann nicht bezahlen und daher auch nicht den Wagen rausholen. Also schlage ich Freitagnachmittag wieder im Hafen auf. Dort wartet schon Martin, der Obergauner von Plate Logistics, höchstpersönlich. Er führt wichtige Telefonate. Ich bekomme mit, wie er etwas von guten Kunden erzählt und dass seine Firma pro Jahr 70 Wohnmobile aus dem Hafen hole, er also bitteschön etwas Entgegenkommen erwarte. Hoffnungslos. Auch die 100 Dollar, die ich sicherheitshalber eingesteckt habe, würden nicht helfen. Der Zoll ist schon geschmiert und macht in diesem Fall keinen Ärger. Die Gesellschaft, die den Hafen betreibt, ist das Problem, und die nehmen kein Geld. Und selbst wenn, es ist schlicht und einfach keiner mehr da, der das Depot aufschließen könnte. Mir fehlen die Worte. Die Grande San Paolo ist seit einem Tag gelöscht, der Wagen im Depot, aber die fleißigen Argentinier sind am Freitag um drei Uhr nachmittags von ihrer Siesta so erschöpft, dass sie schon nach Hause gegangen sind, um weiterzuschlafen. Also noch ein Wochenende Großstadt.

Am Montag schießt mir fast ein Freudentränchen ins Auge, als ich Paco ganz alleine und unversehrt im Depot stehen sehe. Die Hafenarbeiter, die noch den harten Freitag in den Knochen haben, sitzen im fast leeren Lager und spielen Karten. Einer bringt

---

4   Roll-on Roll-off, d.h. der Karren wird wie bei einer Autofähre auf's Schiff gefahren und wieder runter.

mir den Wagenschlüssel, und die erste Inspektion ergibt: Alles bestens, nichts ist weg, der Wagen springt an. Offensichtlich haben die gemeingefährlichen Gasflaschen keinen größeren Schaden angerichtet. Im Zoll wird es dann noch mal schwierig, weil gerade Schichtwechsel ist und meine Passnummer noch nicht im System. Myriam hilft nach, und der Chefzöllner höchstselbst bequemt sich an den Computer. Ein dienstbeflissener Kollege erklärt ihm, wie das Ding funktioniert. Wir pendeln dann noch dreimal zwischen dem Chef und einem weiteren Schalter hin und her, weil das System meine Passnummer partout nicht schlucken will. Ursache: mehrfacher Eingabefehler seitens des Oberzöllners! Was soll's. Zwei Stunden später ist Paco befreit, und ich stürze mich um die Mittagszeit in den Stadtverkehr.

Meinen Pass, meinen Führer- und Fahrzeugschein (hatte ich beides auch in internationaler Ausfertigung dabei) oder die Versicherung wollte in den Tagen dieser Aktion übrigens niemand sehen.

Nachtrag: Kaum vier Wochen unterwegs, treffen wir zwei Schweizer, die ihren Wagen selbst aus dem argentinischen Zoll geholt haben. Acht Stunden hin und her an einem Tag (ähnlich viel Zeit habe ich mit Agenten auch im Hafen verbracht) und 240 USD Hafengebühren, mehr nicht.

Die Pampa ruft
In der Provinz Buenos Aires

Bei Martín in Nordelta/Tigre haben wir gut gesichert den Wagen auf Vordermann gebracht. Die Einwohner des Viertels schauen etwas verwundert, wer sich da vor Tennisplatz und Pool ausbreitet. Nehme an, dass hier nicht alle Tage eine deutsche Familie Wasser bunkert und Ersatzreifen auf Wohnmobile wuchtet. Dann endlich Straße. Wir wollen so schnell wie möglich an den Strand und wählen die Ruta Nacional 3 Richtung Tres Arroyos, etwa 500 km südlich von Buenos Aires. „Da haben Sie aber Glück. Ich bin gerade eben erst gekommen. Hatten Sie sich angekündigt? Eigentlich haben wir nur im Sommer geöffnet." – „Äh, nein. Wir dachten, Sie hätten das ganze Jahr offen", antworte ich der älteren resoluten Dame, die mit ihren blonden Haaren so gar nicht argentinisch aussieht. „Können wir denn trotzdem eine Nacht bleiben?" Nach zwei Tagen Fahrt, bei Kälte und Regenwetter, hätte ich nur sehr ungern wieder abgedreht. Es ist schon nach fünf, die Kinder sind unruhig, und ich müsste die 7 km Piste zurückjuckeln, um dann erst recht nicht zu wissen, wo wir bleiben sollen.

Wir befinden uns auf der Estancia San Joaquin mit Campingplatz „El Quincho en el Campo", was so viel heißt wie „Landlaube", und natürlich können wir bleiben. Es ist halt nur noch nicht alles hergerichtet, aber die Dame kümmert sich liebevoll und weist uns ein. Duschen können wir bei ihr, da die beiden Campingduschen noch kein Warmwasser führen. Der Platz ist zauberhaft, mitten in der Pampa. Ein kleines Haus mit Scheune und Schuppen, umgeben von Zäunen und alten Bäumen. Dazwischen stolzieren Pfauen, ein paar Truthähne glucken vor sich hin, und Hund, Katze, Pferd fehlen auch nicht. Blickfang ist die ansehnliche Ruine eines Herrenhauses, ehemals 19 Zimmer auf

500 qm, im toskanischen Stil 1912 von einem italienischen Architekten für die Familie Dystrup aus Dänemark erbaut. Leider war der Architekt zu stilsicher und hat die Villa nicht den klimatischen Gegebenheiten angepasst. Es ist saukalt hier, wie auch wir feststellen. Der Däne ging pleite, und die Villa verfiel, wurde als Getreidespeicher genutzt. Unsere Gastgeberin Frau Verkuyl, selbst im Kindesalter aus Holland eingewandert, wohnte zwar noch in dem Anwesen, aber die Feuchtigkeit, einmal im Gemäuer, war nicht wegzubekommen, und man baute neu. Rinder, Schafe, Weizen und Mais sind das Hauptgeschäft der Familie. Vor drei Jahren kamen der Campingplatz und zwei Gästezimmer dazu. Neben der Villenruine steht der *quincho*, ein Wort aus dem indianischen Tehuelche, das man ins Deutsche wohl am besten mit Laube oder Sommerküche übersetzt. Ein großer Schuppen aus Rotklinker mit Grill und Kamin, Gasherd, Spüle, Sitzgelegenheiten, liebevoll eingerichtet. Wir genießen das Ambiente und versuchen, die nasse Kälte mit einem Feuerchen aus unseren Gliedern zu vertreiben, was nur leidlich gelingt, da die Wärme nach oben zieht und fast nichts in dem strohgedeckten Häuschen bleibt. Das hält uns aber nicht davon ab, den Grill ordentlich zu befeuern. Zwar laufen Gasleitungen direkt am Grillrost vorbei, aber über solche Kleinigkeiten sehen wir nach nur wenigen Wochen Südamerika geflissentlich hinweg. Unser erstes selbst gegrilltes Fleisch ist zwar kalt, bevor es den Teller erreicht, riecht aber lecker und schmeckt auch so. Wir zündeln noch ein wenig, trocknen nasse Socken am Grill, probieren uns im Mate-Trinken[5] und fallen irgendwann todmüde in die Falle.

Am nächsten Tag ist es wieder schön und warm, und der Strand ruft. Nach 30 km Schotter finden wir diesen in einem Ort namens Reta. Mörderdünen, endloser Strand, eine noch verlasse-

---

5 Dazu ausführlich im Kapitel weiter unten: Was ist das eigentlich: Mate-„Tee"?

ne Strandbude und kein Mensch weit und breit. Es ist so was von Vorsaison, das gibt's gar nicht. Wir genießen es, fahren mit Paco ganz an die Dünen ran und speisen das erste Mal im Freien. Um uns nur Sand, dahinter Wellenrauschen und sonst wirklich nichts. Kein Auto, kein Touri, kein Strandhändler, gar nichts. Es gibt Reisspeise, die ich kräftig versalze, etwas Sand weht auch in den Teller, aber den kann man ja mit Bier bzw. Saft herunterspülen, bevor die Gegend weiter erkundet wird.

Am Abend sitzen wir wieder mit Frau Verkuyl in der wärmenden Sonne auf der Bank vor dem Quincho, und sie erzählt uns in einer Mischung aus Englisch, Deutsch und Holländisch ihre Familiengeschichte und etwas über die Gegend. Hier sind ab 1880 vorwiegend Dänen und Holländer mit fast nichts eingewandert (nur zwei Monate Ochsenkarren von Buenos Aires) und wollten nicht wieder weg. Kein Wunder, ist ja auch wie zu Hause: schön flach und kalt. Versprochen hatte man Häuser, Werkzeug, Tiere, Land, Saatgut und billige Kredite. Bekommen haben Sie unwirtliches Land, Pampasgras, so weit das Auge reicht, missmutige Indianer und, wer nicht fleißig Mate getrunken hat, auch noch Skorbut. Aber wer dem Nordmeer Land abringen kann und sich von holländischem Gemüse ernährt, der kommt auch in der Pampa zurecht. Und in der Tat, die Indianer wurden vergrault, die anfänglichen Höhlen und Zelte aus Kuhhäuten sind schmucken Villen und Estancias gewichen. Noch heute sind 10 % der Einwohner des Distrikts Tres Arroyos holländischer Herkunft (weitere 30 % dänischer). Häufige Namen der Gegend sind de Vries, Jansen, Olthoff, Mulder, Groenenberg und natürlich Verkuyl. Von den einstig heimischen Tehuelche ist nicht mehr viel übrig. Überfälle der Mapuche und Araukaner haben die Tehuelche dezimiert, den Rest haben die neuen Einwanderer besorgt. Geblieben sind ein paar Wörter, die Eingang ins hiesige Spanisch gefunden haben, z.B. der beschriebene *quincho*, oder der *poncho*, den auch wir kennen, was so viel wie Mantel heißt, ein *rancho* bzw. eine „Ranch" bedeutet ursprünglich nichts weiter als Ort. Das spanische Dach – *techo* – kommt angeblich auch aus dem Indianischen, und Schwein heißt hier *chancho* (sprich: tschantscho, im Spanischen *cerdo*). Die Dame des Hauses freut sich, dass wir uns für ihre Geschichte interessieren, und schreibt sie uns auf, zusammen mit Rezepten für Chimichurri und Salsa Criolla[6], beides Fleischtunken, die nicht aus dem argentinischen Speiseplan wegzudenken sind. Wir werden durch den Stall geführt, lernen die Pferde kennen, den kauzigen Gaucho, der das ganze Jahr auf dem Gut wohnt und darauf aufpasst, denn die Familie kommt nur noch im Sommer hierher. Unsere Kleinen spielen mit den Hunden und sind nicht mehr wegzukriegen von den Kätzchen in der Scheune, die erst ein paar Tage alt sind. Es ist fast wie zu Hause, und wir genießen die wenigen Tage in vollen Zügen. Aber wir wollen südwärts, sind immer noch in der Provinz Buenos Aires, und Patagonien ist noch weit, ganz zu schweigen von Feuerland.

---

6 Chimichurri: grobes Salz, Oregano, Chili, Pfeffer, Knoblauchpulver, süße Paprika. Alles mischen und wahlweise mit kochendem Wasser, Whiskey oder in der klassichen Variante mit Öl und einem Schuss Essig anrühren.
    Salsa Criolla: frische Paprika, Zwiebel und Tomate klein hacken und mit Salz, Essig, Öl anrühren. Wer will, kann auch frisches Koriandergrün zufügen.

AM TOR ZU PATAGONIEN
Bahía Blanca nach Carmen de Patagones

Mit frischen Eiern, selbstgemachter argentino-holländischer Marmelade und Honig von Pampabienen geht es weiter nach Pehuen-Co, einem der letzten Strandorte vor der nächsten Stadt. In Pehuen-Co öffnen die Geschäfte erst abends um 19:00 Uhr, was besonders misslich ist, wenn man Hunger hat, die Kinder maulen und die Vorratskammer wenig hergibt. Es ist ausgesprochen schwierig, unsere deutschen Geschäftsöffnungszeiten aus dem System zu bekommen, also stehen wir spätestens nach 14:00 Uhr vor verrammelten Läden. Dann eben an den Strand, der genauso verwaist ist wie die Straßen des Nestes. Kurz vor Einbruch der Dunkelheit zeigt sich dann erstes Leben. Das nutze ich, um Chips und Bier zu erstehen sowie Pasta. Im Gegensatz zu mir brauchen unsere Kinder etwas Richtiges zum Essen. Für einen ernsthaften Einkauf ist es aber zu spät, und wir sind müde von Fahrt und Strandwanderung. Da unsere Vorräte ernsthaft zur Neige gehen, beschließen wir, in der nächsten richtigen Stadt wieder zu bunkern.

Laut Straßenkarte ist das Bahia Blanca, keine 200 km südwestlich von Tres Arroyos, also ein guter Tagesritt. Kein besonders interessanter Ort, aber groß genug, um ordentlich einkaufen zu können. Neben Proviantzuladung muss ich mich außerdem um einen neuen Computer kümmern. Da die Supermärkte ja rund um die Uhr geöffnet sind, gebe ich der Technik Priorität. Ein Spielplatz samt Café ist schnell gefunden, und ich gehe – „mal eben schnell" – in eine Filiale der argentinischen Version eines Saturn-Marktes. In so einem hatte ich noch in Nordelta/Tigre ein überteuertes Sony Notebook „made in Argentina" erstanden. Hat leider nicht funktioniert, also möchte ich es einfach gegen ein neues eintauschen, kann ja nicht lange dauern. Die erste Reaktion des freundlichen Kundenberaters: den Touri ignorieren. Die zweite: nicht zuständig. Die dritte: soll später wiederkommen. Es bleibt mir also nichts anderes übrig, als geschäftsmäßig zu werden. Während ich zu einem längeren Lamento über den Kundendienst des Hauses anhebe und was für einen Schrott man hier offensichtlich verkaufen würde, wird die Schlange hinter mir länger. Mein Plan scheint aufzugehen. Ich werde weitergereicht an jemanden, der etwas weiter oben in der Nahrungskette steht. Nochmals erzähle ich die Geschichte des Kaufes, der absolut vorschriftsmäßigen Einrichtung aller Programme und dem letztendlichen Versagen des vor mir liegenden Mülls. Garantiekarte sowie Rechnung habe ich und biete an, mich mit dem Verkäufer im hunderte Kilometer nördlichen Tigre verbinden zu lassen, der auf seine Mutter geschworen hat, dass ich beim kleinsten Problem einen Umtausch vornehmen könne. Mein Gegenüber wird langsam weich und lässt einen Kollegen kommen. Ich solle mal zeigen, was kaputt sei. Also Computer hochgefahren und – alles klappt. Peinlich. Typischer Vorführeffekt. Vielleicht hat das Ding ja doch nichts. Schließlich ist das nicht meine Materie. Wenn in der Firma was nicht lief, habe ich jemanden von der IT-Abteilung kommen lassen und bin einen Kaffee trinken gegangen. Hier bin ich aber alleine in einer großen fremden Welt ohne „Helpdesk", IT-Abteilung oder Kollegen, die ihren Rechner besser kennen als ihre Frau. Die Vorstellung, mit einem möglicherweise unzuverlässigen Notebook fortgeschickt zu werden, macht mir Angst, also hilft nur noch die Flucht nach vorne. „Mag ja sein, dass das jetzt so aussieht, als wäre nichts. Aber ich schwöre Ihnen, bei den letzten x Startversuchen passierte null Komma nix. Das Notebook hat eindeutig einen Schaden, und wenn ich jetzt kein neues kriege, dann gebe ich es eben zurück und bekomm' die Kohle wieder." Damit habe ich offensichtlich einen Nerv getroffen. Die Aussicht, Bares rauszurücken, bewegt mein Gegenüber, ans Telefon zu gehen. Fünf Minuten später stehe ich wieder vor meinem anfänglichen Widerpart, der mir leicht angesäuert ein neues Notebook aushändigt. Mission accomplished. Zumindest teilweise. Denn wir bekommen es wieder einmal nicht hin, die Öffnungszeiten der hiesigen Supermärkte abzupassen, und stehen abermals vor verschlossenen Türen. Schwein gehabt. Keine 20 km weiter hätte man uns sämtliches Obst und Gemüse wieder abgenommen. Zwar hatten wir mit Obst-, Gemüse- und Fleischkontrollen gerechnet, da man diese Produkte nicht in die Region Patagonien einführen darf, allerdings liegt Bahia Blanca noch in der Provinz Buenos Aires, und Patagonien beginnt strenggenommen erst bei Carmen de Patagones südlich des Rio Negro. Da man in Argentinien aber vieles nicht sehr streng nimmt, werden wir eben schon knapp 300 km vor Patagonien auf Früchte untersucht, um die Region frei von Fruchtfliegen zu halten. Da unser Kühlschrank gähnend leer ist, findet der freundliche Beamte nur einen Apfel und fragt, ob wir den noch verzehren möchten. Tun Klara und Thilo sehr gerne. Während ich Apfelschnitzchen schneide, lasse ich mich über die folgenden Kontrollen aufklären und bekomme noch eine Karte, auf der die entsprechenden Posten eingezeichnet sind. Schale und Griebs können wir behalten. Offensichtlich essen südamerikanische Fruchtfliegen nur frisches Obst.

Die Fleischkontrolle tags drauf gleich hinter dem Örtchen Pedro Luro verläuft etwas anders. Es ist frühmorgens, und unser Nachwuchs ist nicht in der Stimmung für Polizei- oder sonstige Kontrollen. Als ich dem Fleischwächter unsere halbe Salami aushändige, erhebt sich lautstarker Protest (Klara: „Die Salami ist mein bester Freund, du darfst sie nicht weggeben!"). So wird die Wurst im Beisein des Kontrolleurs verschlungen, als ob es kein Morgen gäbe. Frühstück hätten wir also auch erledigt. Jetzt können wir gleich weiter nach Carmen de Patagones und Viedma, um endlich wieder einzukaufen.

Den Einkauf erledigen wir schnell, die Suche nach dem Phantomcampingplatz am Rio Negro in Viedma gestaltet sich allerdings etwas schwieriger. Die angesprochenen Einheimischen bestätigen zwar die Existenz des Platzes und dass er „hier" oder „in der Parallelstraße" sei, aber es ist hoffnungslos. Nach kurzer Pause drehen wir ohne Besichtigung der angeblich sehenswerten Stadt Carmen de Patagones an die Küste ab. Wir wissen nicht, ob es den Platz noch gibt oder ob wir Opfer der lokalen Unfähigkeit sind, Ortsangaben zu machen, die wir verstehen. Egal wonach wir fragen (Tankstelle, Straße, Supermarkt), die Antwort ist immer entweder „dort" oder „gleich hier" bzw. „ein paar Blöcke weiter". Letzteres ist die Lieblingsortsangabe. Da die meisten Siedlungen, die wir sehen, im Schachbrettmuster angelegt sind, ist die Orientierung recht einfach. Theoretisch zumindest. Praktisch steht man vor einem Argentinier, der in eine Richtung zeigt und in etwa sagt: „Bis dorthin und dann drei Blöcke weiter in diese Richtung." Wenn man das drei bis vier Mal durchspielt, hat man das Ziel irgendwann eingekreist und steht ungläubig vor einer Baracke. Im Zweifel kein Schild, kein Licht, kein Leben. Wenn man sich dann doch reintraut, findet man nicht selten exzellent ausgestattete Läden, die von Wäsche über Tütensuppen bis zum Frischfleisch alles führen. Überhaupt sollte man die Kategorien Supermarkt, Fleischer, Bäcker, Kiosk usw. hier komplett vergessen, da man in fast jedem Laden alles finden kann oder eben nichts. Jede Tür ist für eine Überraschung gut, und wir haben in so manchem Etablissement, das von weitem wie eine indische Fernfahrertoilette aussieht, kuschelige Grillrestaurants gefunden oder nette Bekanntschaften gemacht.

In diesem Fall hilft uns aber auch kein Nachfragen und Einkreisen, der Campingplatz ist schlicht und einfach nicht da. Verschwunden. Da es noch früher Nachmittag ist, entschließen wir uns, einfach weiterzufahren. Carmen de Patagones, laut Reiseführer eines der bestgehüteten Geheimnisse Patagoniens wird für immer eines bleiben. Zumindest für uns.

PAPAGEIENFELSEN
Südlich des Río Negro

Nur 30 km von Viedma entfernt liegt das Balneario El Condor. Es ist benannt nach einem schiffbrüchigen Klipper namens Kondor, der 1881 samt seiner dänischen Besatzung hier gestrandet ist. Glücklicherweise gab es hier schon eine dänische Farm mit einer schönen Tochter, die dem Schiffszimmerer Peter Hansen Kruse gefiel und ihm 13 Kinder schenkte. Zwischendurch wurde ein Leuchtturm gebaut, damit nicht noch mehr Dänen angeschwemmt werden, denn davon hatte man auf dieser Ecke schon genug. Wie die Geschichte weitergeht, weiß ich leider nicht. Irgendwie muss der Ort seiner dänischen Herkunft aber entwachsen sein und hat sich in ein waschechtes argentinisches *balneario* verwandelt oder zu Deutsch: in ein Seebad. Wenn ich Seebad höre, denke ich unweigerlich an Heiligendamm oder Ahrenshoop an der Ostsee. Ein argentinisches balneario ist anders. Eher unspektakulär wie Büsum, aber ohne Deich und Krabben. Der Badeort, in den es uns verschlagen hat, weist eine Strandpromenade auf (teilweise von Sanddünen zugeweht, ist ja noch Vorsaison), ein Casino (Spielautomaten) und mindestens ein Dutzend geschlossene Restaurants. Wir sind mal wieder zu früh aufgeschlagen, mit Glück und nach einigen Kilometern durch die noch verwaiste Feriensiedlung finden wir aber doch noch eine Art Imbiss, wo wir Essbares ergattern können. Ich hatte mir etwas mehr Leben im balneario erhofft, ein bisschen Strand- und Nachtleben, Buddelpartner für Klara und Thilo oder ein Zusammentreffen mit anderen Europäern. Dafür gibt es leeren Strand, so weit das Auge reicht, und die Kinder genießen es, mit den Wellen zu spielen. Diana und ich lümmeln in der Sonne und begutachten das Strandgut, das die Kleinen anschleppen. Es ist zeitweise sogar so warm, dass wir die Badehose anziehen können.

Hauptattraktion ist allerdings nicht der Strand, sondern Vögel. Gleich am Ende der Bademeilen beginnt die größte Papageienkolonie der Welt. In den weichen Stein der Steilküste haben sich auf etwa 30 Kilometer Länge Hunderttausende rot-gelb-grün-blauer Papageien eingenistet. Wir kommen vom Strand ganz nah an sie heran und bestaunen die Flugkünste über uns. Je stärker wir uns den Felsen nähern, desto wilder wird das Geschrei, und noch mehr Federvieh flattert aus den kleinen Höhlen heraus. Einfach toll. Wir spazieren direkt an der Felswand entlang, und ich kann gar nicht aufhören zu fotografieren. Die Papageien schweben direkt über uns, rechts und links aufgeregtes Flügelschlagen, die Viecher krächzen, was das Zeug hält. Erst wenn wir uns ein paar Meter wegbewegen, wird es ein bisschen ruhiger. Wir sind fast die einzigen Strand- bzw. Felsenwanderer, nur ein weiteres Pärchen ist unterwegs und winkt uns von weitem zu. Wir winken zurück. Das Pärchen winkt weiter. „Ich glaube, die wollen was von uns", meint Diana. Da ich nichts gegen einen Schwatz habe und die Kinder kein Interesse mehr an den Papageien zeigen, gehen wir auf die Winker zu. Es stellt sich heraus, dass das ältere Ehepaar uns warnen wollte, zu nah an die Felswand zu gehen. „Die Steilküste ist sehr brüchig und oft gibt es Steinschlag. Man sollte da nicht so nahe rangehen. Als wir euch gesehen haben, dachten wir, wir warnen euch lieber." Auf die Idee hätten wir eigentlich selber kommen können, schließlich können die Papageien ja gerade deshalb so schöne Höhlen bauen, weil der Stein so weich ist. Was soll's, passiert ist nichts, aus der Gefahrenzone sind wir draußen und unterhalten uns gut mit den neuen Bekannten.

Sie hören auf den ur-argentinischen Nachnamen Siegenthaler und leben seit ihrer Rente dauerhaft in El Condor. Gemeinsam laufen wir zurück, und natürlich sind die Papageien das Thema. Was für die Touristen Attraktion und Augenschmaus sein mag, ist für die Einwohner des 1.000-Seelen-Nestes (10.000 in der Saison) zur Plage geworden. Nachts kommen die Vögel in die Stadt und bevölkern die dortigen Stromkabel. Die Geräuschkulisse ist beeindruckend. Manchmal fällt laut Frau Siegenthaler auch der Strom aus, wenn mal wieder zu viele Vögel auf den Kabeln rumlungern. Wir erfahren, dass unsere Retterin esoterische Bücher schreibt und Raúl gerne mal in der Schweiz auf den Spuren seiner Vorfahren wandern würde. Benzinpreise in Europa, die politische Lage in Spanien und einiges andere wird Thema, bis wir langsam wieder in den Ort kommen, die Todesfelsen hinter uns. Über uns der Leuchtturm, der weitere Dänen von der Küste fernhalten soll. Immerhin der älteste noch funktionsfähige Leuchtturm im ganzen großen Argentinien. Thilo will dort rauf. Und zwar sofort, Klara sekundiert. Da es noch früh am Tag ist und wir keine Termine mehr haben, schlagen wir ein und fragen unsere neuen Freunde, wie man denn am besten zum Leuchtturm käme. Sieht eigentlich nicht so kompliziert aus. Ist es aber. Zu Fuß mit kleinen Kindern praktisch nicht zu schaffen, erklären uns Raúl und Corina. Ich kann diese Auskunft verschmerzen, immerhin habe ich schon einmal einen Leuchtturm gesehen. Für Thilo bedeutet das den Weltuntergang, zumindest spielt er den ganz gut. Aber Raúl weiß Abhilfe. „Wartet mal hier. Ich laufe nur kurz zum Haus und hole unser Auto, dann können wir ja gemeinsam hinfahren." Kaum eine Viertelstunde später können wir aufsitzen. Es geht aber nicht gleich zum Leuchtturm, sondern zuerst zur Wohnung der Siegenthalers, denn die Kinder brauchen Schokolade. Von dort fahren wir an die Mündung des Rio Negro nördlich von El Condor. Erst nachdem wir dort die Ebbe, Fischer und Möwen bewundert haben, geht es zum Leuchtturm. Wir sind bestimmt zwei Stunden mit den beiden unterwegs und werden behandelt wie gute Bekannte. Es ist schon erstaunlich, mit welcher Selbstverständlichkeit die Gastfreundschaft in diesem Lande daherkommt. In Deutschland ist das kaum vorstellbar. Wir haben zwar schon oft von solchen Begegnungen gehört, von Rucksacktouristen, die wochenlang einfach so bei Zufallsbekanntschaften wohnen, von großer Hilfsbereitschaft, von Menschen, die einfach nur nett sind. Sich nicht zu fein, ihre Neugier zu zeigen, und das Wenige was sie haben, gerne und ohne Hintergedanken teilen. Unsereins hat schon Probleme damit, sich in einem vollen Restaurant an einen schon besetzten Tisch dazuzusetzen.

Wir tun die Offenheit anderer Kulturen nur allzu oft als oberflächlich ab. Das mag für einen überfreundlichen Kellner in New York, der nur von seinem Trinkgeld lebt, gelten. Hier stimmt das nicht. Ob wir es glauben wollen oder nicht, es gibt Leute, die einfach nur freundlich und hilfsbereit sind, neugierig und zu alledem auch noch Zeit haben, eine Familie vom anderen Ende der Welt ein paar Stunden durch die Gegend zu kutschieren. Das gilt nicht nur für Rentner, sondern für viele andere auch, die weniger dem Hamsterrad als vielmehr ihrer Laune verbunden sind. Wir haben ob unserer Fixierung auf „echte" Freundschaften, die wir dann doch nur zweimal im Jahr nach langer Planung sehen, den Blick verloren für die Wichtigkeit des vermeintlich Unwesentlichen. Wir sind imstande, einen Yoga- oder Qi-Gong-Kurs zu belegen, nur um uns „wieder ins Gleichgewicht zu bringen", wieder zu „entschleunigen". Dabei wäre es doch so viel einfacher, sich mehr Zeit für den Schwatz am Markt zu nehmen oder einem Touristen – einfach mal so – die Stadt zu zeigen, in der man lebt.

WALE IN BAHIA CREEK
Entlang des Golfs von San Matías

Vor uns liegen 200 Kilometer Piste. Der erste Härtetest für Paco und seine Besatzung. Am Ausgang von El Condor wird gewarnt, dass die nächsten 200 Kilometer nicht getankt werden kann. Wir verlassen den zivilisierten Sektor. Endlich! Mit knapp 130 Litern Diesel in zwei Tanks kommen wir je nach Straßenzustand mindestens 800 Kilometer weit. Eher geht uns das Bier aus, was ich allerdings auch nicht austesten möchte. Als nächstes Tagesziel haben wir auf der Karte den Ort Bahia Creek ausgemacht. Klingt irgendwie nach coolem Surferparadies. Wäre nett, wenn es dort eine kleine Strandbar gäbe. Allerdings ist das eher Wunschtraum, wenn schon im „Seebad" ein paar Wochen vor den Sommerferien weniger als nichts los ist. Wir fahren trotzdem, denn schließlich kennen die Seelöwen, die auch auf dieser Strecke zu sehen sind, keine Saisonzwänge – höchstens Paarungszeiten.

In der *Reserva Faunistica Punta Bermeja* bekommen wir sie dann endlich zu Gesicht. Tausende von Seelöwen, die mit ihren Harems faul in der Sonne dösen. Wir befinden uns immer noch an der Steilküste und können die Tiere von oben bestens beobachten. Seelöwen, so weit das Auge reicht. Links, rechts und unten, mehrere Tausend an der Zahl. Dazwischen verfliegt sich noch der ein oder andere Papagei. Nicht ganz schlecht. Das Naturerlebnis wird noch nicht einmal durch den penetranten Geruch der Tiere gestört, da der Wind den bestialischen Gestank, der wohl sonst hier herrscht, aufs Meer weht. Weil wir Angst haben, dass Klara und Thilo sich irgendwann über die Brüstung der Beobachtungsposten schmeißen, um die „Robben" streicheln zu können, beenden wir den Ausflug für ein schnelles Frühstück, und dann flugs ab nach Bahia Creek. Die Piste dorthin ist teilweise fieses Wellblech, man wird aber durch einen Blick auf den wunderschönen Küstenstreifen entschädigt. Ab und an hoppelt ein Pampahase aufgeregt davon. Ein besonders dämliches Exemplar entscheidet sich, lieber mehrere Kilometer vor uns her zu rennen. Ich entscheide mich, das Minikänguru mit Hasenohren nicht plattzumachen, und schalte einen Gang runter. Auf einmal schreckt Diana auf. „Wale! Dort drüben sind Wale!" Ich kann keine sehen, und außerdem stehen Wale erst auf der Península Valdez auf dem Programm. „Natürlich, Schatz", beruhige ich, „gib mir mal das Fernglas." Und tatsächlich dümpelt auf den Wellen etwas. Und zwar eine Gruppe undefinierbarer Seevögel. „Wale hab' ich mir irgendwie anders vorgestellt", sage ich zu Diana, die etwas bedröppelt durch den Feldstecher schaut. Weiter geht's. Als wir dann nach Bahia Creek einfahren, ist die Enttäuschung groß. Ein Urlaubsparadies sieht anders aus. Abrissreife Hütten, alles leicht müllig, wir halten noch nicht einmal an. Glücklicherweise tut sich drei Kurven weiter der Blick auf eine riesige Bucht auf, dahinter hohe Dünen. „Dort drüben! Diesmal aber wirklich Wale", ruft Diana.

Recht hat sie. Kaum 50 Meter vom Strand entfernt badet eine Walin mit ihrem Kind. Klasse. Unsere ersten Wale. Ich steige in die Bremsen, und raus aus dem Wagen an den Strand. Näher ran an die Urviecher. In Schwimmweite drehen sich die „Fische" um ihre eigene Achse, tauchen ab, ein paar Meter weiter wieder auf. Die scheinen es nicht wirklich eilig zu haben, dümpeln nur ein bisschen im Wasser. Fast bekomme ich Lust, mich zu ihnen zu gesellen, die Tiere strahlen einfach nur Ruhe und Zufriedenheit aus. Aber da auch ein kleiner Wal recht groß ist, ich nicht weiß, was da sonst noch rumschwimmt, und das Wasser zu dieser Jahreszeit eher arktische Temperaturen aufweist, streiche ich die Sporteinlage. Stattdessen lassen wir uns zwischen Sand und Muscheln plumpsen, bringen den Kindern Schaufelchen und Eimerchen und beschließen, den Tag hier ausklingen zu lassen. Zu allem Überfluss ist genau an der Stelle, wo wir die Wale gut beobachten können, auch noch so etwas wie eine Parkbucht, der Standplatz für die Nacht somit gefunden. Wir verbringen den Rest des Tages damit, den Walen zuzusehen. Irgendwann kommen auch noch Seelöwen vorbei, um sich im Meer zu balgen. Den Abend lassen wir zu viert auf den Dünen ausklingen. Die Kinder mit Sandrutschen und Keksen, wir mit ein paar Dosen Quilmes, einem argentinischen Bier. Ich brauche – glaube ich – nicht zu erwähnen, dass der Sonnenuntergang an diesem Abend besonders schön war.

Von Bahia Creek sind es weitere 100 Kilometer Sand- und Schotterpiste bis zum nächsten Asphalt, teils von Dünen verweht, was Paco unter Einsatz seiner Differentialsperre bestens meistert. Auf halber Strecke, gleich hinter der ersten Dünenschikane, halten wir für einen Anblick der besonderen Art. Über einem Stacheldrahtzaun hängen fein säuberlich die ausgedörrten Kadaver von Füchsen und Pampahasen, dazwischen Wildschwein- und Rinderfelle. Sehr geschmackvoll. Vor der Wüstenkulisse ausgesprochen fotogen. Aber wir möchten hier nicht tot überm Zaun hängen. Also wieder aufgesprungen.

Einen Abend später empfängt uns Las Grutas – noch so ein balneario – im Regen. Da wir wieder in der Zivilisation sind, finden wir ein nettes Café, das Medialunas, genießbaren Kaffee und Zwieback für die Kleinen serviert. Die Campingplätze sind entweder geschlossen (ich weiß nicht, ob ich erwähnt hatte, dass hier noch Vorsaison ist) oder unappetitlich. Hier wollen wir nicht bleiben, da wäre der Platz bei den Fuchskadavern lauschiger gewesen. Glücklicherweise empfiehlt uns die Zahnärztin, die Klaras ersten Wackelzahn begutachtet, die Playa Piedra Colorada 8 km außerhalb der Stadt.

Keine schlechte Empfehlung. Wir stellen uns direkt an den Strand neben ein paar Fischerhütten und haben Blick auf weitere Fischerhütten sowie eine felsengesäumte Sandbucht. Als die Sonne untergeht, leuchten die Steine erst gelb, dann in allen Rotschattierungen, irgendwann gar nicht mehr. Jetzt wissen wir auch, warum der Strand so heißt: *piedras coloradas* – bunte Steine. Der nächste Tag ist definitiv Strandtag. Hier bleiben wir.

Der erste morgendliche Erkundungsgang im Nebel kostet die Buddelsachen unserer Kinder. Wir lassen sie kurz am Strand zurück, um unsere Fleecejacken gegen leichte Kluft zu tauschen. Wir sind offensichtlich nicht die Einzigen hier, obwohl es so scheint. Unsere erste Lektion in Sachen südamerikanischer Eigentumstransfer und mein erster Streit mit Diana, da wir uns nicht einigen können, wer schuld ist. Thilo quittiert den Verlust mit einem Schulterzucken, Klara spielt sterbender Schwan, und ich bin für einige Stunden leicht angesäuert. Hätte nicht sein müssen.

Zurück vom Strand, bringt uns ein netter Nachbar frische *tortas*, und der Ärger ist vergessen. Der Nachbar, ein zahnloser chilenischer Maurer, kommt mit den Leckereien aus seiner mehr schlecht als recht zusammengezimmerten Holzhütte. Er hat gerade gekocht und kommt vorbei, um uns von seinem frisch frittierten Backwerk, warme Mehlteiglinge, kosten zu lassen. Schmeckt lecker. Er erzählt uns, dass er schon ein paar Jahre hier wohnt, getrennt von seinen zwei Frauen, die ja doch nur Ärger machen, und sich mit Gelegenheitsarbeiten über Wasser hält. Ab und zu hilft er auch den wenigen Fischern, die hier ebenfalls ihre Hütten aufgeschlagen haben. Am nächsten Morgen lernen wir auch diese kennen. Es sind Krabbenfischer. Der Gegenentwurf zu dem romantischen Bild eines Ostseefischers, der bei Morgennebel im blau-weißen Fischerhemd und mit Elbsegler auf dem Haupt aufs Meer tuckert, um ein paar Dorsche zu fangen. Hier sehen die Fischer anders aus. Mit Trainingsanzug und dicken Wollmützen machen sie sich an ihrem Traktor zu schaffen. „Guten Morgen, die Herren, wie geht's denn so? Kann ich vielleicht helfen?" „Beschissen und nein", antwortet der Chef im Ring und mustert mich mit seinen stechend blauen Augen. „Wir können die Boote nicht aufs Meer bringen. Der Traktor ist kaputt. Leck im Öltank." Die kleinen Fischerboote liegen vielleicht 200 Meter weg vom Meer am Strand und müssen erst mit Traktoren ins Wasser gezogen werden. Der Traktor, der dafür verwendet werden soll, stammt definitiv aus Zeiten vor der industriellen Revolution und ist offensichtlich argentinisch gewartet. Ich bin erstaunt, dass die Dinger sich überhaupt noch bewegen. Das behalte ich natürlich für mich und frage neugierig, was als Nächstes passiert. „Wir fahren jetzt nach Hause. Ist ärgerlich, weil wir schon seit einiger Zeit auf so gutes Wetter warten." Gesagt, getan. Die Männer verabschieden sich freundlich, ich darf noch ein paar Fotos schießen, und dann ist Feierabend. Fischen sie heute nicht, fischen sie eben morgen. Ich schaue mir die Szenerie noch ein wenig an, habe dann aber genug vom Gestank der *carnada*. Das sind Köder, die in Kisten auf den Kähnen vor sich hingammeln. Gut abgehangene Fischkadaver, in appetitliche Häppchen zerteilt. Eindeutig Zeit fürs Frühstück.

TRUCKERBEIZ MIT 17 HAUBEN
In der Provinz Chubut

Von Las Grutas nach Puerto Madryn, einer größeren Stadt unweit der Península Valdez, sind es ca. 270 km auf der Ruta 3, die wir schon seit Buenos Aires befahren. Viel zu weit, um mit Paco durchrutschen zu können. Wir müssen uns ein Ziel für die Nacht ausgucken, wenn wir nicht irgendwo an der Straße pennen wollen. Raststätten oder Tankstellen alle 50 km gibt es hier nicht. Wenn man Pech hat, ist auf mehreren hundert Kilometern gar nichts oder allenfalls eine sog. *gomería*. Das ist meistens eine Hütte oder ein Verschlag, umgeben von einem Haufen alter Lkw- und Autoreifen, bewacht von streunenden Hunden und einem oder zwei Argentiniern, die auf Kundschaft warten. In Anbetracht der Reifenteile, die wir auf der an und für sich recht guten Straße sehen, sind das nicht wenige. An einem Erste-Hilfe-Posten für kaputte Reifen wollen wir aber nicht nächtigen. Wir setzen uns deshalb meistens ein bis zwei alternative Tagesziele, die wir anfahren wollen, es sei denn wir bleiben irgendwo hängen, weil uns gerade ein paar Wale oder Robben über den Weg laufen. Zwischen Las Grutas und Puerto Madryn ist aber tote Hose. Kaum Verbindungen von der Ruta 3 an die 20 km entfernte Küste. Sierra Grande, Las Palmas (klingt vielversprechend) und El Empalme sind die einzigen in Frage kommenden Punkte auf der Karte. Wohin nun? Wir wissen mittlerweile, dass ein solcher Karteneintrag nichts bedeutet. Könnte eine Stadt sein, eine wenig spektakuläre Siedlung oder eine Tanke. Wir entscheiden uns für El Empalme. Ohne Probleme zu schaffen und nicht zu weit von Valdez. In Sierra Grande wird getankt, und ich erkundige mich nach Las Palmas und El Empalme. Kennt hier keiner. Unser Navi streikt diesbezüglich auch. Ganz im Vertrauen auf unsere Landkarte vom Reise Know-How Verlag fahren wir weiter ins

Ungewisse. Las Palmas scheint es tatsächlich nicht zu geben, und El Empalme finden wir auch eher zufällig. Als mein innerer Kompass meint, wir seien weit genug gefahren, halten wir an einem Parador. Das ist so etwas wie eine Fernfahrergaststätte mit Einkaufs-, Schlaf-, Dusch- und Speisemöglichkeit, je nach Bedarf. Der Parador heißt El Empalme – wir sind am Ziel. Eine Besichtigung des Ortes entfällt, alles recht überschaubar. Flachbau, Truthühner, Schuppen, Parkplatz. Auf diesem kommen wir mit einem Trucker ins Gespräch, der seine Familie (Mädchen 3, Sohn 7 und Frau unbekanntes Alter) mitgenommen hat. Im Parador selbst führt Elsa Igoa Regiment. Sie bekocht die Fernfahrer mittags und abends, kümmert sich um die Schlafgäste, diverse zugelaufene Hunde und das Geflügel. Der Mann besorgt Wasser aus dem 50 km entfernten Sierra Grande. Die monströsen alten holzverkleideten Kühlschränke laufen mit Gas (eine Flasche pro Woche), Strom erzeugt der Generator, Kontakt zur Außenwelt wird mit Satellitentelefon hergestellt. Es fehlt also an nichts. Während wir mit der Truckerfamilie und den Herbergseltern plaudern, verfinstert sich der Horizont und in nullkommanix bricht ein Hagelgewitter an, das sich gewaschen hat. Innerhalb von wenigen Minuten tropft es nicht nur an mehreren Stellen in die Bude, sondern es fließt sturzbacharig die Wände hinab, so dass Fernseher und andere Geräte abgerückt werden müssen. Der Spuk ist irgendwann vorbei, und wir helfen zusammen mit den anderen Gästen, die Überschwemmung zu beseitigen. Die Stimmung ist gut, und niemand sorgt sich über den Zustand des Paradors. Das Dach ist neu, wird versichert, aber die Regenrinnen können so eine Menge an Wasser in so kurzer Zeit eben nicht verknusen. Na dann. Ich hatte mir schon Sorgen gemacht. Ist aber unnötig, da es hier fast nie regnet. Als alles trockengefeudelt ist, verschwindet Elsa in der Küche. Ich

50

bereue schnell, dass wir vorher schon gegessen haben, denn die Küche und Elsa haben einiges drauf. Für die hungrigen Mäuler, die nun langsam eintrudeln, gibt es Nudelsuppe, selbstgemachte Tallarine mit Braten und Soße, wahlweise Rindersteak mit Kartoffeln und zum Nachtisch Flan oder Pudín de Pan. Das ist ein leckerer Brotpudding aus Weißbrot, Milch, Zucker, vielen Eiern, Rosinen, Mandeln, Nüssen, Vanille, Portwein. Karamellsoße rundet alles ab. Nachdem ich in alle Töpfe gelinst habe, erbarmt sich Elsa meiner, bittet mich in den Speiseraum der Familie. Ich lehne selbstverständlich höflich ab, um das Menü dann doch durchzuprobieren. Alles andere wäre ja noch unhöflicher gewesen.

Am nächsten Morgen trennen wir uns fast mit Wehmut von der herzlichen Elsa, die schon seit 44 Jahren an diesem Fleck lebt. Seit über 20 Jahren schmeißen sie und ihr Mann den Laden, das heißt, er kümmert sich um Technik und Versorgung, sie um den Rest. Freizeit gibt es kaum, und wenn, besteht diese aus einem Spaziergang mit den zugelaufenen Hunden zum Nachbarhaus, ca. 3 km weiter rein in die Pampa. Die Gegend ist für unsere Verhältnisse trostlos, Halbwüste. In Buenos Aires war die Herbergsmutter erst einmal in ihrem Leben, das letzte Mal an der nur 30 km entfernten Küste war sie vor Jahren. Ist Elsa deshalb unglücklich? Ich habe mich nicht getraut, sie zu fragen, aber ich glaube, dass sie glücklicher und zufriedener ist als viele andere Menschen, die weniger karg leben. Zum Abschied bekommen wir noch ein feines Frühstück, die Kinder Bonbons und für die genossene Rundumversorgung einen Preis genannt, der uns fast beschämt.

Nur noch 90 km bis Puerto Madryn. Erstes fest geplantes Etappenziel. Das Tor zur Península Valdez und der dortigen Fauna, immerhin UNESCO-Weltnaturerbe. Absolutes Muss für jeden Argentinienreisenden. Noch schnell getankt, denken wir und ab auf die Insel. Von wegen. Vor der YPF-Tankstelle[7] ein enormer Stau. Ich denke schon ans Weiterfahren und schere aus der Schlange wieder aus. Glücklicherweise entscheide ich mich gleich wieder um und stelle mich an einer deutlich kürzeren Schlange wieder an. Leider habe ich übersehen, dass die Pickups vor mir mehrere 100-Liter-Fässer mit Diesel zu füllen haben, aber das Warten lohnt sich. Das gestrige Gewitter hat die ganze Region lahmgelegt, Stromausfall. Dies ist weit und breit die einzige Tankstelle, die funktioniert. In der Stadt sind die Geschäfte geschlossen (wir suchen krampfhaft nach einem neuen Deckel für den Wassertank, den wir in El Empalme verloren haben), die Telefone funktionieren nicht. Eis für Klara und Thilo gibt es auch nicht, weiträumiger Kühltruhenausfall. Wer jetzt keinen Generator hat, ist angeschmiert, da niemand sagen kann, wann der Schaden behoben wird. Erst in solchen Momenten gibt man sich Rechenschaft, wie abhängig wir von den Errungenschaften der Zivilisation sind. Strom kommt eben doch nicht aus der Steckdose. Uns kann's egal sein, schließlich sind wir autark. Zumindest, so lange der Wassertank voll ist und die Sonne scheint, um unsere Batterien zu laden.

---

7   YPF ist eines der größten Energieunternehmen Argentiniens, bis zur Verstaatlichung der Kirchnerclique in 2012 in den Händen des spanischen Energieriesen Repsol. Die Firma betreibt ein weitverzweigtes Tankstellennetz im ganzen Land, an den meisten erhält man sogar Benzin.

Península Valdez
UNESCO-Weltnaturerbe

Puerto Madryn überzeugt nicht nur wegen des Stromausfalls nicht. Also machen wir uns schnell auf die Socken nach Puerto Pyramides, dem einzigen Ort auf der Halbinsel. Schön gelegen in einer kleinen Bucht mit Strand, kahle Hügel und hohe Dünen ringsum, zwei Straßen, 600 Einwohner. In der Hauptsaison Januar und Februar schwillt der Ort auf über 10.000 Gäste an. Das bedeutet: mindestens 60 Busse am Tag, etliche Tagesbesucher mit eigenem Pkw, die Herbergen sind voll, und der Campingplatz, auf dem wir uns befinden, soll angeblich 3.000 Gäste fassen. Mir kommt der Platz mit 20 Wohnmobilen schon fast voll vor, aber der Platzwart schwört, dass im Sommer hier Zelt an Zelt steht. Dazu ein heftiger Nordwind rund um die Uhr, und manchmal fehlt Wasser für die 12 Duschen. Für Männlein und Weiblein zusammen versteht sich. Er wisse auch nicht, warum die Leute sich das antun, sagt der Wärter. Oktober, November und März seien eindeutig die besseren Monate. Kein Wind, gutes Wetter, wenig los und genau so viele Wale.

Zwei Tage später wissen wir dann, warum die Gegend so eine Anziehungskraft besitzt. Wir haben nämlich auch eine Walbesichtigungsfahrt bei einer der diversen Whale-Watching-Agencies gebucht. Zunächst war ich mir nicht sicher, ob es sich lohnt, 50 Euro pro Nase dafür zu blechen, ein paar Fische im Wasser plantschen zu sehen. Zumal wir ja bei Bahia Creek schon welche beobachten durften. Jetzt kann ich sagen: Lohnt sich. Auf jeden Fall.

An einem windigen Mittag finden wir uns zusammen mit ca. 30 weiteren Touristen vor der Agentur ein, bekommen Regencape und Schwimmweste und dürfen an den Strand traben. Dort steht ein Riesenschlauchboot, das von einem noch größeren Trecker ins Meer geschoben wird. Thilo weint, Klara ist sichtlich beeindruckt und sagt nichts (tapferes Mädchen), und wir sind uns plötzlich nicht mehr so sicher, ob das eine gute Idee war. Das Wetter ist deutlich schlechter als die Tage zuvor, der Wind zieht an, und das Boot klatscht merkbar auf jede dritte Welle. Die Luft ist feucht, einige der anderen Whalewatcher werden langsam weiß, der Reiseleiter versucht, gute Stimmung zu machen, und fragt, wer eine Plastiktüte haben möchte. Nach 15 Minuten ist das alles vergessen, denn die Show beginnt. Unser zweiter Wal. Und unser vierter und fünfter und so weiter. Als ob wir uns angekündigt hätten, tauchen plötzlich die Urviecher neben uns auf. Wie auf den Postkarten. Eine Walmutter aalt sich mit Kind neben dem Boot, taucht ab, wieder auf. Etwas weiter hebt sich eine Flosse aus dem Meer, es schnauft, wohin man sieht. In weiter Ferne springen die Wale aus dem Wasser, Delfine kommen vorbei, und angeblich wurden sogar Seelöwen gesichtet. Es scheint, als ob die Tiere Freude am zünftigen Wetter hätten und mit den Wellen spielen. Selbst der Reiseleiter ist sichtlich beeindruckt und kommt gar nicht nach mit „Wal auf 11 Uhr/Flosse auf 9 Uhr/Delfine auf 3 Uhr" zu rufen. Ein unglaubliches Gefühl, diese großartigen Tiere quasi auf Armeslänge mit den Wellen spielen zu sehen. Ich gebe mir Mühe, nicht nur zu fotografieren, sondern das Spektakel wirklich zu genießen. Unser Reiseleiter ermahnt die Gruppe immer wieder, dass die Bilder auf der Netzhaut am schönsten sind. Und er hat recht. Kein Foto der Welt kann die Stimmung wiedergeben, das Gefühl, wenn man mit Gischt im Gesicht auf einem kabbeligen Schlauchboot riesigen Walflossen hinterherfährt. Es riecht nach Salz und Meer, und der Körper ist mit Adrenalin vollgepumpt, als wäre ich auf Jagd. Ich glaube, ich habe jetzt eine ungefähre Vorstellung, wie sich Käpt'n Ahab gefühlt haben muss, als er hinter Mobby Dick her war. Der Vergleich hinkt sicher etwas, schließlich habe ich noch beide Beine und will den Tieren nichts Böses. Im Gegenteil, ich bin wie verzaubert von der Eleganz der Riesen und dem unbeschreiblichen Gefühl, hier etwas ganz Besonderes erleben zu dürfen. Aber das heftige Klatschen auf die Wellen, der Wind, das Prusten der Tiere und ihre Flossen in Reichweite hat schon etwas von Jagd. Ich bin so beschäftigt mit mir und den Walen, dass ich unsere Kinder komplett vergesse. Bis Klara laut aufjault. Eine Kombination aus Bootsdrehung, Welle und Walflosse durchnässt das kleine Mädchen, das ganz nah an der Reling kauert, vollständig. Waldusche ohne Vorwarnung. Sie bekommt meinen Fleecepulli und ein Bonbon, dann geht es wieder einigermaßen. Kurz nach dem Malheur wird die Fahrt wegen zunehmenden Windes vorzeitig abgebrochen, wir müssen zurück in den Hafen. Recht nass und leicht angekühlt, aber auch berauscht erreichen wir den sicheren Strand. Am liebsten würde ich gleich noch mal aufs Meer, aber heute geht keine Tour mehr raus. Was wir gesehen haben, war ganz großartig und deutlich abenteuerlicher als die übliche Waltour. Bei spiegelglatter See und eitel Sonnenschein kommt man zwar näher an die Tiere heran als wir. Aber nicht immer sieht man das Flossen- und Sprungspektakel, welches wir beobachten konnten. Es war wirklich einmalig.

Aber auch der Rest der Insel ist interessant. Von der Estancia San Lorenzo im Norden kommt man zu einer Pinguinkolonie. Während des Rundgangs müssen wir aufpassen, nicht auf einen der nistenden Magellanpinguine zu treten – zur besten Zeit sollen hier an die 30.000 Vögel rumwatscheln. Der Aussichtspunkt Punta Norte wiederum bietet Blick auf See-Elefanten und, wenn man Glück hat, bei morgendlicher Flut auch Orcas beim Robbensnack. Die Vogelarten der Insel sind ungezählt, ebenso wie Guanacos und Schafe, die wir auf unseren Erkundungsfahrten entdecken. Die Landschaft allerdings ist eher trist. Alles recht flach, vorwiegend bewachsen mit dornigem Gestrüpp, etwa schafshoch. Hier und da eine kleine Salzpfanne. Stacheldraht der Estancias und wenige Schotterpisten durchziehen diesen Flecken Erde, auf dem es kein Wasser gibt. Nur 30 % des Verbrauchs deckt eine Entsalzungsanlage, der Rest wird angekarrt. Aber wir sind letztlich nicht wegen der Landschaft hier, sondern wegen der Wale. Und wir sind trotz Vorsaison nicht die Einzigen. Auf dem Weg hierher hatten wir kaum andere Reisende getroffen und schon gar keine Landsleute, was wir recht schade fanden. Wir hatten auf etwas mehr Austausch gehofft, und die Kinder wären sicherlich auch froh gewesen, mal nicht nur mit uns zu quatschen oder zuzuhören, wie wir Unverständliches auf Spanisch oder Englisch von uns geben. Auf dem Campingplatz in Puerto Pyramides ändert sich das. Gleich nach unserer Ankunft lernen wir mit Sascha und Jeannie, Tobias und Uschi zwei jüngere deutsche Pärchen kennen, die mit Rucksack unterwegs sind, Reinhold und sein Fahrrad stoßen wenig später dazu. Die perfekte Truppe für einen geselligen Grillabend mit Wein, Bier, Chimichurri, lauter Musik und vielen Reisegeschichten. Einen Tag danach bekommen wir Verstärkung aus der Schweiz. Marko und Nicole haben aus Alaska hierher gefunden, Urs und Claudia samt Terrier machen lediglich einen „Kurztrip" von 4 Monaten Chile und Argentinien mit ihrer Gazelle, einem polnischen Allradgefährt. Neben unserer jungen Truppe der 20- bis 40-Jährigen befindet sich noch eine deutsch-schweizer-österreichisch-holländische Rentnergang auf dem Platz. Etwa 15 Wohnmobile, vom 12-Tonner-Allradtruck über Mercedes-Sprinter bis zum Kleinbus ist alles vertreten. Deren Plan ist, von Buenos Aires bis Ushuaia runter- und dann die Panamericana nach Alaska hinaufzufahren. Die Tour wird von Seabridge veranstaltet, der Firma, die auch die Fracht für Paco organisiert hat. Ach ja, das Rotel − „fahrende

Särge", wie Nicole treffend bemerkt – stoppt auch kurz für eine Wal-Fahrt. Den Kindern gefällt der Trubel, und wir genießen es, dass mal andere zuhören müssen. Zum Abschied pflückt Klara allen noch einen kleinen Blumenstrauß, denn wir wollen trotz guten Wetters und netter Gesellschaft wieder Land gewinnen. Allerdings nicht, ohne eine Nacht in Punta Pardelas verbracht zu haben. Dem einzigen Platz, wo wildes Campen erlaubt ist. Wir schauen den Walen keine 10 Meter von der Steilküste aus zu und schlafen spätnachts bei Wellen und Walprusten ein, wollen den Blick eigentlich gar nicht von den Tieren lassen.

SZENENWECHSEL
Von der Küste in die Anden

Wir haben genug von Staub, Sonne und nur einer Stunde Warmwasser am Tag. Ab in die Anden. Dort ist es jetzt schön grün und nicht so trocken. Wir fahren die bekannte YPF-Tankstelle in Puerto Madryn an und stellen fest: Die Einstiegsleiter zum Wohnmobil fehlt. Hab' ich wohl in Punta Pardelas liegenlassen. Mist. Das bedeutet gut 200 km Umweg. Bei den Straßen und Pacos Tempo heißt das 4 Stunden Fahrt. Aber wir haben keine Wahl. Ich werfe die Kinder mit Diana am Strand ab und mache mich auf den Weg. Zum Glück erfolgreich, ein französischer Mitcamper hatte die Treppe gefunden und sichergestellt.

Trotz allem schaffen wir es abends noch nach Gaiman und nehmen in Trelew das Dinomuseum mit. Beide Orte sind walisische Siedlungen, von denen es auf dieser Ecke einige gibt. Insbesondere Gaiman tut sich hervor mit mehreren Teehäusern, von denen wir keines betreten. Prinzessin Di war hier, das muss reichen. Obwohl ich noch nie in Wales war, sieht es dort bestimmt ein wenig grüner aus, auch wenn der Rio Chubut sein Bestes tut, der Landschaft etwas Farbe zu geben. Auf dem Weg zum Ortsmuseum von Gaiman frage ich eine ältere Dame auf Spanisch nach dem Weg. Sie antwortet mir auf Gälisch. Zumindest nehme ich an, es war Gälisch. Der Rest der Unterhaltung findet auf Englisch statt, und ich erfahre, dass ich vor dem besagten Museum stehe, es sonntags aber geschlossen ist. Klar, wer will an seinem freien Tag auch ins Museum. Da auch der walisische Gottesdienst schon vorbei ist, findet meine Suche nach europäischen Spuren in der Pampa vorerst ein Ende, und wir ziehen weiter. Die Anden rufen ja, wie gesagt.

Es sind nur noch 500 Kilometer auf der Ruta 35. Übersetzt in unsere Reisegeschwindigkeit sind das mindestens 2 Tage. Da es auf der Strecke wenig Sehenswertes geben soll, entscheiden wir uns für eine Nachtfahrt. Von solchen wird wegen der Straßenverhältnisse allgemein abgeraten, wir machen's trotzdem. Der Straßenbelag scheint gut, und die Strecke ist wenig befahren. Morgens um 03:00 erreichen wir dann Tecka bzw. die dortige Tankstelle. Diana fleht, ich möge nicht mehr weiterfahren (hatte ich sowieso nicht vor), da ihr jeder Knochen wehtue. Sie hätte kein Auge zugemacht. Bei jedem Bremsmanöver musste sie aufpassen, dass die Kinder nicht aus dem Bett fliegen. Ich hatte es für eine gute Idee gehalten, die Kinder mit Diana während der Fahrt hinten im Elternbett schlafen zu lassen. Nun ja, geht vielleicht auf deutschen Autobahnen, die argentinischen Schwesternstraßen eignen sich da weniger. Diana ist noch 2 Tage danach wie gerädert. Nachtfahrten streichen wir fürs Erste vom Programm.

Aber der Stress hat sich gelohnt. Mehrere hundert Kilometer westlich der Küste, die Anden zum Greifen nahe, sehen wir endlich wieder Grün. Nach kurzem Tank- und Einkaufsstopp im Skiort Esquel wird der erste Nationalpark der Anden angesteuert, der Parque de Los Alerces. Schon der Weg dorthin ist wunderschön und eine willkommene Abwechslung zur öden Pampa. Schneebedeckte Berggipfel, Flüsse, Seen, Kühe, fast wie daheim. Attraktion des Parkes sind uralte Alercen (zu Deutsch: Patagonische Zypresse), und schon nach wenigen Schritten außerhalb des Campingplatzes (wir sind wieder mal alleine) werden wir fündig. Ich erkläre Thilo und Klara, wie alt die Bäume werden und dass der Baum, den sie gerade zerpflücken, etwas ganz Besonderes sei. Sozusagen der Dino unter den Bäumen. Leider entpuppen sich meine Alercen als Araukarien, die in dieser Gegend fast überall rumstehen. Ein Parkranger klärt mich diesbezüglich auf. Ziemlich peinlich, aber Klara und Thilo nehmen mir das nicht übel. Ich frage, wo wir denn dann eine Alerce sehen könnten.

„Sie stehen direkt vor einer." Ich schaue nach unten und sehe einen Busch. Wenig spektakulär. „Aha. Ist ja interessant. Gibt's die auch in größer?" Ich erfahre, dass diese Zypressenart sehr langsam wächst und der „Busch", vor dem wir stehen, schon über 70 Jahre alt ist. Die ebenso alte Araukarie daneben bringt es auf schätzungsweise 20 Meter. Um die enormen bis zu 1000 Jahre alten Bäume zu sehen, müssten wir mit einem Schiff an eine abgelegene Stelle im Park fahren, kostet ein Heidengeld. Aber die Fahrt geht nur donnerstags, das wäre in drei Tagen. Wir sparen uns also den Ausflug. Araukarien sind ohnehin viel schöner.

Die nächsten Tage fahren wir durch die „alpine" Andenlandschaft und ergötzen uns an immer wieder neuen Ausblicken auf Gipfel, türkisfarbene Flüsse, gesäumt von Lupinen und einer Flora, wie wir sie zuvor noch nie gesehen haben. Alles ist irgendwie wilder, knorriger, urwüchsiger.

Ein besonders schöner Flecken ist der Lago Cholila im gleichnamigen Tal. Hier haben sich Butch Cassidy und Sundance Kid versteckt, bevor sie von der Detektei Pinkerton aufgespürt wurden. Im verschlafenen Ort Cholila fällt eine Gruppe Reiter auf, die irgendwie nicht hierher passt. Großer blonder Mann mit Piratentuch, dahinter zwei Steppkes mit Fahrradhelm. Ungauchomäßig. Stunden später reiten sie uns wieder über den Weg, und wir kommen ins Gespräch. Jan aus Aschaffenburg, seine Frau und seine Söhne (8 und 11 Jahre) haben sich vor kurzem Pferde gekauft und wollen ein Jahr durch das argentinische Patagonien reiten. Das geht also auch. Nachdem wir nach guter deutscher Manier ein Begrüßungsbier gekippt haben, geht es für uns mit 95 Pferdestärken weiter. Wir suchen ein nettes Plätzchen für die nächsten Tage im Schatten der Anden.

Angetan hat es uns das Refugio del Lago am See bzw. Lago Epuyen. Ein lauschiger Campingplatz unter Pinien, das Haupthaus hat einen netten Frühstücks- und Kaminraum, Zimmer und kleine Hütten (sog. Cabañas) kann man auch mieten. Eigner sind Franzosen aus den Savoyen, die einen etwas spröden Charme versprühen, aber nach dem zweiten Tag langsam auftauen. Argentinisches Temperament findet man hier nicht, dafür ist alles sehr liebevoll gepflegt und funktioniert. Es gibt sogar selbstgemachte Marmeladen. Ein Traum, genau wie die Lage: direkt am See, kleiner Strand mit urigem Bootsanleger vor Pappeln, Blick auf steil in den See abfallende Berge, Schilf, das sich im Winde wiegt. Auf der Wiese weiden wollige Schafe in Weiß und Braun. Und wenn ich sage wollige Schafe, meine ich Schafe, die vor Wolle kaum noch laufen können, wandelnde Knäule sozusagen. Hunde, Katzen, Ziegen und Spielplatz fehlen auch nicht. Ach ja, die gelb-schwarzen Ibisvögel, die wir im Alercenpark erstmalig gesichtet haben, hupen auch rum. Hier bleiben wir satte vier Nächte. Früher hätten wir unsere Kleinen wahrscheinlich auch nicht wegbekommen. Die Zeit wird genutzt, um wieder einmal Wäsche zu waschen, Paco zu pflegen oder einfach mal nur zu lesen, spazieren zu gehen oder Tagebuch zu schreiben. Die weitere Route will außerdem geplant werden. Wollen wir von hier wirklich über Futaleufu gleich auf die Carretera Austral oder doch erst nach Bariloche und in das chilenische Seengebiet? Gar nicht so einfach die Entscheidung. Schwer fällt es uns auch, den Plan, bis Ushuaia zu fahren, fallen zu lassen. Was auf der riesigen Landkarte Argentiniens wie ein Katzensprung aussieht, entpuppt sich beim Nachrechnen der Strecke als Abstecher von 1.400 Kilometern. Davon gut 700 Kilometer Schotterpiste. Am Ende steht dann eine kleine Stadt mit bunten Häusern am Meer, noch ein Nationalpark, in dem wir wahrscheinlich nicht wandern werden, und mit hoher Wahrscheinlichkeit viel Wind, vor allem kalter Wind.

Wäre trotzdem nett gewesen, in der südlichsten Stadt der Welt und auf Feuerland etwas abzuhängen. Aber mit unserem Tempo geht das einfach nicht. Ohne die Kinder hätten wir ein paar Fahrtage einlegen können. Morgens auf die Piste und fahren, bis der Rücken streikt. Mit den Kleinen nicht gerade erquicklich. Da hat niemand Spaß. Diana und ich sind uns einig. Ushuaia wird gestrichen. Keinen Weihnachtstermin in Feuerland mehr im Kopf, einfach nur noch der Nase nach fahren und dort bleiben, wo es uns und so lange es uns gefällt. Es geht letztendlich nicht darum, möglichst viele Kilometer abzuspulen, sondern Land, Leute und uns selbst zu erforschen. Da wir mit dieser Entscheidung Zeit gewonnen haben (da ist sie wieder, die Zeit, die einem im Nacken sitzt), ist auch klar, dass wir die Carretera Austral noch ein bisschen warten lassen und bei Bariloche, etwas nördlich von unserem Refugio, nach Chile einfallen. Vulkanasche hin oder her.

KALTE ASCHE
Erster Andenpass nach Chile

Auf dem Weg nach San Carlos de Bariloche liegt El Bolson. Ein ehemaliges Hippiestädtchen, mittlerweile ein bekannter Touristenort, der vor allem von Rucksacktouristen heimgesucht wird. Am Kunsthandwerkermarkt kann man noch einige Althippies sehen, die selbst gehäkelten Nippes verkaufen. Nichts hält uns hier.

Der Weg nach Bariloche ist wieder einmal malerisch, und ich spare mir eine erneute Beschreibung von Bergen, Seen und Ausblicken. Wir haben mittlerweile vergessen, dass der Vulkan Puyehue nur hundert Kilometer Luftlinie von Bariloche entfernt ist und immer noch den Flugverkehr lahmlegt. So wird die Einfahrt in die Stadt ein Schock. Gerade eben noch die Kamera gezückt, um die sich lässig um einen dunkelblauen See windende Straße im Nachmittagslicht zu fotografieren. Eine Kurve weiter: Armenviertel und Müllhalde. Der starke Wind bläst die Asche hoch, die noch überall in der Stadt liegt. Staub, wohin man sieht. Menschen mit Atemschutz, viel Verkehr, schlechte Straßen. Vom Zentrum der Stadt erblicken wir den aufgepeitschten Lago Puelo, weit dahinter sind unter braun-grauen Wolkentürmen die Berge kaum zu erkennen. Endzeitstimmung.

Darauf waren wir nicht vorbereitet. Nachdem sich unser erster Schreck gelegt hat, sieht alles nicht mehr so dramatisch aus. Die Innenstadt ist nicht so staubig wie befürchtet und der Weg an der Seepromenade gesäumt von gepflegten Hotels, Chalets, Cabañas etc. Viel Holz, viel Platz und Sicht auf See. Das meiste davon in alpenländischem Stil bzw., wie man sich den hier vorstellt – und alles ein bisschen größer. Der Ort hat irgendwie Klasse, und ich kann mir gut vorstellen, mal ein paar Tage hier Ski zu fahren, abends in einer Andenparrilla gegrilltes Tier vertilgen, dazu ein

Bier der örtlichen Hausbrauereien oder ein paar Fläschchen Malbec, bevor es in eine nette Bar geht. Vielleicht in einem anderen Leben.

Wir müssen erst mal zusehen, wie wir wieder weg bzw. über den Pass bei Villa La Angostura nach Chile kommen. Von hier sieht es jedenfalls so aus, als ob es keine Spazierfahrt würde. Der Pass ist je nach Windlage mal geschlossen, man berichtet von mehreren Stunden Wartezeiten, wenn die Argentinier die Grenze öffnen, die Chilenen aber nicht, und umgekehrt. Die beiden Nationen ignorieren sich geflissentlich. Wieso sollte man sich am gemeinsamen Grenzübergang auch abstimmen?! Da die Information, ob man fahren kann oder nicht, erst um 09:00 Uhr morgens vorliegt und im Zweifel eine geringe Halbwertzeit hat, entscheiden wir uns, einfach loszufahren. Im schlimmsten Fall verbringen wir noch eine Nacht in Villa La Angostura.

Früh stehen wir auf und stellen fest: Wieder einmal Glück gehabt. Es regnet. Wenn es dabei bleibt, dürfte die Passquerung kein Problem darstellen. Bei leichtem Regen und ohne Wind ist die Stimmung auch nicht mehr so trist. Am Wegesrand liegt zwar viel Sand, aber streckenweise schimmern grüne Wiesen durch das Grau, die Bäume sind reingewaschen. Je weiter wir uns allerdings nach oben schrauben, desto höher werden die Sandberge am Straßenrand, der Waldboden ist mittlerweile überall von Vulkanauswurf zugedeckt. Als wir an den ersten verlassenen Cabañas vorbeikommen, die fast in der Asche bzw. im Sand verschwinden, wird klar: Tourismus ist hier für eine Weile nicht mehr. Das ist nicht nur bitter, weil die Gegend zu den schönsten in Argentinien zählt und Villa La Angostura eines der malerischsten Dörfer Patagoniens sein soll. Es ist auch bitter, weil hier fast jeder vom Tourismus lebt. Im Winter wird Ski gefahren, im Sommer kommen Wanderer, Kajakfahrer, Angler, Mountainbiker und wer sich sonst noch gerne in den Bergen vergnügt. Der Ort ist Ausgangspunkt der Ruta de Los Siete Lagos, der 7-Seen-Route, die über 110 Kilometer an insgesamt neun Seen (wahrscheinlich lässt sich eine 7-Seen-Route besser vermarkten) entlangschmiegt und nach San Martín de Los Andes führt. Auch wir hatten diese Tour in Erwägung gezogen, aber die Natur macht uns einen Strich durch die Rechnung. Außerdem ist die Straße wegen umfangreicher Bauarbeiten gesperrt. Es wird wahrscheinlich Generationen dauern, bis sich hier alles wieder erholt hat. Zum Skifahren mag es reichen. Die Straßen sind geräumt, und dicker Schnee zaubert im Zweifel aus dem hässlichsten Sandberg eine feine weiße Piste. Aber selbst wenn aller Staub aus den Ferienanlagen fortgeschafft werden könnte, ist es wohl unmöglich, Tausende von Quadratkilometern von der Vulkanasche zu säubern. Man gibt sich redlich Mühe, die Straßen freizuhalten und die größeren Siedlungen wie Villa La Angostura nach jedem Windstoß brav zu fegen, aber es ist wohl eine Sisyphusarbeit. Der Puyehue spuckt ab und an immer noch Asche, und jeder Sturm macht die Arbeit der vergangenen Tage zunichte. Da können noch so viele Lkws mit Sand im Gepäck tagein, tagaus auf vereinzelte Aschehalden fahren, die es hier gibt. Was wir sehen, ist trist, und es wird wohl ein Weilchen so bleiben. Auf einst türkisblauen Bergseen wabert dick und weiß die Asche, sieht fast wie zugefroren aus. In verlassenen Gehöften, deren Häuser hüfttief im Vulkansand stecken, suchen Kühe nach Nahrung, dazwischen Autowracks. Wir halten lediglich für ein paar Endzeitfotos und eine kurze Pause in einem Hotel, das auch im Schwarzwald stehen könnte. Schön am See gelegen mit Schwimmbecken, Riesenkamin und Geranien vor den Balkonen. Titisee lässt grüßen.

An der argentinischen Grenzstation, noch etwa 18 Kilometer vor dem eigentlichen Pass, passiert es dann. Es rumst kräftig.

Ich habe die Höhe von Paco völlig vergessen und ramme unseren Alkoven in einen Holzpfeiler. Mist. Der Grenzposten steht noch, aber der Schlafplatz unserer Kinder hat einen tiefen Riss. Zum Glück an der dicksten Stelle, so dass es – vorerst – nicht reinregnen dürfte. Für eine Reparatur haben wir jetzt allerdings auch keine Zeit und schon gar keine Leiter, um da ranzukommen. Also zunächst die Grenzformalitäten erledigt. Erst kommt die Personenkontrolle mit Papierkram für alle vier, dann der Papierkram mit dem Wagen. Alles recht unkompliziert, deutlich entspannter als erwartet, und in einer knappen halben Stunde sind wir wieder Richtung Chile unterwegs. Am dortigen Grenzposten kommt zu Personen- und Wageneinfuhr noch die Nahrungsmittelkontrolle. Hier verstehen die Chilenen keinen Spaß. Wir sollen eine eidesstattliche Versicherung abgeben, dass wir keine tierischen und pflanzlichen Produkte einführen oder Holz, Samen etc. Um Schwierigkeiten zu vermeiden, kreuzen wir auf dem Vordruck an, dass sehr wohl tierische und pflanzliche Produkte mitgeführt werden, und lassen Paco untersuchen. Die beiden Grenzbeamten lassen sich jedes, aber auch wirklich jedes Fach im und am Wagen zeigen. Wie erwartet müssen wir etwas altes Gemüse an der Grenze lassen und eine schimmelige Salami. Klara und Thilo sind trotzdem sauer. „Ich finde diese Essgrenzen blöd“, meint Thilo. Ein neues Wort ist geboren, die „Essgrenze“. Damit wird ab heute jeder Posten bezeichnet, der uns nach Essbarem untersucht und Unerwünschtes einsackt, wie frisches Fleisch oder eben gammelige Wurst. Pasteurisierte Milchprodukte sind zum Glück kein Problem ebenso wenig wie Marmeladen oder abgepackte Fleisch- und Wurstwaren. Unsere Gewürze (vor allem den Kardamom für unseren morgendlichen Milchkaffee) haben wir sicherheitshalber gut versteckt. Allerdings müssen zwei Gläser Honig dran glauben. Das nächste Mal sind wir besser vorbereitet.

FAST WIE DAHEIM ...
Im Seengebiet Südchiles

Kaum 10 Kilometer nach dem Grenzpass haben wir die Sand- und Staubgegend endgültig verlassen und fahren durch eine ganz andere Landschaft. Nichts ist mehr von der argentinischen Trockenheit zu spüren. Im Gegenteil. Die Natur zeigt sich hier von ihrer üppigen Seite. Sattes Grün, wohin man blickt, dichtes Buschwerk, durchzogen von Farnen, und immer wieder *Nalcas*. Das ist ein Rhabarbergewächs, welches auch so ähnlich aussieht wie unser Rhabarber, allerdings ganz andere Dimensionen erreicht. Ein kleiner Spaziergang zu einem Wasserfall im Nationalpark Puyehue rundet unseren ersten Tag in Chile ab.

Am nächsten Tag wissen wir, warum es hier so grün ist. Regen! Der Nationalpark Puyehue ist angeblich einer der regenreichsten in Chile, und er wird den Beweis nicht schuldig. Schon früh am Morgen prasselt es auf uns bzw. Paco nieder. Hoffentlich hält das Panzerband, mit dem ich die Wunde von gestern notdürftig geflickt habe, bis zur nächsten Werkstatt. Bis dorthin ist es allerdings noch eine Tagesreise, und ich bin des Fahrens überdrüssig. Wandern bei diesem Wetter ist auch nichts für uns, also nehmen wir etwas Geld in die Hand und besuchen die Termas de Puyehue im gleichnamigen 5-Sterne-Schuppen. Eines der ältesten Thermenhotels in Chile und eines der edelsten, wie der Reiseführer weiß. Der Preis zumindest lässt viel erwarten, und wir werden nicht enttäuscht. Während draußen die Regentropfen immer dicker werden, genießen wir die Wonnen eines „all-inclusive"-Tages. Nach dem Frühstücksbuffet (endlich wieder Graubrot und essbare Wurst) geht es in die Badezone. Erst in das Thermalbad im Innenbereich, schön um eine Palmeninsel mit Whirlpool gezogen, dann nach draußen, wo wir das Schwimmerbecken links liegen lassen und ich noch eine ganze Weile mit Klara und Thilo im warmen Wasser plantsche, während Diana mal wieder eine Sauna von innen sieht. Nach dem Mittagsbuffet (natürlich auch vom Feinsten) setzen wir die Kleinen in das Minikino des Hauses und ruhen uns zwischen schlafenden Rentnern im Foyer aus. Schließlich wartet bald noch das sog. *once* auf uns. Once heißt auf Spanisch elf, in Chile aber steht es für die Kaffeezeit. Einige Wochen später erfahre ich, warum: Die chilenischen Männer nahmen früher (richtige Männer sicherlich auch heute) so gegen vier Uhr einen Schnaps zu sich. Schnaps wiederum heißt auf Spanisch *a g u a r d i e n t e*. Wer bei diesem Wort die Buchstaben zählt, wird feststellen, dass es aus genau elf besteht. Also nannte man das Nachmittagsschnäpschen und heute eben die Kaffeezeit – eigentlich völlig logisch – in Chile once. Ich kann im Gegensatz zu Diana und den Kindern zwar kaum noch essen, aber für einen Kaffee ist noch Platz, für einen *Pisco Sour* sowieso. Das chilenische Nationalgetränk aus Pisco (Traubenschnaps), Zitrone, Eiweiß und Puderzucker. Nach diesem Verwöhnprogramm sind wir wieder fit für die Straße.

Der Regen hat wie bestellt aufgehört, und wir fahren südwärts, einen Schlafplatz suchen. Der findet sich dann auch etwa zwei Stunden später in einem Ort namens Central Rupanco. Wir nächtigen im Garten einer Familie, die uns freundlich auf ihr Grundstück bittet, damit wir nicht auf der Straße stehen. Zur Familie gehören zwei Kinder, im gleichen Alter wie Klara und Thilo. Der Abend ist gerettet. Ich unterhalte mich mit dem einbeinigen Großvater und erfahre, das Central Rupanco einst eine große Kooperative – vorwiegend Milchwirtschaft – war, bevor Pinochet die Bauern enteignen ließ. Die wenigen verbliebenen Familien produzieren immer noch Milch, jetzt aber für eine neuseeländische Gesellschaft, die alles exportiert. Dafür haben sie dem Dorf eine schöne Schule hingestellt. Schon erstaunlich, was die Globalisierung für Blüten treibt, denke ich. Aber lieber chilenische Milch in Neuseeland als holländische Tomaten in Deutschland.

Central Rupanco liegt südlich von Osorno, mitten im chilenischen Seengebiet und nicht weit vom See Llanquihue. Um diesen haben sich vor über hundert Jahren, ausgehend von Valdivia, viele Deutsche niedergelassen. Wenn man ein Weilchen durch das Seengebiet fährt – wir nehmen die Route: Puerto Octay, Frutillar, Llanquihue, Puerto Varas –, merkt man, warum sich hier so viele Landsleute wohlgefühlt haben und das noch tun. Es sieht hier teilweise aus wie im Alpenvorland. Dichte Wälder, hügelige Felder und Wiesen, braun oder schwarz gefleckte Kühe, dazu Fingerhut und Löwenzahn am Straßenrand. Die Lokale an der Straße locken mit „Onces Alemanas" und „Kuchen". Dafür müsste man nun wirklich nicht 13 Stunden fliegen und mehrere Wochen durch Argentinien gurken. Wäre da nicht dieses Gefühl der Zeitreise. Im Hotel Haase in Puerto Octay beispielsweise fühlen wir uns hundert Jahre zurückversetzt. Seit dem Bau dieses Hauses hat sich nicht viel getan. Die Wände krumm und schief und holzgetäfelt, die kleine Bar mit Hirschgeweih im Festsaal, die liebevoll gedeckten Tische im Speiseraum um den Holzofen. Die Zimmer sind eher Kammern mit Bett und Fenster, waschen kann man sich an Waschtischen von anno dazumal mit Wasserkanne und Schüssel im Flur. Bleibt nur zu hoffen, dass dieser Platz nicht einmal kaputtrenoviert wird, denn Renovierung scheint dringend nötig. Aber Puerto Octay liegt im Gegensatz zu Frutillar und Puerto Varas abseits der Touristenströme, daher bin ich etwas skeptisch, was das angeht. Fast allen Orten am Llanquihue-See gemein aber ist der Blick auf den gewaltigen Vulkan Osorno. Gelegen am östlichen Ende des Wassers, sieht er aus wie gemalt. Ein schneebedeckter Kegel, der sich an schönen Tagen sicher herrlich im See spiegelt. Leider haben wir keinen so schönen Tag, sind aber trotzdem schwer beeindruckt vom

Panorama, das wir von der Strandpromenade in Frutillar, dem wohl deutschesten aller umliegenden Dörfer, genießen. Fast schon kitschig wirken die Gästehäuser Marke Schwarzwald, erkennbar neueren Datums, dazwischen Kaffeehäuser mit teutonischem Anstrich. Ein leicht mickriger Bundesadler schaut zwischen einem Trachtenpärchen vom Dach des Deutschen Clubs herunter. Die älteren Gebäude jedoch, Hotels wie Wohnhäuser, sind wie die Lutherkirche im Zentrum authentische und sehenswerte Spuren deutscher Kolonialgeschichte. Den „Kuchenladen" unterhalb der Kirche mit feinem Apfelstrudel und Schwarzwälder Kirschtorte haben wir leider nicht geplündert, was vor allem Diana später bereut hat, da wir Vergleichbares nicht wieder gesehen haben. „Kuchen" ist eben nicht gleich Kuchen.

Wenige Küstenkilometer südlich von Frutillar peilen wir die nächste deutsche Institution in Chile an. Eine der über das ganze Land gut verteilten Mercedes-Werkstätten namens Mercedes-Kaufmann. Pacos „Schmiss" muss fachmännisch genäht werden. Im Gegensatz zu daheim werde ich aber nicht ausgelacht, als ich an einem Freitagmittag frage, ob der Kratzer im Alkoven „mal eben schnell" gerichtet werden könne. Alles kein Problem, ich solle in anderthalb Stunden wiederkommen. Die verbringen wir mit einem Bummel durch Llanquihue, das außer der Mercedes-Werkstatt nur eine weitere Sehenswürdigkeit hat, die wir allerdings eher zufällig entdecken. Die Vorzeigemetzgerei der Wurstfabrik „Cecinas Llanquihue" der Gebrüder Mödinger. Mir kommen fast die Tränen, als ich den Verkaufsraum betrete. Eine Fleischtheke (sauber und ohne Fliegen) mit allem, was das Herz begehrt: Lyoneraufschnitt (hier: Mortadella), Cervelat, Teewurst (hier: Teewurst), diverse Leberwürste, Weißwürste, Wienerle, Salami und vor allem: frisches Schweinefleisch. In Argentinien haben wir uns notgedrungen von zwar ganz ausgezeichnetem Rindfleisch ernährt, wahlweise Hühnchen, aber erstens gibt es nicht überall die feinen Stückchen Fleisch, die wir gerne essen, und zweitens ist nach fast drei Monaten Rind und Huhn mal wieder Zeit für totes Schwein. Auch Salami und Chorizo waren in Argentinien Glücksache. Entweder schweinelecker oder daumendicke fettige Fettstückchen zwischen Fettklumpen im Darm. Ich brauche – denke ich – nicht zu erwähnen, dass wir den Laden fast leergekauft haben. Die nächsten Tage wird gegrillt! Etwas außerhalb von Puerto Varas finden wir einen hübschen Strand (Playa Niklitschek), an dem sich gut zündeln und baden lässt, bevor wir uns noch weiter in die Wildnis wagen.

VERSUNKENE WÄLDER IN CHEPÚ

Isla Chiloé – ein Land für sich

Der Reiseführer hat nicht zu viel versprochen. „Wenn es auf Chiloé nicht regnet, dann nieselt oder graupelt es.“[8] Als wir Puerto Montt hinter uns lassen, wird es erst leicht neblig, dann fängt es an zu regnen, bis es irgendwann schüttet. Die ganze Strecke bis nach Pargua zum Fähranleger, von dem man auf die Insel übersetzen kann. Nach etwa einer halben Stunde Fährfahrt erreichen wir dann endlich das Ufer der Gran Isla Chiloé, die in jedem Reiseführer ein eigenes Kapitel eingeräumt bekommt. Das liegt daran, dass die Insel besonders mystisch sein soll, die Einwohner seltsam und eigenbrötlerisch (nicht ganz ungewohnt für Inseln, man denke nur an England). Es gibt typische Holzkirchen sowie eine an Fisch und Meeresfrüchten reiche Küche. Von alledem sehen wir erst mal wenig, weil fette Regenbrocken auf uns niederklatschen. Wir haben nur 4 Tage Zeit für die Insel, da am Donnerstag die Fähre von Quellón am südlichen Zipfel nach Chaitén übersetzt. Von dort soll es dann auf der Carretera Austral südwärts gehen. Dummerweise gibt es hier recht viel zu sehen. Vom Nationalpark angefangen über einige Städte, zahllose Inselchen und noch mehr Kirchen, die es der UNESCO wert waren, als Kulturerbe in eine Liste aufgenommen zu werden.

Unser erster Halt soll ein Ort namens Chepú sein, die Eintrittspforte in den nördlichen Teil des Nationalparks Chiloé. Frohen Mutes biegen wir von der gut asphaltierten Hauptstraße auf die Schotterpiste Richtung Chepú, der Regen lässt nach, die Kurven nehmen zu. Kein Problem für Paco denken wir. Bis plötzlich auf langsamer Fahrt eine schmierige Schottersteigung hinauf die Vorderreifen durchdrehen. Ich rolle langsam zurück, schalte in den

---

8   freie Übersetzung aus dem Lonely Planet Chile and Easter Island

Geländemodus und versuche es noch mal. Wieder geht nix. Ich versuche die Differentialsperre zuzuschalten, leider auch Fehlanzeige. Wieder rückwärts. Jetzt wird es Diana mulmig, und sie steigt mit den Kindern aus. Zum Glück besteht sie nicht darauf, umzudrehen, und ich darf es noch einmal versuchen. Die Sperre springt diesmal ein, und im Schritttempo quäle ich uns auf den Berg. Geschafft. Wir haben unsere erste Erfahrung mit widerborstigen Pisten gemacht, und das auch noch erfolgreich. Die nächsten Kilometer geht es ähnlich weiter, mal bergauf, mal bergab, aber nicht mehr ganz so heftig, und wir kommen gut vorwärts. Der Regen legt sich, die Sonne kommt zum Vorschein, und alles sieht plötzlich ganz anders aus. Vögel flattern aus ihren Schlupflöchern, und der Blick auf den sog. versunkenen Wald wird frei. In den 70er Jahren gab es hier ein heftiges Erdbeben, das den hiesigen Urwald mehrere Meter hat absacken lassen. Salzwasser ist eingedrungen, was der Wald nicht überlebt hat. Dafür stehen jetzt tote Bäume mitten in einem Fluss. Graue Stümpfe und hohe Stämme ragen aus Wasser und Sumpf. Recht mystisch. Das wird morgen genauer inspiziert. Wir wissen nur noch nicht, wie.

Endlich in Chepú angekommen (besteht aus einigen wenigen Häusern am Rand der einzigen Straße; dreimal die Woche kommt ein Bus vorbei), suchen wir zunächst einen Stellplatz. Die zwei vorhandenen Campingplätze entpuppen sich als Vorgärten mit Duschgelegenheit und sind – wie so oft in Chile – nur auf Zelte ausgelegt. Also stellen wir uns einfach neben eine Brücke an den Fluss. Wo kein Verkehr und keine Einwohner sind, kann sich auch niemand daran stören. Nachdem wir einigermaßen installiert sind, stapfe ich wieder die Straße hinauf, um zu sehen, was man hier wo und mit wem machen kann. Ein netter Passant hatte empfohlen, mich an Alfonso zu wenden, den ich auch gleich finde. Ein netter älterer Herr, der Cabañas und Ausfahrten anbietet. Wir werden schnell einig, dass wir zusammen irgendetwas machen, und ich bitte ihn, uns gleich noch zu besuchen, damit wir mit Diana die Abfahrtszeiten und Details besprechen können. Wenig später kommt er auch. Diana füttert gerade die Kleinen ab und reicht mir und Alfonso erst ein Bierchen und danach einen Tapasteller mit Oliven, Käse und Salami (die gute von Cecinas Llanquihue). Meine Stimmung steigt, Alfonsos auch, und als es kurz vor der Dämmerung noch einmal richtig schön wird, schlägt er vor, eine kleine Runde mit seinem Boot zu drehen. Ein „Sundowner" sozusagen. Überzeugungsarbeit muss er nicht leisten, und so steht Alfonso wenig später mit einem kleinen Holzboot am Ufer. Es geht den Fluss hinab direkt an den versunkenen Wald, die untergehende Sonne im Hintergrund. Der Blick von der Straße auf die Baumleichen im Wasser war schon großartig. So nahe an die Wälder heranzufahren aber ist fantastisch. Eine urzeitliche Landschaft, dazu die Stille, nur das sachte Tuckern unseres Kahns. Noch nicht mal Klara und Thilo brabbeln in die Abendstimmung. Es ist einfach nur friedlich und schön. Wir beobachten einen Martín Pescador, den hiesigen Eisvogel, wie er zuerst regungslos auf einem Baumfinger ansitzt, dann rasend schnell ins Wasser stürzt. Die chilenischen Eisvögel haben ein nicht ganz so glänzend blaues Federkleid wie unsere, die Verwandtschaft ist aber unverkennbar. Es kann eigentlich kaum besser werden, höchstens wärmer. Mittlerweile ist es frisch, fast schon kalt, und wir fahren zurück. Am nächsten Tag geht es schließlich wieder los. Gerne hätte ich die Tour zur Pinguinkolonie gemacht, eine kurze Bootsfahrt und fünf Stunden Wanderung an der Küste zu einer Pinguininsel im Nationalpark. Geht aber nur bei Ebbe. Laut Gezeitenplan ist die aber ausgerechnet morgen ungünstig, außerdem kommt mit Klara und Thilo eine solche Wanderung ohnehin nicht in Frage. Daher buchen wir nur den Ausflug an die Küste mit Wanderung zu einem Schiffswrack.

Die Morgenstimmung ist so, wie man sich es auf einer Insel voller Sagen vorstellt. Dunkel, geheimnisvoll, vor allem aber feucht und neblig. Kaum hat sich der Morgennebel über dem Fluss gehoben, schippert Alfonso auch schon heran. Wir sitzen noch beim Frühstück und beobachten den Verkehr, der hier herrscht. Da am anderen Ufer des Flusses auch noch Familien leben, es dort aber keine Straße gibt, ist der Weg über den Fluss die einzige Versorgungsmöglichkeit. In der kurzen Zeit unseres Frühstücks haben bestimmt fünf Boote angelegt, mit Kindern an Bord oder Baumaterial. „Rush-Hour" in Chepú ist halt doch etwas beschaulicher als bei uns. Gemütlich geht es auch den Fluss hinauf Richtung Pazifik. Das Wasser ist ruhig, die Stimmung friedlich, tote Bäume und lebende Vögel, wohin man sieht. Nach einer Viertelstunde ist auch schon der Pazifik in Reichweite. Die Strände sind leer (woher sollten die Menschen auch kommen), brausende Brandung steht im starken Kontrast zum ruhigen Fluss. Wir knirschen flussseitig an einen Strand und wandern die Steilküste hinauf. Von hier hat man einen tollen Blick in den Nationalpark und kann sogar die Pinguininseln sehen, die wir nicht erwandern werden. Pinguine sieht man von hier leider nicht. Trotzdem schön. Vor allem der Blick auf endlos weite und weiße Strände, an denen sich momentan nur ein einsamer Reiter tummelt. Alfonso versichert, dass hier auch in der Hauptsaison maximal fünf bis sechs Personen gleichzeitig am Strand sind. Die wenigsten aber kommen, um hier Strandurlaub zu machen (dafür ist das Wetter wohl zu unbeständig und das Wasser bestimmt so kalt, wie es aussieht), sondern um in der wilden Natur herumzustolpern. Nach dem ersten Ausflug (die Kinder maulen schon) geht es wieder ins Boot und an eine andere Anlegestelle. Während Alfonso festmacht, unterhält er sich mit einer zahnlosen Alten, die in der Baracke nebenan wohnt und gerade ihr Boot besteigt. Ich verstehe nicht ein einziges Wort, aber wahrscheinlich geht sie bummeln nach Chepú. Das chilenische Spanisch ist ohnehin schon eine Herausforderung für mich, aber chilotischer Dialekt, gesprochen ohne Zähne, lässt mir gar keine Chance.

Zum chilenischen Spanisch muss man wissen, dass es wohl das – sagen wir mal höflich – speziellste in Südamerika ist. Schnell gesprochen, ohne Betonung und unter Auslassung praktisch aller Endungen. Ich habe fast das Gefühl, dass sich die Chilenen ihres Spanischs schämen und deshalb zum Schnellsprechen neigen. Dann ist der Satz schneller zu Ende. Zum Ausgleich ist die Sprache noch mit unzähligen sog. Chilenismen durchsetzt, also Wörtern, die nur ein Chilene kennt. Ein „Hot Dog", zu Spanisch *perrito caliente*, wird zum *completo*. Toilettenpapier heißt plötzlich *confort*, die Avocado *palta*, Die Bedeutung von *once* hatten wir schon. Eine Tankstelle, andernorts *gasolinera*, nennt man hier *servicentro* usw. ... Dass Kuchen „*kuchen*" heißt, macht das Ganze dann auch nicht besser. Auch das argentinische Spanisch unterscheidet sich natürlich vom Castellano der Iberischen Halbinsel. Aber irgendwie hört es sich für mich schöner an, und die Wörter, die aus dem Italienischen abgeleitet sind und die das Hochspanisch nicht kennt, erschließen sich einem leichter als Mapuchevokabeln. Wenn das Ganze auch noch schön ausgesprochen ist, macht es dann auch fast nichts mehr, wenn man nur die Hälfte versteht. Befindet man sich aber in einer chilenischen Touristeninformation[9], versteht man trotz einfacher Sachverhalte nur Bahnhof und muss mehrfach bitten, mal einen Gang langsamer zu sprechen.

Aber zurück zu Alfonso. Wir wollten ja noch zu einem Strand mit Schiffswrack wandern. Der Weg wäre ohne Begleitung kaum zu finden gewesen, es geht zuerst durch dichten Bambuswald

---

9   Bitte einen weiten Bogen um die örtlichen Touri-Infos machen, mit Ausnahme derjenigen in Puyuhuapi/Carretera Austral eine reine Zeitverschwendung.

und über eine Kuhwiese, durch Bachläufe und an Einsiedlerhöfen vorbei, bis wir nach einer Stunde über diesem Wahnsinnstrand stehen. Keine Menschenseele, ein paar Vögel, noch mehr Algen, heller Sand und in der Mitte der Bucht ein verrostetes Wrack. Gerade ist Ebbe, und ich kann ein bisschen darauf rumkraxeln und wild fotografieren. Die Kinder tollen in der Gegend rum und sind fast nicht mehr wegzukriegen. Wir wollen hier auch nicht weg. Der weiße Sand knirscht unter den Füßen, die salzige Seeluft in der Nase, es ist warm genug, sich der Feecepullis zu entledigen. Der perfekte Ort, ein Zelt aufzuschlagen und ein paar Tage stumpf aufs Meer zu schauen. Aber Alfonso hat noch eine Nachmittagstour, und wir wollen, nein müssen ja eigentlich auch weiter. Es geht ein letztes Mal am „Meerchenwald" vorbei, den Pazifik im Rücken, Möwen kreischen uns ein Abschiedslied, und dann ist auch gut mit Chepú.

SEE-AAL MIT FRITTEN
Küche und Kultur an Chiloés Ostküste

Wir kommen ohne größere Probleme zurück auf die Hauptstraße und fahren gen Westküste nach Quemchi. Zum Glück alles asphaltiert bis dorthin, denn die Steigungen und Gefälle haben es in sich. Obwohl die Insel keine hohen Berge hat, so ist sie doch sehr hügelig, gleicht teilweise Achterbahnsteigungen. Manchmal kommt Paco nur mit Anlauf die Hügel rauf. So schaukeln wir gemütlich nach Quemchi, einem netten Fischerdorf, welches nach Auskunft unseres Reiseführers das beste Restaurant der Insel beherbergt. Und in der Tat – besonders ist das Restaurant allemal. Auch wenn die Küche für eine Insel, die vom Meer lebt bzw. lebte, etwas enttäuscht. Um es vorweg zu nehmen: Wir sind noch nirgendwo so herzlich und liebevoll bedient worden, insofern machte es überhaupt nichts, dass der Seeaal (*congrio*) sowie der Seehecht (*merluz*) zu trocken aus der Küche kamen und in einer penetranten Knoblauchpaste ertränkt waren. Die Fische sind eindeutig für wenig gestorben, allerdings gab's reichlich weltklasse Fritten (im Kupferkessel frittiert). Noch weltklassiger war allerdings die Herrin über Fisch und Herd, eine füllige Chilenenmama mit offenen Augen und viel Herz.

Wir sind die einzigen Gäste des Vorabends und können uns einen Tisch in der holzgetäfelten Stube mit den wunderschön kitschigen Perlmuttmobiles aussuchen. Die Hauptgerichte sind schnell erklärt, es gibt Merluz (Seehecht) oder Congrio (Seeaal), Salat und/oder Pommes als Beilage. Bei den Vorspeisen allerdings war mein Küchenspanisch am Ende, und Mama bittet uns in die riesige Küche. So eine möchte ich auch mal haben. Im Zentrum ein stattlicher Gasherd, darüber allerlei zerbeulte Kochutensilien, rechter Hand ein Kühlschrank, linker Hand ein Kupferkessel. Der für die Fritten. Das Gerät könnte auch aus Asterix und der Kupferkessel stammen. Ein Kätzchen macht sich aus dem Staub und die Mama an den Kühlschrank. Ich hätte jetzt eine ganze Palette an merkwürdigem Meergetier erwartet, sehe aber nur eine große Schüssel. Die wiederum – so lasse ich mich aufklären – ist voll mit Fleisch der Centolla bzw. Seespinne. Sicht in natura aus wie eine Königskrabbe mit Pickeln, schmeckt aber schweinelecker. Also ordern wir Centolla vorweg. Und wir dürfen sie auch noch selbst zubereiten. Während Diana mit Thilo zurück zum Wohnmobil trabt (mal wieder Windeln wechseln) bekommen Klara und ich Anweisungen von der Küchenchefin, die sich am Feuer für den Kessel zu schaffen macht: Zwiebeln kleinschneiden, mit kochend Wasser übergießen, Seespinnenfasern mit den blanchierten Zwiebeln anrichten, dazu noch Öl, Zitrone, Pfeffer, Salz, frischer Koriander (kommt an fast jeden Salat in Chile). Fertig.

Kurz danach sitzen wir am Tisch, und die Brut verlangt nach Honigbrot. Diana und ich versinken fast im Boden vor Scham. Wir sind auf einer der fischreichsten Inseln Chiles, werden bekocht wie bei Muttern, aber Klara wie Thilo fällt nichts Besseres ein als Honigbrot. Unsere Gastgeberin lacht nur und holt ein überdimensioniertes Honigglas von irgendwoher. Als Klara mit dem Finger reinfährt, versinken wir zum zweiten Mal. Zum Probieren kommt dann auch noch ein Glas Nalcamarmelade, der Heizlüfter wird an den Tisch geschoben, und als ich nach der Weinkarte frage, wird flugs der begehbare Weinschrank geöffnet. Ich darf mir was aussuchen. Einsame Spitze. Die Wahl fällt auf einen älteren chilenischen Sauvignon Blanc, was sonst. Gesättigt und überwältigt von der Gastfreundschaft fallen wir nach einem langen und schönen Tag in unsere Kojen.

Tag zwei auf Chiloé steht unter der Überschrift Kultur. Wir wollen uns einige der UNESCO-Weltkulturerbekirchen ansehen. In Dalcahue steht eine davon. Ganz nett. Holzkirche in Wellblechmantel mit Wellblechdach. Weiß-blau. Geht möglicherweise als malerisch durch. Aber Weltkulturerbe? Am interessantesten sind noch die lokalen Fabelwesen (kotzende Vögel, sexbesessene Gnome, ein Wesen mit zugenähtem Arsch u.ä. Erbauliches), die das Konterfei von Gottes Sohn umrahmen. Das war's dann aber auch. Die restlichen Kirchen sind ähnlich, immer bunt, meistens verwellblecht und durchaus hübsch anzusehen, aber sicher kein Grund, um den halben Globus zu fliegen. Aber da gibt es ja noch die lokale Spezialität Curanto: Man nehme mehrere Muschelsorten, Kartoffeln, Fisch, Hühnchen, Knödel, packe alles in ein mit heißen Steinen gefülltes Erdloch, Nalcablätter drauf, und wenige Stunden später ist dann alles gar. Ob es auch lecker ist, kann ich leider nicht sagen, originell klingt es jedenfalls. Wirklich interessant an dieser Insel, für die man sich Zeit nehmen sollte, die wir leider nicht haben, sind weder die einzelnen Kirchen oder die bunten Pfahlbauten[10], die es an einigen Stellen noch gibt, sondern die Kombination hiervon mit Natur, Abgeschiedenheit und dem entspannten Leben in kleinen Fischerdörfchen auf der Haupt- sowie zahlreichen Nebeninseln, die man per Fähre erreichen kann. Die wilde Westküste mit Nationalpark steht im Gegensatz zur eher beschaulichen Landschaft der Ostküste mit Muschelbänken, Fischerbooten und Blick auf die Andenkordillere jenseits der Carretera Austral. Diese ist unser nächstes Ziel.

Dahin gelangen wir mit der Fähre von Quellón auf Chiloé nach Chaitén.

Kurz vor der Einschiffung lernen wir ein amerikanisch-französisches Pärchen kennen, Yannick und Shirley, die fragen, ob wir deren Fahrräder auf unser Wohnmobil packen können. Die Überfahrt käme so billiger. Natürlich geht das. Die Räder sind ebenso schnell verzurrt wie das Gepäck im „Kofferraum" ver-

---

10 sog. Palafitos

staut. Die beiden sind schon 18 Monate unterwegs und machen einen „Triathlon", einen transkontinentalen: Gestartet in Alaska, die Küste bis Vancouver mit Kajak (ca. 2.000 km), ab Vancouver bis Los Angeles per pedes (ca. 4.000 km) und seitdem mit dem Fahrrad. Bis Ushuaia werden das dann weitere zigtausend Kilometer. Jede einzelne Tour davon ist schon ein Abenteuer. Hinzu kommt, dass beide vorher kaum Sport gemacht haben, was man ihnen allerdings nicht mehr ansieht. Leider haben wir sie auf der Strecke nicht mehr wiedergetroffen, da sie ihr Vorhaben wirklich sportlich angehen und kaum mehr als einen Tag an einem Ort sind. Bei Morgendämmerung wird losgefahren und bei Einbruch der Nacht gezeltet, wo man gerade ist. In den letzten 12 Monaten waren sie auf kaum einem Campingplatz, geschweige denn in einem Hostal. Hut ab. Da kommt uns die Reise mit Paco fast schon spießig vor. Nicht nur, dass wir unser Dach ständig überm Kopf haben inklusive Backofen, gefiltertem Wasser, großem Kühlschrank, kleinem Weinregal und mehr als zwei Unterhosen, nein, wir steuern ab und an auch noch Campingplätze an, um uns eine Dusche zu gönnen oder Kontakt zu anderen Reisenden zu suchen.

CARRETERA AUSTRAL
Abenteurerstraße in den tiefen Süden

Die Carretera Austral. Was habe ich nicht schon alles über diese Straße gelesen. Kurven und Schotter, bis der Arzt kommt; die Mutter aller Pisten; nur was für die ganz Harten usw. Aber wir sind vorbereitet. In Castro haben wir noch einmal eingekauft wie die Großen und unseren 20-Liter-Reservekanister aufgetankt. Wir wollen in der Einöde schließlich nicht liegenbleiben und drei Tage warten, bis der nächste Wagen vorbeikommt. Vorfreude und Erwartung wurden durch Reiseberichte recht hochgeschraubt. Ich denke, jeder, der diese Strecke gefahren ist, möchte sich als Held der Straße feiern lassen. Ich natürlich auch. Dennoch widerstehe ich der Versuchung, die Abenteuer und Gefahren, die hinter jeder Kurve lauern (schmieriger Schotter, todbringende Serpentinen, kalbende Gletscher) hochzustilisieren, und erzähle hier, wie es wirklich ist: ganz einfach toll.

Hier könnte ich jetzt aufhören und ins Bett gehen, aber die Flasche Quilmes vor mir ist noch kalt und fast voll. Also schreibe ich weiter.

An einem schönen Donnerstagabend laufen wir mit der Fähre der Reederei Naviera Austral (fährt nur donnerstags ab Quellón) guter Stimmung in Chaitén ein. Dieser Ort war einmal. So sieht es zumindest aus. Der Ausbruch des gleichnamigen Vulkans hat das Dorf 2008 fast ins Meer gespült. Nur ein paar Straßenzüge sind noch bewohnt, dahinter fast alles verlassen. „Eigentum der Steuerbehörde" steht an vielen Objekten, leere Straßen, am Flussufer mehrere Dächer, die aus dem Sand lugen. Wir verlassen diesen Ort ganz schnell und machen einen Abstecher in den Parque Pumalín. Der Pumalín ist ein privater Naturpark und gehört Douglas Tompkins, einem amerikanischen Milliardär, der die Marken Esprit und North Face ins Leben gerufen hat. Viel sehen wir nicht vom Park, verbringen aber eine Nacht ganz alleine am Lago Blanco unweit des rauchenden Vulkans. Die Fahrt dorthin ist schön und wie erwartet kurvig, aber es zieht uns weiter nach Süden. Die ersten Fahrtage sind regenreich, was wir durch einen Aufenthalt in den Thermen El Amarillo etwas abmildern können. Baden in heißem Wasser mitten im Regenwald bei Regen hat was. Einziger Wermutstropfen: Der Tankdeckel von einem unserer Dieseltanks ist verschwunden. Entweder habe ich den am Copec[11] *servicentro* vergessen oder schlecht abgeschlossen, und er ist rausgehüpft. Gelegenheit dazu hätte es genug gegeben. Unsere Suchfahrten nach einem schwarzen Tankdeckel zwischen nassen Steinen bleiben erfolglos, also muss meine Bastellösung, auf die ich recht stolz bin, halten: ein Becher Trinkjoghurt, Panzerband, fertig. Komme mir vor wie MacGyver, bin aber trotzdem noch leicht vergrätzt. Nach dem Deckel für den Wassertank musste jetzt auch noch der Benzintank dran glauben. Was kommt als nächstes frage ich mich.

Auf jeden Fall ganz viel Schotter. Die ersten 100 Kilometer der Straße enttäuschen zwar wegen der vielen teilweise endlos langen Baustellen. Wildnis habe ich mir anders vorgestellt. Am Ende der 900 Kilometer, die wir diesen sagenumwobenen Weg zurücklegen, bin ich mit der Straße allerdings mehr als versöhnt und habe gleichzeitig auch genug davon. War eine tolle Idee von Pinochet, die Ruta 7 (offizieller Name der Carretera) Anfang der 70er in diese wunderschöne Landschaft fräsen zu lassen. Aber zurück zum Schotter. Wenn Eskimos unzählige Worte für Schnee haben, so müssten die Bewohner dieses Landstrichs eigentlich ein reiches Vokabular für den Zustand ihrer Straße haben. Ist aber nicht so, was mich erstaunt, da sich der Straßenzu-

---

11 chilenische Tankstellenkette, quasi die kleine besser erzogene Schwester der argentinischen YPF Tanken

stand alle paar Kilometer ändert. Da wäre einmal die perfekte Piste: breit, bretthart, flach und zu fahren wie eine Autobahn. Gibt es streckenweise. Dazwischen gesellen sich Abschnitte unterschiedlichster Arten des Wellblechs. Zum Beispiel das angenehme falsche Wellblech, das nur so aussieht, aber so weich ist, dass man problemlos Gas geben kann. Unangenehmer ist da schon das fiese Riffelblech, welches harmlos aussieht, einen aber übel durchrüttelt. Unter den Schotterstraßen erwähnenswert ist weiterhin die Flussbettpiste (fährt sich so, wie es sich anhört) oder der Kindskopfschotter. Gemein sind auch die Straßenabschnitte, unter denen sich Findlinge versteckt halten, Schlaglöcher, die gerne in Rudeln auftreten, oder Geröll in steilen Kurven. Nicht zu vergessen die Sombreropiste, bei der sich in der Mitte der Fahrrinnen Steinchen bis zum Bodenblech auftürmen. All dies und noch viel mehr wechselt sich fröhlich ab auf halb- bis zweispuriger Bahn, bergauf, bergab und in ungezählten Kurven. Asphaltierte Strecken gibt es auch, und das nicht zu knapp. Ohne diese Abschnitte wären aus unseren zwei Wochen Carretera locker vier geworden. Klara hat schon nach wenigen Tagen ein geschultes Auge für den Straßenbelag entwickelt, und auf jeder asphaltierten Brücke gibt es großen Jubel. Die Straße ist hier nicht nur Mittel zum Zweck, sondern eindeutig Teil des Erlebnisses. Jede Reisebekanntschaft, jeder Tankwart wird schnell gefragt, wie es denn weitergehe. Schlechte Piste, gute Straße, wie sind die Steigungen, gibt es gar Asphalt?

Dieser ist Segen und Fluch zugleich. Nach 100 Kilometern ohne wünscht man ihn sich herbei, ist er dann da, fährt man zu schnell und genießt die Landschaft nicht. Sollte man aber. Sie ist mindestens so abwechslungsreich wie die Straße und so schön, dass nach wenigen Tagen Abstumpfungserscheinungen auftreten. Wir halten nicht mehr für jeden See und schon gar nicht für jeden Wasserfall. Gletscher gibt es diverse quasi am Wegesrand und eine Vegetation wie aus Urzeiten. Alles ist hier ein bisschen größer und grüner. Riesenhafte moosbehangene Bäume in Märchenwäldern, Nalcas groß wie Wagenräder, versunkene Wälder in Flussläufen, bunte Wiesen, Fingerhut am Straßenrand, streckenweise Lupinenfelder in blau, lila und rosa, dass es fast schmerzt, so schön. Dunkle Regenforste wechseln sich ab mit Weideland, durchzogen von Zäunen aus ganzen Stämmen, graue Baumleichen liegen im satten Gras, Ibisse und Falken tummeln sich am Wegesrand und dazu noch eine ganze Reihe weiteres Gefieder, das wir nicht kennen. Pferde, Kühe und Schafe runden alles ab. Während im Norden der Strecke dichte Wälder vorherrschen, wird die Landschaft bei Coyhaique trockener und offener, fast schon steppenähnlich. Die Panoramen werden noch großartiger, mit atemberaubenden Blicken auf die Andengipfel um uns herum. Der zweitgrößte See Südamerikas, der Lago General Carrera, setzt dann den Schlusspunkt in türkis, umrahmt vom Weiß der Gipfel. Zumindest hat Diana mir das so geschildert. Die Kurven und Steigungen dieser letzten 180 Kilometer fordern mich und Paco so, dass ich kaum den Blick schweifen lassen kann.

Während Straße und Gegend unsere bereits hohen Erwartungen mehr als erfüllen, gilt das nicht für die sonstige Infrastruktur. Wir sind erstens nicht alleine (was uns allerdings gar nicht dauert) und zweitens nicht in der Wildnis, auch wenn's auf den ersten Blick so aussieht. In jedem noch so kleinen Ort gibt es alles, und auch Diesel ist gar kein Problem. Während in Argentinien so manche Tankstelle an wichtigen Knotenpunkten auch mal nur Kartoffelchips verkauft, sind die Copec Stationen zuverlässig und vor allem gut gestreut. Die längste Strecke ohne Treibstoff sind die etwa 150 km zwischen Chaitén und La Junta. Danach gibt es in fast jedem Kaff eine Tanke, jeweils mit kabellosem Internet, in La Junta ist noch ein Supermarkt mit mustergültiger Metzgerei an der Raststätte. Wir können fast überall mit Kreditkarte bezahlen, und in einigen Dörfern mitten im Nirgendwo (Puyuhuapi, Mañihuales) sind die Internetleitungen so schnell wie in mancher argentinischen Großstadt nicht. Sehenswert war auch die Bierpalette des Supermercado La Plaza in Puerto Guadal. 5 Straßen, ein Platz aber mehr als 15 Biersorten von diversen einheimischen über Corona, Paulaner, Estrella Galicia aus Spanien (eines meiner Lieblingsbiere) bis Grolsch (Holland) alles vertreten. Und kein Heineken, was ich sehr sympathisch fand. Das Angebot an Obst und Gemüse war tagesabhängig generell auch brauchbar. In Argentinien hatten wir hingegen das Gefühl, dass mit den Salatköpfen erst der Boden gefeudelt wird, bevor sie in die Auslage kommen. Wer also – wie wir – meint, er würde mehrere Wochen in die Einöde abtauchen, täuscht sich gewaltig. Lediglich telefonieren ist etwas mühsamer. Uns wäre es fast lieber gewesen, wenn wie erwartet gar nichts ginge. Denn wenn die technischen Möglichkeiten da sind, will man sie auch nutzen und mit der Außenwelt kommunizieren.

Einsamkeit sieht auch anders aus. Auf den Baustellen herrscht reger Lkw-Verkehr, Touristen sind in Mietwagen unterwegs, und die Einheimischen bewegen sich natürlich auch fort, und das nicht nur zu Pferde. Beliebtestes Fortbewegungsmittel auf der Carretera Austral scheint allerdings das Fahrrad zu sein. Zumindest, was die Europäer angeht. Wir treffen unzählige Fahrradfahrer aus Frankreich, Deutschland, der Schweiz oder Belgien auf der Strecke und Campingplätzen. Sogar eine Familie mit dreijährigem Kind im Fahrradanhänger war dabei. Wie man auf die Idee kommt, hier Fahrrad zu fahren, ist mir allerdings schleierhaft. Die Steigungen sind mörderisch, das Geröll tückisch, jeder Wagen lässt eine lungenfeindliche Staubwolke hinter sich, alle paar Tage regnet es heftig, und man kann auf einigen Strecken nur im Schotter am Straßenrand kampieren. Es waren aber ohne Ausnahme alle, die wir getroffen haben, recht guter Dinge. So schlimm kann es also nicht sein. Die Natur um einen herum entschädigt sicher für so manche Strapaze. Wir jedenfalls sind höchstens vom gelegentlichen Gequengel unseres Nachwuchses strapaziert, das sportliche Fahren macht jedoch einen Heidenspaß, und auch den Pass von Quelat mit seinen Haarnadelkurven meistert Paco dank Untersetzungsgetriebe zwar langsam, aber ohne wirkliche Probleme.

HÄNGENDE GLETSCHER UND HEISSE WÜRSTCHEN

Mitten auf der Carretera: von Puyuhuapi in den Nationalpark Quelat

Der Nationalpark Quelat ist das zweite fest gewählte Ziel nach dem Parque Pumalín und gefällt uns ausnehmend gut. Unser Basislager ist der Ort Puyuhuapi, idyllisch am Fjord gelegen. Eine Gründung von vier Sudetendeutschen, die 1935 mit Arbeitern aus Chiloé ein Dorf mit Teppichfabrik aus dem Boden gezaubert haben. Hier gibt es das Bed & Breakfast Ludwig, die Hosteria Alemana, von einer alten Ostpreußin geführt, die das beste Graubrot der Gegend anbietet, die Brücken namens Hoppedietzel I und II führen in den Ort rein und wieder hinaus. Straßen heißen Hamburgo, Otto Uebel oder Ernesto Ludwig, und alte Kähne nennen sich nach unserem Ex-Reichskanzler Bismarck. Die Häuser der ersten Einwanderer erinnern auch entfernt an zu Hause. Bei soviel Heimat in der Ferne wollen wir auch nicht nachstehen und beschließen am Tag vor Nikolaus, Weihnachtsplätzchen zu backen und dem Campingplatz La Sirena etwas deutsche Weihnachtsatmosphäre einzuhauchen. Der Quincho des Platzes wird in Beschlag genommen, und Rolf Zuckowskis Weihnachtslieder beschallen die anderen Gäste aus der Schweiz und aus Deutschland. Fast alle vermissen hier die heimatliche Weihnachtsstimmung. Nicht den Kommerz und dass am 01. September bereits die Lebkuchen in der Auslage liegen, wohl aber die gemütliche Stimmung der Vorweihnachtszeit, Backen mit der Familie, Weihnachtslieder, Glühwein mit Freunden am Weihnachtsmarkt. Hier in Patagonien wird es erst nach 22 Uhr dunkel, und dass es weihnachtet, merkt man in Puyuhuapi nur an dem scheußlichen Neonweihnachtsbaumgerippe neben dem Spielplatz, das nervös vor sich hinblinkt. Aber wir bringen uns selbst in Stimmung, und die Kekse, die Klara und Diana nach einem Rezept meiner Schwester Franziska backen, sind wirklich lecker. So kann der Nikolaus kommen. Glücklicherweise findet er die Gummistiefel der Kleinen, die sich tierisch über Schokonikoläuse und Mandarinen freuen. Anna, die Radfahrerin aus Bonn, bekommt von uns einen warmen Milchkaffee aus echten Bohnen, mit Kardamom, Milchschaum und ordentlich Zimt darauf. Auch sie freut sich wie eine Schneekönigin, hat sie doch seit Wochen keinen anständigen Kaffee bekommen. In Chile ist löslicher Kaffee eher Standard als der frisch gebrühte Espresso aus italienischen Edelstahlmaschinen, wie sie bei uns in fast jeder Küche stehen. Dafür gibt es hängende Gletscher. Kannte ich vorher auch noch nicht.

Ein hängender Gletscher oder in der chilenischen Variante des Castellano „*ventisquero colgante*" (Hochspanisch für Gletscher: *glaciar*) ist ein Gletscher, der zwischen zwei Bergkuppen rumhängt und in den Abgrund kalbt. Einen davon haben wir schon auf dem Weg hierher in der Nähe des fischreichen Lago Yelcho gesehen, allerdings nur in der Ferne.

Im Nationalpark Quelat ist der Gletscher die Hauptattraktion. Man kann ihn weit weg von einem Aussichtspunkt über der zauberhaften Lagune besehen. Man kann kurz an die Lagune laufen, Fotos vom Gletscher über der Lagune schießen oder man wagt den anderthalbstündigen Aufstieg. Ich glaube, das ist seit meiner Chilereise mit meinem Freund Jojo in 1998 die erste freiwillige Wanderung, an deren Ende kein Wirtshaus steht. Es sind auch meine ersten Stunden auf dieser Reise ohne Kinder und Diana, die sich der Siesta hingeben und danach noch zur Lagune traben wollen. So völlig alleine mit der Natur (und was für einer) treibe ich meinen Puls und mich steil bergauf. Meine Gedanken schweifen ab und bleiben bei den riesenhaften Nalcas hängen. Ich frage mich, warum Chilenen zur Nalca nichts außer zu süßer Marmelade einfällt. Als Sößchen müsste der wilde Rhabarber doch gut zu einem hiesigen Lämmchen passen oder als Kompott zu frischen Erdbeeren, und Pfefferminze gibt es hier ja auch. Kulinarisch ist die Gegend ein Trauerspiel. Der Gipfel patagonischer Kochkunst ist es, ein totes Lamm zu kreuzigen (Argentinien) oder zu pfählen (Chile) und es gesalzen zweieinhalb Stunden ans Feuer zu stellen. Fraglos lecker. Aber das und frittierte Teigtaschen – *empanadas* genannt – kann doch nicht alles gewesen sein? Oder etwa doch? Ich denke wehmütig an die badische Küche und freue mich schon jetzt auf die Einkehr im Hirschen in Lehen, einen feinen Wurstsalat oder Flammkuchen in einer Straußenwirtschaft, dazu ein Viertele Weißburgunder vom Kaiserstuhl. Aber das muss noch über 5 Monate warten. Die Natur tröstet über die an sich unmenschlichen kulinarischen Entbehrungen, die wir hier erleiden müssen, hinweg, aber dazu später mehr. Zurück zum Aufstieg. Das Grün in ungekannten Facetten erschlägt einen fast, und man hat Angst, dass einer der Baumriesen gleich umstürzt. Die Nalcas sind hier noch größer als anderswo, die Farne mannshoch, ellenlang hängen Moose und Flechten von den Bäumen. Ich habe das Gefühl, dass jeden Moment ein Gorilla aus dem Dickicht springen könnte. Es kommen mir aber nur israelische Reisegruppen entgegen. Und irgendwann spüre ich dann den Gletscher. Ein kalter Hauch erwischt mich, und ich weiß, mein Leiden hat bald ein Ende. Kurz bevor ich ihn sehe, höre ich noch ein Donnergrollen, und dann ist es soweit. Es geht nicht mehr bergauf. Gottseidank.

Das Panorama von der kleinen Aussichtsplattform ist fantastisch. Ich sehe weit unter mir die Lagune und über mir den Gletscher. Die Eismassen sind eingepfercht zwischen zwei kahlen Bergkämmen, für sie geht es hier nur noch abwärts. Mehrere schmale Wasserfälle brausen hunderte von Metern in die Tiefe. Ab und an kalbt er in die Lagune. Das Spektakel bekomme ich leider nicht zu sehen, habe es aber nur um eine Minute verpasst, wie mir die Freiburger Forststudentin erzählt, die auch hier oben ist. Na immerhin. Das muss das Grollen von vorhin gewesen sein. So habe ich wenigstens einen Gletscher kalben gehört, wenn auch nicht gesehen. Wir genießen den Ausblick und das Plätschern in der Ferne, unterhalten uns kaum. Jeder möchte hier für sich sein und alleine mit dem Gletscher. Auch wenn er weiter weg ist, als ich gehofft hatte, bin ich doch noch nie so nahe an einen Eisriesen herangekommen. Skifahren in den Alpen zählt nicht. In den Skigebieten der Schweiz und Österreichs liegen die Gletscher nicht so schön drapiert über eisgrauen Lagunen, und Gorillawälder gibt es dort auch nicht. Ich weiß nicht genau, wie lange ich hier oben verweile, aber irgendwann wird es Zeit, wieder umzudrehen und Diana zu erzählen, was sie verpasst hat.

Nach ein paar gemütlichen Tagen Puyuhuapi mit Gletschergucken, Plätzchenbacken und Nixtun beschließen wir, den Nationalpark Quelat wieder zu verlassen. Wir schaffen es aber nicht. Nach einem Bad in Thermen mit Blick auf Fjord quäle ich Paco über den Pass. Auf dem Weg bergab passiert es dann. Wir sehen Willi.

Nach ihm halten wir schon seit einigen Tagen Ausschau, weil wir wissen, dass er in unsere Richtung fährt. Willi ist ein grüner Fiat Ducato, wie Paco auch Allrad und mit einer Familie mit Kindern besatzt. Es handelt sich um Ute und Andy, sowie Lilli und Merlin, 11 bzw. 14 Jahre alt. Ute habe ich schon vor der Reise über ein Internetforum für Weltreisende kennengelernt, und wir haben uns eifrig ausgetauscht. Da Ute und Andy allerdings ein paar Monate früher von Buenos Aires gestartet sind, war offen, ob und wann wir uns treffen würden. Über gelegentliche E-Mails halten wir uns auf dem Laufenden. Wir wissen nur, dass sie von Süden kommend mittlerweile auch auf der Carretera Austral sind, also halten wir die Augen offen. Die Freude ist groß, als wir uns begegnen. Man kennt sich zwar nicht wirklich, lediglich ein paar Telefonate und ein Dutzend E-Mails über

Mückenspray, Kreditkarten, Versicherungen und was man sonst noch in der Pampa braucht, aber wir verstehen uns sofort ganz prächtig. Die Wellenlänge derjenigen, die so eine Reise unternehmen, stimmt einfach, und man hat ja auch viel gemeinsam: den Beruf vorübergehend an den Nagel gehängt, aus Häuschen oder Wohnung in eine teilweise selbstgezimmerte Kiste ziehen und ganz ganz ganz weit weg fahren, wo die Leute komisch sprechen, die Busse nicht pünktlich sind und kein Mülltrennungswahn herrscht. Wir entschließen uns, gemeinsam den Abend auf der Passhöhe zu verbringen und drehen kurzerhand um. Gerade hatte ich mich gefreut, die steile Geröllpiste, die wir heruntergerollt sind, nicht in anderer Richtung befahren zu müssen. Keine 10 Minuten später nötige ich Paco wieder nach oben. Auf der Passhöhe sah es vorher so aus, als ob da genügend Platz für ein paar Wohnmobile sein sollte. Willi hat nämlich noch einen weiteren Wagen mit im Schlepptau. Ein uralter Schweizer Armee-Lkw der Marke Steyr, passend in rot-weiß gehalten und mit einem Schweizer Brüderpaar samt Hund bevölkert. Die beiden sind in der Schweiz aufgewachsen, haben aber argentinische Wurzeln, die sie nun wieder austreiben lassen. Im Vergleich zu Peter und Eddy bereisen wir Patagonien in Schallgeschwindigkeit. Sie sind schon fast zwei Jahre unterwegs und haben „gerade mal" die Küstenstraßen nach Feuerland und das südliche Argentinien erkundet, sind jetzt auf dem Weg nach Chile. Geplant war ursprünglich ein Jahr für ganz Südamerika. Mittlerweile veranschlagen sie locker 4 Jahre nur für Chile und Argentinien, und dann ist immer noch ziemlich viel zu sehen in Bolivien, Peru, Ecuador und so weiter.

Während Ute mit Familie und Schweizer Anhang noch eine kleine Wanderung unternimmt, besetzen wir den Pass und werfen den Herd an. Grillwürstchen Marke Cecinas Llanquihue, von den Gebrüdern Mödinger nach deutschem Rezept hergestellt, wandern in die Pfanne, Bier wird kaltgestellt, und ein paar Brötchen zum Aufbacken haben wir auch noch dabei. Zum Glück ist unsere Speisekammer immer gut gefüllt, spontaner Besuch also kein Problem. Während die Würstchen langsam braun werden, röste ich in einer zweiten Pfanne Zwiebelringe. Es riecht ganz vorzüglich und fast wie in einer Frittenbude. Fehlen nur die Fritten. Hierüber sehen unsere Gäste aber höflich hinweg. Sie freuen sich riesig über kaltes Bier und heiße Würstchen nach einem langen Tag auf der Carretera. Wir haben uns viel zu erzählen, und jeder gibt dem anderen Tipps über die besten Stellplätze, interessantesten Parks, schlechtesten Straßen usw. Wir klönen bis spät nachts. Selbst Thilo und Klara dürfen länger aufbleiben, ist es doch der erste Kontakt mit deutschen Kindern, seit wir unterwegs sind. Leider müssen wir uns am nächsten Tag schon trennen. Diesmal sind nicht wir diejenigen die hetzen, sondern Ute und Andy, die unbedingt noch bei schönem Wetter zum hängenden Gletscher wollen. Besonders Klara und Thilo fällt der Abschied von Lilli und Merlin schwer. Vielleicht sieht man sich in Nordchile ja wieder.

Wir bleiben jedenfalls. Es ist auf der Passhöhe einfach zu schön, um wieder weiterzufahren. Die Sonne brezelt fleißig, um uns herum wilde Berge, kleinere Wasserfälle, und die Stimmung ist sowieso gut. Ein weiteres Plus dieses Platzes ist, dass es alles andere als langweilig wird. Hier muss jeder vorbei. Viel Verkehr gibt es nicht, aber ausreichend, sich den Tag mit Beobachtungen zu vertreiben. Ein paar kleine Überlandbusse, eine Motorradclique aus Buenos Aires, der fliegende Händler von Kartoffeln und Zwiebeln aus Puyuhuapi fährt vorbei und natürlich jede Menge Radfahrer. Während Klara und Thilo Burgen aus Wackersteinen bauen und Diana ihren Teint auf Vordermann bringt, zurpe ich an meinem Mate und bewundere die abgekämpften Radfahrer, die sich gerade den Pass heraufgequält haben, um sich nach kurzer Pause auf der anderen Seite wieder hinunterzustürzen. Gegen Abend bekommen wir dann wieder Besuch. Ein deutsches Pärchen mit Drahtesel und ihrem „Adoptivschweizer", wie sie erzählen. Die beiden Schwaben haben den Schweizer im Ort Futaleufu, einem von wenigen Einstiegen in die Carretera Austral von Argentinien kommend, aufgelesen. Der wusste nicht recht, was er mit seiner Zeit anfangen soll. Was also lag näher, als sich im Nirgendwo nahe der chilenisch-argentinischen Grenze ein Fahrrad zu kaufen und einfach loszuradeln. Mutig. Also haben sich die deutschen Fahrrad- und Outdoorprofis des Eidgenossen angenommen, der ohne Werkzeug und mit minderwertiger Ausrüstung „mal eben schnell" die Carretera Austral runterknüppeln wollte. Wir verbringen eine weitere Nacht auf dem Pass und verbrauchen die restlichen Wein- und Bierbestände gemeinsam mit den Radlern. Wir müssen am nächsten Tag also weiter. Egal, wer vorbeikommt.

Rodeo nach Gauchoart: Pferde, Kälber, Empanadas
Feste feiern in Mañihuales

Nächster Halt Tank- und Siestastopp in Mañihuales. Diana besteht darauf, die Mittagspause nicht an der Copec Tankstelle zu verbringen, und wir fahren zu einem Rodeoring am Ortseingang zurück. Als ich die anwesenden Gauchos frage, ob wir hier ein paar Stunden stehen dürfen, erfahre ich, dass am nächsten Tag ein Rodeo stattfindet. Dem dürften wir auch gerne beiwohnen, kampieren könnten wir gleich vor Ort und bekommen einen schönen Platz am See zugewiesen. Das Wochenende ist gerettet. Chilenisches Rodeo gucken. Habe ich zwar noch nie was von gehört, aber den Spaß gönnen wir uns. Es ist Freitag, und aus der ganzen Region trudeln nach und nach Gauchos mit ihren Familien und ganzen Wagenladungen Pferden an. Einige Lämmer müssen an den Marterpfahl, Bier fließt in Vorbereitung auf das große Ereignis. Die Spannung steigt.

Am Samstagmorgen werden wir von Hufgetrappel geweckt. Zwei Gauchos zirkeln ihre Pferde um Paco herum. Erinnert etwas an Rejoneadores – das sind spanische Toreros zu Pferde – oder an Dressurreiten. Ich bin nun mit der Terminologie des Dressurreitens nicht vertraut, deshalb fällt es schwer zu beschreiben, wie die Pferde geritten werden. Mal schnell angaloppiert, dann wieder schreiten, besser tanzen die Tiere seitwärts und vorwärts, traben fast synchron nebeneinander her, schnelle Drehungen, plötzliches Stehenbleiben. Die Pferdeherrchen, stolz und immer aufrecht mit wehendem Poncho, verziehen kaum eine Miene. Ich bin sicher, das wird ein interessanter Tag. Als ich aufstehe, um die Morgentoilette zu erledigen, merke ich, dass außer uns schon fast alle hier auf den Beinen sind. Des Nachts hat sich die Belegschaft fast verdoppelt. Auf dem Platz vor dem Rodeoring stehen noch mehr Lastkraftwagen, davor Pferde, Zelte, und die ersten Feuer sind angeschmissen, es duftet nach Holzkohle und Pferd. Dazu die nervöse Stimmung der Reiter, die auf einem Reitplatz, aber auch zwischen den Wagen ihre Tiere warmreiten. Die Konzentration ist förmlich zu greifen.

Etwas schneller als sonst hauen wir das Frühstück weg, um uns ins Getümmel stürzen zu können. Der Rodeoring, streng genommen ein Halbring, weshalb er auch *medialuna*: Halbmond heißt, ist schon gut gefüllt. Man muss sich den Platz wie eine kleine Stierkampfarena vorstellen, in der Mitte ein Gatter (deshalb Halbmond). Eine Hälfte der Arena umringt von Zuschauertribünen, die andere Hälfte offen mit Blick auf die recht nahe stehenden dunklen Berge. Buntes Volk auf den Rängen, die Reiter sitzen fein säuberlich aufgereiht auf ihren Pferden im hinteren Teil der Arena. Deren Tracht sieht ganz anders aus, als die der Gauchos in Argentinien, wo Baskenmütze und Pluderhose in Stiefeln zum Programm gehören. Die hiesigen „*huasos*" sind eleganter. Mehr Typ Landbesitzer als Landarbeiter. Unter dem Poncho (breit gestreift, gerne in chilenischen Nationalfarben) ein Anzug in gedeckten Farben, Sombrero unverkennbar südspanischer Provenienz auf dem stolzen Haupt, die Reitstiefel schmücken silberne Sporen, handtellergroß. Der Schuhschmuck hat es Diana und ihrem Fotoapparat besonders angetan. Sieht in der Tat sehr gut aus und macht einen langen Schritt. Ob die Pferde die Teile auch so toll finden, weiß ich nicht. Wir nehmen Platz auf der Holztribüne und staunen. Das mit dem Kalb niederdrücken klappt so gar nicht. „Die können ja überhaupt nix", sagt Diana, nachdem wir uns einige Runden des Spektakels angesehen haben. Jeweils zwei Gauchos reiten mit einem Kalb im Halbkreis herum, und dann kommen die nächsten. Kein wildes Pferd, das gezähmt werden will, keine Kuh, auf die sich Männer in Todesverachtung stürzen, um sie im Schlamm gekonnt zu fesseln. Irgendetwas ist hier anders, als man das vom Fernsehen kennt. Ich frage also schüchtern nach und kann nun mitteilen, dass das südchilenische Rodeo folgendermaßen funktioniert: Die Gauchos treten im Team zu zweit auf. Ein Kalb wird in den Ring entlassen, und Ziel der Reiter ist es, das Tier zwischen den Pferden einige Male im Kreis zu manövrieren, ohne dass es ausbricht oder die Richtung wechselt. Anschließend muss es im hinteren Teil des zweigeteilten Rodeoringes an einer gepolsterten Bande kurz fixiert werden. Je nach Körperteil, der die Bande berührt, gibt es Punkte oder Abzüge. Wir können uns nicht sattsehen an dem Schauspiel. Jetzt, wo wir verstehen, worum es geht, wissen wir die Reitkunst, die hier geboten wird, erst zu schätzen. Untermalt wird das Ganze von Gitarre und Harfe von Carmencita Valdez, einer chilenischen Berühmtheit in Rodeokreisen. Sie singt stimmgewaltig von Pferden, Reitern, Liebe und Schmerz. Uns schmerzt irgendwann der Hintern, und wir machen eine Pause, um uns auf die Fete am Abend vorzubereiten.

Nachdem genügend Kälber schwindelig geritten wurden, dürfen nämlich auch die Gauchos feiern. Die Halle neben der Medialuna füllt sich schnell mit den Helden des Tages und deren Anhang. Gereicht werden Bier und Whiskey und Empanadas. Das sind die bekannten ausgebackenen Teigtaschen, gefüllt mit einer Mischung aus Hack, Oliven, Ei, verschiedenen Gewürzen, manchmal Rosinen, je nach Geschmack und Region. Die Empanadas hier sind besonders groß und schweinelecker. Wir verputzen mindestens zwei Familienportionen, denn so frisch und duftend kommen sie selten auf den Teller. Nach den Empanadas kommt die Musik. Eine vierköpfige Band spielt vor allem laut, was man bei uns wohl als Volksmusik bezeichnen würde. Für einen chilenischen Städter ist diese Veranstaltung wahrscheinlich das, was für einen Frankfurter die Dorfdisse irgendwo im Taunus ist, ein absolutes „no-go".

Es ist schon erstaunlich, während viele in unseren heimischen Gefilden milde über Trachtengruppen lächeln, die zu Blasmusik oder Florian Silbereisen schwofen, wirken eine ohrenbetäubende chilenische Schraddelgruppe und hüpfende Gauchos in Ponchos mit Hut aufregend exotisch. Verkehrte Welt. Ist es doch eigentlich das gleiche in grün. Statt Fingerhakeln eben Rodeo, statt Bollenhut Reitstiefel mit Sporen, statt Schäufele Empanadas. Von denen bestelle ich noch eine Lage, während Diana den Kindern Watte in die Ohren stopft, denn es ist schon recht laut, geradezu infernalisch. Die Musik hat teilweise etwas Polkamäßiges, man kann also gut drauf hüpfen. Diana will aber leider nicht, also tanze ich ein bisschen mit meinem Töchterchen Klara. Thilo wird derweil von chilenischen Frauen im besten Alter geherzt und geknuddelt. Er ist ja auch der einzige süße Blondling weit und breit. Wie auch wir die einzigen Touristen weit und breit sind. Die Gästeschar kommt zwar aus allen Teilen Südchiles, aber obwohl in Mañihuales einige Touris sind, die sich auch das Rodeo angesehen haben, hat sich zum lustigen Teil keiner mehr eingefunden. Wir gehören mittlerweile zur Familie, hängen wir doch schon seit fast zwei Tagen in und um den Festplatz herum. Von einem gestern noch recht spröden Chilenen werde ich auf einen Whiskey eingeladen, den ich stürzen soll, was ich gerne mache. Der stolze Organisator von dat Janze lädt mich auf ein Bier ein, man kommt ins Gespräch. Mittlerweile schläft Klara in der Ecke auf zwei Plastikstühlen neben einem Lautsprecher, Thilo spielt mit dem Auto eines anderen Kindes. Als es Diana dann doch zu laut wird, tritt sie den Rückzug an, während ich mich weiter der Völkerverständigung widme. Es wird lautstark getrunken und bis in den frühen Morgen getanzt. Gegen 03:00 Uhr nachts falle ich fast tot ins Bett, bin Bier und Whisky nach wochenlanger Rotweinkur einfach nicht mehr gewohnt. Dafür spüre ich am nächsten Morgen die Kurven der Carretera umso mehr. Am liebsten würde ich anhalten, um mich ein bisschen zu übergeben, aber die Gegend ist so schön, dass ich mich nicht traue, die Lupinen zu vergiften. Wenigstens ist die Straße hier asphaltiert.

WO BITTE GIBT'S HIER ANSTÄNDIGES BROT?

Am Lago General Carrera

Auf einem Campingplatz mit kleinen Lamas südlich von Villa Cerro Castillo, auch bekannt als „der Ort, wo der Asphalt wieder aufhört", erholen wir uns von der Feier, backen Brot, studieren die Lamas. Zwei Nächte später jagen wir Paco schnurstracks nach Puerto Tranquilo. Dass es hier etwas Besonderes gibt, merkt man gleich am Parkplatz.

Wir werden von einem örtlichen Fremdenführer angesprochen, ob wir nicht eine Bootsfahrt mit ihm unternehmen möchten. Ich lehne freundlich ab, da wir eine anderweitige – und deutlich günstigere – Empfehlung mit auf dem Weg bekommen haben. Bei Don Lenin Soto (grüner Wohnwagen) sollen wir uns melden. Mit dessen Sohn machen wir dann, was alle hier machen. Auf den Lago General Carrera (zweitgrößter See Südamerikas, falls ich das nicht schon erwähnt hatte) herausfahren und per Boot die Capillas del Marmol bzw. Marmorkapellen erkunden. Es dauert ca. 20 Minuten, bis sich die Steilküste verändert und sich steile Marmorklippen vor uns auftun. Weiß-grau-blauer Marmor, der sich durch vulkanische Aktivitäten irgendwann vor ewigen Zeiten gebildet hat. Noch recht „junger" und weicher Marmor und damit zur Verarbeitung ungeeignet, umso besser aber zur sanften Ausbeutung durch Touristen. Mit unserem kleinen Holzboot fahren wir die diversen Formationen ab, die Zeit und See in den Marmor geschliffen haben, die sog. *cavernas* – Höhlen –, durch die man bei tiefem Wasserstand im Winter bequem spazieren kann. Jetzt im Sommer, wenn das abtauende Gletscherwasser den Seespiegel steigen lässt, können wir unseren Fuß nur in ein paar wenige Höhlen setzen. Das Wasser spiegelt sich flackernd an den glatten, aber auch scharfen Marmorwänden, man hört nur das Klatschen des Sees an Stein und Boot. Wir staunen ganz ehrfürchtig, was die Natur aus dem Stein gehauen hat. Höhepunkt aber der Fahrt und Fotomotiv sämtlicher Postkarten der Region ist keine fünf Minuten weiter, die sog. Marmorkathedrale und fast noch schöner die kleinere Marmorkapelle. Zwei Inseln, die den See pilzartig überragen (mehr Schopftintling als Parasol), vielleicht 20 vielleicht 30 Meter hoch, direkt über dem See ausgewaschen zu Höhlen, Gängen und Löchern, durch die zauberhaft das Licht fällt. Wirklich fast wie in einer Kirche. In der Gegend könnte man noch locker mindestens einen Gletscher, mehrere Wasserfälle und Lagunen besichtigen, aber uns zieht es wieder nach Argentinien, wo es wenigstens annähernd so etwas wie essbares Brot gibt.

Nach fast acht Wochen Argentinien waren wir des Weißbrots á la Baguette leicht überdrüssig. Wir wussten allerdings nicht, was uns auf der chilenischen Seite der Anden erwarten würde. Brottechnisch zumindest. Ich war der Ansicht, dass die deutsche Einwanderung im chilenischen Seengebiet auch gutes Brot hinterlassen hätte. Weit gefehlt. Man bekommt in Frutillar[12] und anderswo zwar Schwarzwälder Kirschtorte und Apfelstrudel, auch so etwas wie Streuselkuchen wird fast überall angeboten, und Krapfen namens „Berlines" (gefüllt mit *dulce de leche*[13]) haben Einzug in die Küche gefunden. Ist nicht ganz Wiener Feinbäckerei, aber fern der Heimat und übersättigt von argentinischen Medialunas (eine Art Crossaint, aber ohne die buttrige Leichtigkeit der französischen Brüder) freut man sich schon über jeden Marmorkuchen. Es scheint aber, als ob unter den Einwanderern dazumal kein einziger deutscher Bäcker war und seitdem ein Fluch über diesem Land lastet. Der besteht darin, dass alles, was ein Bäcker

---

12 im chilenischen Seengebiet

13 supersüße klebrige Krem aus karamelisiertem Zucker und Milch. Hoher Suchtfaktor bei kleinen Kindern

südlich des Flusses Bio-Bio anfasst, sich zu mehliger Pampe namens *pan* verwandelt (spanisch für die Teigware, die hier anstatt Brot verzehrt wird). Immerhin gibt es *pan* in unterschiedlichen Konsistenzen und Formen. Die Brötchen hier sind entweder rund oder eckig, manche haben Luftlöcher, andere nicht. Sie sind alle aus dem gleichen Teig, und beim Verzehr, je nachdem ob sie frisch oder fünf Minuten alt und damit wirklich ungenießbar sind, entweder teigig-mehlig oder klumpig-klantschig. Sie kleben am Gaumen, so als ob der Körper sich wehren wollte, oder zerbröseln beim ersten Kontakt. In geröstetem Zustand allerdings kann man den Teiglingen eine Art Sägemehlgeschmack entlocken. Das ist dann schon das Höchste der Gefühle.

Ich habe mit eigenen Augen gesehen, wie es eine ganze Batterie von Bäckern in einem sehr guten Supermarkt in Puerto Varas[14] fertiggebracht hat, etwa ein Dutzend verschiedene Brotartikel anzubieten. Alle aus dem gleichen Teig in etwas anderer Form. Jeder deutsche Bäckerlehrling im ersten Lehrjahr müsste Seppuku begehen, wenn er ähnliches fabrizierte. Wahrhafte Brotlaibe, wenn man sie denn auftreiben kann, werden hochtrabend „*pan amasado*" genannt, was soviel bedeutet wie geknetetes Brot (ich frage mich, was die hier sonst mit ihrem Teig machen). Das Ergebnis ist ähnlich ernüchternd. Eine chilenische Vollkornbrotvariante gibt es auch ab und an: sog. *pan integral*. Meistens ein Kastenbrot, das dann deutlich teurer ist und wenige Flocken Grahamschrot beinhaltet. Als ich ganz im Süden Chiles einer Bäckerin ihr *pan integral* entgegenhalte, fragt sie mich, ob das Weißbrot oder Vollkornbrot sei. Obwohl ich wahrheitsgemäß antworte, für mich sei das Weißbrot, einigen wir uns trotzdem auf den höheren Preis. Wir sind ab diesem Teil der Reise dazu übergegangen, unser Brot selber zu backen. Ich empfehle aber

---

14 immer noch chilenisches Seengebiet, unweit von Frutillar

dringend, nur argentinische Brotbackmischungen zu verwenden, die sind im Zweifel etwas zu hefelastig, aus chilenischen Backmischungen kann man aber maximal Vogelfutter herstellen. Möglich, dass ich mich etwas zu sehr über diesen Punkt ereifere. Aber ich weiß aus vielen Gesprächen mit anderen Reisenden aus Deutschland, dass es nicht nur uns so geht. Diese Zeilen sollen Warnung sein und gleichzeitig Mahnung, unser deutsches Bäckerhandwerk mehr zu würdigen. Lieber ein paar Pfennige mehr beim Bäcker um die Ecke ausgeben, als Brötchen bei Mc-Back oder Aldi zu kaufen. So besteht eine gute Chance, dass wir auch noch in hundert Jahren in saftiges Vollkornbrot, das auch den Namen verdient, beißen können.

Wie bin ich jetzt hier gelandet? Ach, ja. Argentinien. Wir sind schließlich auf dem Weg von der Brothölle in deren Vorhof.

ALLEIN IM PARQUE JEINEMENI
Auf dem Sprung nach Argentinien

Die letzte Siedlung auf der chilenischen Seite ist Chile Chico. Bevor wir jedoch einen neuen Satz Stempel für unsere Pässe sammeln, wollen wir noch in den Nationalpark Jeinemeni ca. 60 km südlich von Chile Chico. Die Beschreibung im Lonely Planet liest sich gut und macht neugierig: Lagunen, Flamingos, Höhlenmalereien, Gletscher, Abgeschiedenheit.

Die erste Suche nach Information, wo denn genau was zu finden sei, wie man dahin komme und ob das auch mit unserem Ungetüm ginge, gestaltet sich erfolglos. Die Touristeninfo ist geschlossen, die Parkwächter der Conaf[15] haben auch schon Feierabend, und der Tourveranstalter will viel Geld dafür, uns in den Park zu bringen. Die Höhlenmalereien könne man alleine nicht finden, und wenn man zur Lagune wolle, benötige man ein sehr sehr gutes Allradgefährt, da die letzte Furt sonst nicht zu nehmen sei. Er zeigt auch gleich ein Foto der Todesfurt. Sieht fast aus wie der Rhein bei Basel, nur nicht ganz so tief.

So schnell geben wir uns allerdings nicht geschlagen und beschließen, am nächsten Tag einfach mal loszufahren, im Zweifel drehen wir eben wieder um. Am nächsten Vormittag haben wir dann auch Glück beim Büro der Conaf. Ein freundlicher Parkbeamter klärt mich umfassend auf und händigt brauchbares Kartenmaterial aus. Die Piste sei durchweg gut befahrbar mit teilweise allerdings heftigen Steigungen bzw. Gefälle. Der Furten gebe es drei, die letzte in der Tat nicht ganz einfach. Bei klarem Wasser könne ich sie jedoch mit einem Allradfahrzeug

---

15 Steht für Corporación Nacional Forestal. Die Conaf verwaltet und entwickelt die zahlreichen chilenischen Parks. Im Gegensatz zu den Touristeninformationen ist man hier immer sehr gut aufgehoben, wir haben nur sehr kompetente und freundliche Parkwächter kennengelernt.

gut queren, lediglich bei dunklem und aufgewühltem Fluss solle ich es besser bleibenlassen. Je später der Tag, desto höher das Wasser, da dann mehr Schmelzwasser der Gletscher seinen Weg ins Tal suche.

Derartig informiert machen wir uns auf die Piste. Nach nur wenigen Kilometern erinnert nichts mehr an das Grün der Carretera Austral weiter nördlich. Wir sind offensichtlich in einer Art Halbwüste gelandet. Interessante Fels- und Bergformationen in Rot-Braun-Gelb und Grünspan. Buschgras am Wegesrand und kein Mensch, geschweige denn ein Auto weit und breit. Da es stetig bergauf geht und sich Pacos Motor zu überhitzen droht, machen wir eine kleine Pause. Ich studiere das Buch zum Auto, lege mich unter den Wagen (ist noch alles da), auch der Kühlwasserstand ist in Ordnung. Währenddessen beobachtet der Rest der Familie die Wildpferde, die hier ständig vorbeigaloppieren, auch eine Eidechse wurde gesichtet.

Nächster Halt ist die Flamingolagune. Ein kleiner See neben einer Farm, in der sage und schreibe 9 (neun) Flamingos auf Nahrungssuche sind. Leider ein bisschen weit weg. Die Szenerie wird bereichert durch weitere Vögel unbekannter Rasse, einigen Enten sowie Schafen und Eseln außerhalb des Sees. Nun ja. Von hier ist es angeblich nicht mehr weit zu einem Wanderweg Richtung Felsmalereien, die wir uns für den nächsten Tag aufheben. Wir wollen schließlich die ominöse Furt sehen und ggf. auch queren. Etliche Schotterpistenkilometer stehen wir dann endlich vor dem Fluss. Nicht ganz schlecht. Die Furt von Mucumocone, die ich auf einer Reise durch das chilenische Altiplano im Norden mit meinem Freund Hase überwunden habe, ist nichts gegen diesen Strom. Ich schätze die Breite auf 30 Meter, könnten auch mehr sein. Die Tiefe ist unbekannt, also ziehe ich die Schuhe aus und wate durch. Nach 10 Metern spüre ich meine Füße kaum noch. Ich bin kein Freund von Kneippkuren, und die Mischung aus Gletscherwasser und Flusskiesel ist eindeutig zu viel für meine zarten Fußsohlen. Hilft aber nichts. Also Zähne zusammenbeißen und durch. Am anderen Ufer angekommen, winke ich Diana zu. „Kein Problem, Du kannst durchfahren!" Will sie aber nicht. Also muss ich zurück. Schnell aufgesessen, Geländegang und Differentialsperren rein und ab ins Nass. Wirklich kein Ding. Am sicheren Ufer angekommen, merke ich erst, dass ich mit angezogener Handbremse gefahren bin. Für die Dakar Rally muss ich auf jeden Fall noch üben.

Es sind jetzt nur noch wenige Kilometer bis zum Campingplatz der Conaf an einer Lagune, wo wir unser Nachtlager aufschlagen wollen. Kaum sind wir dort, wollen wir auch schon wieder umdrehen. Es ist brüllend heiß, und als wir aus dem Wagen aussteigen, fallen zig Bremsen über uns her. Die *tavanos* beißen zwar nicht gleich, sind aber trotzdem widerwärtig. Die freundliche Verwalterin des Platzes erklärt uns, dass diese Viecher bei Hitze immer auftauchen, aber bei Einbruch der Dämmerung wieder verschwinden. Wir entschließen uns zu bleiben, es ist einfach zu schön. Außer uns und der Parkwärterin ist sonst niemand hier. Die Lagune schimmert blaugrün zwischen gewaltigen Berghängen, ein kleiner Strand und die Holzbrücke über dem Fluss laden die Kinder zum Spielen ein. Am Wasser halten sich die ekligen Bremsen glücklicherweise etwas zurück, und abends sind sie tatsächlich weg, so dass wir endlich wieder den Grill anschmeißen können. Es wäre auch schade gewesen, das Grillhäuschen, welches unter anderem ein FC St. Pauli-Aufkleber dezent schmückt, nicht zu nutzen. Gut ausgeruht machen wir uns am nächsten Morgen noch vor dem ersten Bremsenangriff wieder auf den Rückweg. Wir haben noch eine Wanderung vor uns.

Mehrere Felsenfinger, vom Wind geformt sowie Felsmalereien, stehen auf dem Programm. Auch Höhlenmalereien und einige Aussichtspunkte können auf einer achtstündigen Wanderung be-

sucht werden. Unser Informant bei der Conaf hat aber leider bestätigt, dass die Höhlenmalereien nur mit einem Führer gefunden
werden können, allerdings sei der Weg zu einer hübschen Fels-
formation und einer kleineren Malerei gut ausgeschildert. So hieß
es zumindest. Den Parkplatz finden wir noch, und eine Holztafel
verrät, dass man hier spazieren gehen kann. Nach einem Kilometer verliert sich der Trampelpfad im Gestrüpp. Wir gehen trotzdem weiter mutig bergauf, an einem toten Schaf vorbei (nach-
träglich der Höhepunkt der Wanderung), Klara und Thilo im
Schlepptau. Da wir Kekse versprechen, stapfen die beiden fleißig
mit. Irgendwann erreichen wir ein Plateau mit toller Aussicht.
Unter uns das Flusstal und Paco, vor uns das enorme Plateau,
Steppengras und kniehohes Buschwerk, so weit das Auge reicht.
Weit dahinter Felsen und noch mehr Berge. Wege? Pfade? Fehlanzeige. Aber mitten im Gras steht ein richtungsweisender Pfeil.
Thilo kommt in die Kraxe, und wir stolpern noch etwa eine
Stunde durch Sträucher und Schafsdung, bevor wir aufgeben. Ich
meine immer wieder, einen Pfad zu erkennen, der sich dann aber
schnell wieder verliert. Ein Lederstrumpf bin ich wahrlich nicht.
Meine Arme schwellen wegen der Kraxenkilo an, die Mittagshitze tut ihr übriges, und wir haben keinen blassen Schimmer, wo
wir hier eigentlich sind. Gefühlt müssten die wenigen Kilometer
zum Felsen schon lange gelaufen sein. Da die Kinder (zu Recht)
meutern, entschließen wir uns zur Umkehr. Das nächste Mal,
wenn wir hier vorbeikommen, nehmen wir uns einen Bergführer.
Jetzt geht's erst mal wieder nach Argentinien.

GRILLFREUDEN UND PARTYTERROR
Die Ruta 40 bis Bajo Caracoles

„Ich finde Argentinien viel besser als Chile", meint Klara. „Wieso das denn. Chile war doch toll", gebe ich zurück. „Ja schon, aber in Argentinien gibt es so leckeres Eis." Dem kann ich nun nicht widersprechen. Also führt der erste Weg in Los Antiguos, dem Grenzstädtchen gegenüber Chile Chico, in eine Eisdiele. Thilo und Klara inhalieren die Schale mit Schlumpfblau (heißt hier *cielo* – Himmel), Kirsche, Schokolade und Kokos mit dulce de leche. Ich habe die beiden noch nie so schnell Eis futtern sehen. Weil das Pfund Eis den Hunger noch nicht gestillt hat, geht es weiter in die nächste Bäckerei. Dort sacken wir medialunas für eine ganze Kompanie ein, nebst Grisini (gibt es in Chile auch nicht) und Brot[16]. Damit versorgt, geht es wieder zurück auf den Campingplatz. Dieser ist ausnahmsweise ganz anders als die argentinischen Plätze, die wir noch vor einigen Wochen besucht haben. Er ist rappeldicke voll bis fast auf den letzten Platz. Hochsaison, juchuuh. Die Grillplätze sind praktisch alle in Betrieb, ebenso die Stereoanlagen der Autos. Mal was ganz was anderes. Leute und Lärm. Hatten wir bisher noch nicht, beobachten das bunte Treiben amüsiert. So wie sich wahrscheinlich auch die Argentinos über die Deutschen amüsieren, die am einzigen Wohnmobil des Platzes herumfummeln und eine rot-weiß karierte Tischdecke auf den Steintisch am Stellplatz drapieren, die uns natürlich sofort um die Ohren fliegt. Hier ist wieder Wind angesagt. Und Grillen, bis der Arzt kommt. Überall raucht es, der Duft von verbranntem Fleisch steigt mir in die Nase, und der Magen fängt an zu knurren. So viel muss man zu Argentiniern und ihren Campingplätzen wissen: Es geht um das *asado*. Und

---

16 Das Thema hatten wir schon …

um nichts anderes. Erholung in der freien Natur, Ausspannen auf Feld und Wiese, frische Luft und Bewegung? Pustekuchen. Riesengroße Fleischstücke wollen am Wochenende über offenem Feuer gegrillt werden, und zwar von früh bis spät. Schließlich kommt der gemeine Argentinier unter der Woche höchstens einmal am Tag zu seiner Fleischportion – von Chorizo und Empanada einmal abgesehen, aber das zählt nicht. Also möchte er am Wochenende mit der Familie gepflegt Feuerchen machen und ein paar Rinderhälften ankokeln. Dementsprechend sind die Plätze ausgestattet und geführt. Die Toiletten sehen selbst in der Hauptsaison keinen Besen, geschweige denn einen Lappen. Putzen hält ja auch vom Matetrinken ab. Aber die Grillstellen sind vom Allerfeinsten, ganz egal auf welchem Platz. Liebevoll gemauert und jede einzelne groß genug, einen deutschen Biergarten zu begrillen. Die Sauberkeit der *parillas* steht im umgekehrten Verhältnis zur Pflege des übrigen Geländes, aber wen interessiert das schon. Ich habe mit eigenen Augen gesehen, wie der Hausmeister am Platz in Los Antiguos in aller Herrgottsfrühe einen Grillstand liebevoll ausfegt und Holz bereitstellt. Scheit auf Scheit wird sorgsam gestapelt. Fehlt noch, dass er das Holz streichelt. (Weil das Morgenholz natürlich nicht reicht, fährt abends ein Kleinlaster über das Gelände, der wahlweise Holzkohle oder Holzscheite feilbietet.) Die Mülleimer neben den Grillschreinen jedoch sind zum Bersten gefüllt und wahrscheinlich heute noch nicht geleert. Das soll jetzt aber nicht heißen, ich wäre vom Grillvirus nicht befallen. Es macht schon einen Heidenspaß, Feuerchen zu machen und ein immer wieder neues Teil von der Kuh auszuprobieren. In Südamerika gibt es ich weiß nicht wie viele Arten, ein Rind zu zerlegen. Da wäre einmal das Lomo oder Filet, gefolgt vom Bife de Chorizo (in etwa Rumpsteak), Bife de Ojo (Ribeye), Vacio (ich glaube Bauchfleisch), Bife de Ancho (spätestens hier gebe ich auf), Paleta (vielleicht Tafelspitz), Tiro de Asado, Entraña, Nalga, Matambre, Tapa de Cuadril, Peceto, Marucha, Garrón, um nur einige zu nennen. Und das ist nur das Rind. Da kann der durchschnittliche deutsche Grillrost nicht mithalten. Winzlappen von Schwein (mariniert), Putensteak, Würstchen. Möglicherweise noch Gemüse oder gar Tofuwürstchen (gibt es wirklich). Wir grillen an unserem ersten Abend in Argentinien ausnahmsweise nicht, sondern essen irgendetwas, was ich schon vergessen habe, und bestaunen das Treiben um uns herum. Alle – wir eingeschlossen – sind ausnahmslos guter Stimmung, trinken, tanzen und führen ihre Musikanlagen vor, die in den meisten Fällen mehr wert sein dürften, als die Autos, in die sie eingebaut wurden. Das geht so bis 04:30. Erst dann schäle ich mich widerwillig aus meiner Koje, denn die Musik wechselt von Cumbia/Salsa/Techno zu einer Art Death Metal, untermalt von laufendem Motor. Als ich vor dem angetrunkenen Jüngling stehe, der ein paar Sachen zusammensucht, ist der Spuk eigentlich schon vorbei. Ich schimpfe aber trotzdem ein bisschen, denn ich will nicht umsonst aufgestanden sein. Den Argentinier interessiert es nicht, wie auch sonst niemanden, aber wenigstens trollt er sich.

Wir erst am nächsten Tag. Es ruft die nächste Straße, die sich einen Namen gemacht hat: die Ruta 40 – sprich: Ruta Kuarenta. Sie führt vom Norden Argentiniens am östlichen Rand der Anden bis hinunter nach Feuerland und ist vor allem hier im Süden in vielerlei Hinsicht eine Herausforderung. Fahrtechnisch, visuell und logistisch. Streckenweise verwandelt sich die Straße in eine üble Schotterpiste, die der Carretera Austral an nichts nachsteht, zahlreiche Baustellen und todesmutige Lkw-Fahrer verkomplizieren das Ganze, zu sehen gibt es nicht viel, und Benzin bzw. Diesel ist Glückssache. Zwischen dem Städtchen Perito Moreno und unserem Ziel El Chaltén im Nationalpark Los Glaciares gibt es nur zwei Tankstopps direkt am Weg, die nicht immer Treibstoff führen. Zuverlässig soll es nur in Perito Moreno Diesel geben sowie am Zielort in über 600 km Entfernung. Mit den 130 Litern Plus 20 Liter Reserve von Paco an und für sich kein Problem, wenn wir aber Abstecher machen wollten in den Nationalpark Perito Moreno oder zu der Cueva de Los Manos (eine Höhle mit steinzeitlichen Handabdrücken) – beides abseits der Strecke –, würde es auch für uns eng werden. Wir haben Geschichten von Motorradfahrern gehört, die mehrere Tage trampen mussten, um wieder an Benzin zu kommen. Das wird uns zwar nicht passieren, aber wir sind gespannt.

Nachdem wir in Perito Moreno Tanks und Kühlschrank wieder beladen haben, geht es am späten Nachmittag gen Bajo Caracoles, 125 km südlich, einem Kaff mit Tankmöglichkeit. Die Landschaft ist gar nicht so trist, wie wir sie uns vorgestellt hatten. Diverse Grassorten, die leider nicht erkennen lassen, wie stark der Wind draußen gerade ist, so kurz sind sie gestutzt. Der Blick geht ins Endlose, der Weg ist streckenweise hügelig. Als der Asphalt aufhört, gehört die Aufmerksamkeit dann ganz der Straße, die ich wegen der tiefstehenden Sonne kaum sehen kann. Kurz nach Einbruch der Dunkelheit sind wir dann endlich in Bajo Caracoles. Streng genommen ein paar Häuser um ein „Hotel" mit Tanksäule. Wir sparen uns das Tanken für den nächsten Tag und stellen uns auf den Platz vor der Zapfsäule. Dort steht auch schon ein anderer Mercedes 310D mit Viersener Kennzeichen.

Michael ist alleine mit seinem Wohnmobil Marke James Cook unterwegs nach Ushuaia und freut sich wie wir, Landsleute zu treffen. Obwohl wir recht müde von der Fahrt sind, werden frische Quilmes-Flaschen geopfert. Es wird ein langer Abend mit interessanten Reisegeschichten und Empfehlungen. Da Michael ein Mercedes-Freak ist, lernen wir viel über unseren Wagen, Korrosionsschutz und Dämmmöglichkeiten. Zu meiner großen Freude friemelt er am nächsten Morgen auch noch einen Universaltankdeckel aus seinem Fundus, und mein Trinkjoghurtdeckel ist erst einmal Geschichte. An diesem Morgen merken wir auch, wie viel Verkehr in Bajo Caracoles herrscht. Hier hält einfach jeder. Wenn es kein Benzin geben sollte, dann wenigstens einen Kaffee. Reisebusse machen hier Halt und die Brummifahrer sowieso. Ich schlendere in den Gastraum. Hinter dem Tresen lümmelt eine schwarzhaarige Matrone mittleren Alters, Kippe im Mundwinkel, Kaffee in der Hand. Sehr sympathisch. Der Speiseraum ist Tankkasse und Tante-Emma-Laden zugleich, mit beachtlicher Auswahl an Spirituosen, Tabakwaren, Messern und weniger wichtigen Dingen wie Lebensmitteln für die Touristen, die es hierher verschlägt. Wir bestellen Milchkaffee und Tee, verzehren unser mitgebrachtes Müsli und lassen volltanken. Bei Diesel kein Problem. Der Pkw nach mir, der Benzin braucht, bekommt lediglich für 100 Pesos Treibstoff. Reicht bis zur nächsten Tanke. Vielleicht.

Wir wollen an diesem Tag noch bis zur Estancia La Angostura, die angeblich auch Camper beherbergt. Dort wollen wir einen Tag bleiben, um Klaras Geburtstag zu feiern. Nicht unbedingt, was sich ein 6-jähriges Mädchen wünscht, aber immer noch besser, als am Geburtstag im Wagen durchgerüttelt zu werden. Bis wir am frühen Nachmittag dort aufschlagen, begegnen wir noch einem weiteren Mercedesbus aus Freiburg und ungefähr 40 total durchgeknallten Holländern, die mit ihren Volvo-Oldtimern in 60 Tagen von Buenos Aires nach Ushuaia juckeln und dann die Panamericana nach USA hochdüsen wollen. Es zerreißt mir fast das Herz, als ich die wunderschönen alten Wagen mit Karacho über den Schotter krachen sehe. Nach der Rally sind die garantiert Schrott.

BRATKARTOFFELN IN SIBIRIEN
Richtung Parque Nacional Los Glaciares

Als wir dann endlich auf der Estancia sind, ist der Empfang frostig. Die große Küche mit Grillstelle dürfen nur die Pensionsgäste nutzen, der Preis für den unspektakulären Rastplatz ist genauso unverschämt hoch wie für das Abendessen im Restaurant. Verhandelt wird nicht. Wir sind zwar die einzigen Gäste, aber offensichtlich läuft der Laden auch ohne uns sehr gut. Das soll auch so bleiben, und wir trollen uns wieder. Sind ja nur 60 bis 70 Schotterpistenkilometer bis zur nächsten Estancia mit dem verheißenden Namen „La Siberia", also höchstens zweieinhalb weitere Stunden Geholper. Dort kann man als Camper angeblich auch übernachten. Wir könnten uns zwar jederzeit an den wenig befahrenen Weg stellen und dem Gras beim Wachsen zusehen, aber für Klaras Geburtstag schwebt uns etwas anderes vor. Also weiter über Stock und Stein, vorbei an Baustellen und noch mehr Gras. Auf dem Weg dorthin treffen wir noch eine Schweizer Bekanntschaft von der Península Valdez wieder. Sie sind wieder auf dem Weg nach Norden. Patagonien ist eben auch nur ein Dorf. Reisepläne und mörderischer Wind lassen aber keinen langen Schnack zu. Nach kurzem Hallo geht es weiter. Irgendwann melden GPS und Karte, dass wir am Zielort sind.

Dort, wo die Estancia sein sollte, befindet sich allerdings nur ein Fuhrpark von Baugeräten, und wir zuckeln weiter. Als wir auch etliche Kilometer danach nichts entdecken können, was nach Estancia, Campingplatz oder überhaupt menschlicher Präsenz aussehen würde, entschließen wir uns, wieder zurückzufahren. Immer noch besser neben ein paar Baggern zu übernachten, als direkt an der Straße vom Wind zerzaust zu werden. Wir fahren etwas unsicher auf den Hof, parken vor Planierraupen und steigen aus. Ein verwittertes Schild verrät uns, dass wir tatsächlich auf der Estancia La Siberia gelandet sind. Kaum zu glauben. Hinter den Baumaschinen ein zweistöckiges Haus, anscheinend unbewohnt. Links davor ein großer Wellblechschuppen, daneben verrostetes Gerät, das sonst auch überall rumsteht, und eine Art Wohnhaus. Als wir uns dem Komplex nähern, kommt auch schon ein junger Hund angetrabt, und eine Person schält sich aus dem Gebäude. Wir fragen freundlich, ob wir eine Nacht hier stehen könnten und ernten ein brummiges, ja sicher. Ein paar Sätze später taut der Mann dann auf. Er ist der Koch der Baumannschaft, die jetzt aber in den Weihnachtsferien sei, er müsse alleine auf den Klump aufpassen. Und ja, das war einmal ein richtiger Viehhof mit angeschlossenem Campingplatz, aber seit zwei Jahren würde nur noch an Bautrupps vermietet, das sei deutlich lukrativer. Als ich höre, dass unser Gastgeber Koch ist, frage ich, ob er uns denn etwas kochen könne. „Was denn?" „Na egal, was haben Sie denn da?" – Stille. Das ist nicht die richtige Antwort, denke ich und schwenke um. „Wäre es denn möglich, Ihre Küche zu benutzen? Wir haben ein paar Schnitzel zu viel eingekauft, und ein paar Fläschchen Wein könnten wir auch gemeinsam leeren."

Kurz darauf beziehen Klara und ich seine Küche. Es gibt Wiener Schnitzel mit Bratkartoffeln. Unser neuer Freund schaut interessiert zu, mixt einen Aperitif auf Wermutbasis und reicht uns die Sachen, die wir brauchen. Während die frischen Kartoffeln brutzeln, deren chilenische Herkunft sofort erkannt wird – unser Koch ist Chilene aus Puerto Montt und es gibt in Argentinien offensichtlich keine rotschaligen Kartoffeln –, fragt er uns nach dem Rezept. Ich verstehe die Frage nicht ganz, aber an dem Blick erkenne ich, dass es hier nicht oft Bratkartoffeln gibt. Das Rezept ist schnell erklärt, und zur Krönung holt unser Gastgeber noch einen Kanten Speck aus dem Schrank. Das war die einzige

Zutat für richtige Bratkartoffeln, die uns noch fehlte. Also die mit Speck und Zwiebeln und nicht die süddeutsche Röstivariante ohne alles. Wir verbringen ganz unerwartet einen wirklich lustigen Abend auf der Estancia und feiern am nächsten Morgen gleich noch Klaras Geburtstag. Als sie aufwacht, ist Paco hübsch geschmückt mit bunten Girlanden, und auf dem Tisch stehen Geschenke und sogar ein Fertigkuchen mit Kerze. Klara strahlt wie ein Honigkuchenpferd. Gefrühstückt wird wieder in der Estanciaküche. Thilo bekommt von unserem Gastgeber, der wohl nicht recht verstanden hatte, wessen Geburtstag wir feiern, eine echte Pumakralle geschenkt. Damit war das Tagesthema dann auch festgelegt. Thilo will alles über Pumas wissen, die hier zahlreich vorkommen sollen. Irgendwann wollen wir aber weiter, schmeißen mit Hilfe von Pacos Batterien noch den Generator der Estancia an, und eine neue Etappe Sand, Staub, Schotter und Wind beginnt. An deren Ende steht dann aber das Trekkingparadies El Chaltén im Nationalpark Los Glaciares. Unser Freund aus Sibirien tut uns ein bisschen leid, er bleibt alleine auf dem Hof mit seinem jungen Hund zurück. Und bald ist Weihnachten.

IM GLETSCHERPARK
Weihnachtsferien in El Chalten

Die Anfahrt schon ist ein Erlebnis. Nach mehreren Tagen endloser Weiten, wie sie selbst das Raumschiff Enterprise nur selten gesehen hat, zeichnet sich am Horizont langsam eine beachtliche Gebirgskette ab. Linker Hand liegt der Lago Viedma, stahlgrau bis matt-türkis, das Pampagras wird satter und grüner. Zumindest scheint es so. Wir haben schon einiges von dieser Anfahrt gehört, die schöner nicht sein kann, allerdings nur wenn der berühmte Fitz Roy sich auch zeigt. Der Fitz Roy oder Chaltén (rauchender Berg) im mittlerweile wenig gängigen Tehuelche ragt wie ein Zuckerhut mit 3.408 Metern über die übrigen Berge, die auch nicht gerade klein sind. Daneben die Felsnadelformation Cerro Torres. Kann man alles sehen, wenn nicht gerade schlechtes Wetter ist. Wir können den Gipfel nur erahnen, der sich heute leider versteckt, sind aber schon begeistert vom Viedmagletscher, den wir auf der anderen Seite des Sees erspähen. Als wir genügend Fotos vom Gletscher und Fitz Roy Massiv in Wolken geschossen haben, steuern wir die Parkinformation am Ortseingang an: Das Wetter soll besser werden, der Wind weniger, aber ganz genau wisse man das hier nie, teilt man uns mit.

Wanderwege gibt es in allen Kategorien und für jeden Geschmack. Pfade zu Bergen, Lagunen, Gletschern, und wenn man Glück hat, erspäht man ein Huemul. Das ist ein winziges scheues Rehtier der Region, das leider so scheu ist, dass es kaum jemand jemals sieht. Genauso wenig wie die Pumas. Wir werden trotzdem angewiesen, die Kinder bei einer Pumasichtung auf den Arm zu nehmen, uns ruhig zu verhalten und wieder abzudrehen. Und die Begegnung unbedingt melden. Für die Statistik. Versprechen wir.

Kaum treten wir aus dem gut gemachten Infozentrum heraus, sehen wir zwar weder Huemul noch Puma, dafür aber zwei

Füchse, die seelenruhig zwischen den Büschen flanieren. Die Kinder sind ganz aus dem Häuschen, und wir staunen auch nicht schlecht. Fängt ja gut an. Das Dorf selbst gefällt uns, recht touristisch – was Wunder für einen Touristenort –, aber nett gemacht. El Chaltén besteht aus Pensionen, Hostals, Hotels, zwei Campingplätzen sowie den dazugehörigen Versorgungseinrichtungen wie Restaurants, Bars, Souvenirläden, Geschäften für den Trekkingbedarf, Wäschereien, Internetcafés, Supermärkten, Touranbietern, einer Eisdiele, Busbahnhof, Bäckereien. Hört sich nach Retortenstadt an und ist es auch. Der Ort wurde Anfang der 80er gegründet, um in Grenzstreitigkeiten mit Chile vollendete Tatsachen zu schaffen. Außerdem als lukratives Touristenziel. Beides ist gelungen. Die Bautätigkeit scheint zwar etwas ungeordnet vonstatten zu gehen, aber deutsches Bau- und Raumordnungswesen sind noch nicht bis Patagonien vorgedrungen. Dafür wirkt alles sehr gemütlich und entspannt, Rucksacktouris, wohin man sieht, zufriedene Wanderer und volle Lokale. Wir sind froh, endlich mal wieder eine Gaststätte zu betreten, die nicht nur zähes Fleisch mit labbrigen Kartoffeln anbietet oder Wurstersatz im Weichbrötchen. Unsere Wahl zur Feier von Klaras 6. Geburtstag fällt auf die „Hausbrauerei". Vorweg gibt es ganz zur Freude der Kleinen salziges Popcorn, danach argentinischen Eintopf namens *locro*[17], hervorragende selbstgemachte Pasta, und Klara bekommt zur Feier des Tages von der drallen Chefbedienung einen Brownie spendiert. Mit Kerzen und allem drum und dran. So gestärkt können wir getrost schlafen gehen.

Tags drauf ist erst mal Ankommen angesagt, d.h. sich häuslich einrichten, ein bisschen am Wagen rumfummeln, wieder Ordnung machen und schauen, wen es sonst noch hierher verschlagen hat. Unter anderem sind das Danny und Patricia aus der

---

17 hauptsächlich aus Mais, Rindfleisch, Speck, Chorizo, Gemüse, oft pikant

Schweiz. Auch sie haben zwei Kinder im Schlepptau, zwei und vier Jahre, die sich hervorragend mit Klara und Thilo verstehen. Die vier sind ein Jahr auf einer Weltumrundung und momentan mit Mietwagen und Zelt unterwegs, ansonsten aber mit Bus und Rucksack. Uns erscheint das Reisen mit Kindern im Wohnmobil schon sehr anstrengend. Aber wir haben immerhin stets alles bei uns und können überall problemlos pausieren. Auf öffentliche Verkehrsmittel angewiesen zu sein und entweder Zelt aufbauen oder eine Unterbringung suchen, ist da schon eine andere Nummer. Wir haben uns jedenfalls viel zu erzählen, die Kinder balgen sich prächtig, und wir beschließen schnell, gemeinsam Weihnachten zu feiern. Bis dahin sind es allerdings noch zwei Tage, die mit Aktivitäten außerhalb von Zelt bzw. Wohnmobil anzufüllen sind. In El Chaltén kein Problem, zumal wir Glück haben und sich schon am zweiten Tag der Himmel lichtet.

Schon von der Ortsmitte aus hat man einen spektakulären Ausblick auf den Fitz Roy, daneben die bereits erwähnten Cerros Torre. Wir haben das Gefühl, vor einer riesigen Fototapete zu stehen, so einmalig ist der Anblick. Scharfkantige Felsnadeln vor babyblauem Himmel, kein Dunst, alles glasklar. Die Anden ringsum gespickt mit Gletschern, und in der Mitte von dat Janze die Mutter aller Felsnadeln, der Fitz Roy. Wurde zum ersten Mal 1952 von einem französischen Team bestiegen. Wir lassen die Besteigung diesmal ausfallen, wollen aber sehr wohl ganz in die Nähe wandern, uns ein wenig bewegen. Da wir planen, hier eine knappe Woche zu verbringen, haben Diana und ich genug Zeit, abwechselnd Tagesausflüge zu unternehmen, während der jeweils andere die Kleinen bespaßt. Aber bevor wir in die Bergwelt eintauchen, ist erst mal Gletscherwandern angesagt.

Wir haben mitbekommen, dass man Touren auf den Viedma Gletscher buchen kann. Diana probiert es zuerst aus und ist schwer begeistert. Als sie mir am Abend Bilder zeigt, will ich am liebsten gleich losmarschieren, muss aber noch ein bisschen warten. Am nächsten Tag frühmorgens geht es dann endlich los. Zuerst mit Bus, dann eine Dreiviertelstunde mit einem Katamaran über den See an das Eisfeld. Die Truppe ist bunt gemischt, ein paar Deutsche, Holländer, Brasilianer, Engländer und Belgier. Alles „Kurzurlauber", die diesen Teil der Erde in zwei bis drei Wochen bereisen. Die Stimmung an Bord ist gut und der Wind enorm. Auf Deck kann man sich bequem gegen die Windrichtung fallen lassen und wird eher über Bord geblasen, als dass man den Boden berührt. Glücklicherweise ist das hier normal, und wir können trotz des Mördergebläses anlegen. Links neben der Eiswand, 70 Meter hoch, fällt rot-brauner runder Fels in den See. Hier können wir an Land. Die Bootsladung wird aufgeteilt, und mit einem Dutzend Gletscherfrischlingen geht es über die von Eis und Zeit rundgeschliffenen Steine los. Mit dabei ist eine rundliche Brasilianerin, vielleicht 25 Jahre, die schon nach dem dritten Schritt am Händchen ihres Mannes läuft, da es jetzt steil bergauf geht. Der Wind bläst immer noch stramm. Wenige hundert Meter später japst das Mädchen nur noch erbärmlich und stellt zum Glück von alleine fest, dass sie auf der falschen Party ist. Einer unsere beiden Führer, ein Neuseeländer, bringt sie zurück zur Anlegestelle, während sich der Rest weiter fleißig gegen den Wind stemmt. Eine zarte Brasilo-Kolumbianerin – ausgesprochen ansprechende Mischung – wird von einer Böe fast umgerissen. Nach kurzer Zeit haben wir es aber geschafft, ewiges Eis liegt in Schrittlänge vor uns. Wir legen Steigeisen an, die ersten Gehversuche können beginnen. Danach im Gänsemarsch auf den Viedma. Immerhin der größte Gletscher des Parks, der sich vom Campo Hielo Sur – dem Patagonischen Eisfeld – in die Ebene windet.

Das Campo Hielo Sur ist das drittgrößte zusammenhängende Eisfeld nach Arktis und Antarktis. Wenn man will, kann man es in acht Tagen umrunden, wozu man keine besonderen Kenntnisse benötigt. Auf einem Werbezettel von einem Veranstalter wird lediglich gute Kondition verlangt. Man muss gerne lange Strecken laufen und dabei 25 Kilo Gepäck auf Berge tragen können und wollen. Kalt ist es zudem. Ich spüre meine Waden schon nach drei kurzen Anstiegen mit Steigeisen. Noch schlimmer ist es bergab, wenn man wie ein Pinguin laufen muss, der sich gerade in die Hose gemacht hat. Spaß macht es trotzdem. Wir kommen vorbei an Eisschluchten, Eislöchern, Eishöhlen und was es sonst noch alles an Formationen gibt, die ein Gletscher auf dem Weg ins Tal formt. Die Sicht in die Tiefe der Gletscherzunge lässt den Atem stocken, und das nicht nur wegen des scharfen Windes. Fühlt sich an wie Skifahren an einem sehr kalten Januartag in den Schweizer Alpen. Klirrende, schneidende Luft, rote Wängchen und um einem herum nur Schnee und Eis. Und andere Touristen. Nach zwei Stunden Gletscherwalking gibt es zum krönenden Abschluss Baileys auf tausendjährigem Eis.

24. Dezember 2011. Es ist Sommer in Patagonien und sogar warm. Ich schätze 25 Grad im Schatten, von dem es hier nicht so viel gibt. Mäßiger Wind, der zwar kühlt, aber nicht ausreicht, um die lästigen Bremsen zu verscheuchen. Die deutsch-schweizer Gemeinde des Campingplatzes ist im Weihnachtsfieber. Ich besorge Fleisch. Ein paar anständige Brocken Rind, Chorizo und Huhn, putze den Grill und sammle mit Thilo Kleinholz, um später die Kohle gut anzukriegen. Diana kramt den mitgekarrten Weihnachtsschmuck aus unseren Kisten. Leider ist kein Lametta dabei. Diana hatte darauf bestanden, wenigstens dieses Jahr ohne Lametta schmücken zu dürfen. Aus meiner Sicht gehört es dazu, da aber ohnehin kein richtiger Weihnachtsbaum aufzutreiben ist, lasse ich diesmal lamettafreies Feiern durchgehen. Dafür gibt es nächstes Jahr doppelt so viel auf unseren Baum.

Während die Kinder aufs Christkind warten, übe ich auf der Gitarre „Leise rieselt der Schnee", „Oh Tannenbaum" und „Ihr Kinderlein, kommet". Für mehr reicht es leider nicht. Diana und Patricia hauchen einer Ecke des Quinchos alpenländische Weihnachtsatmosphäre ein. Danach Gemüseschnippeln für Salat, Kartoffeln werden liebevoll in Stanniolpapier gehüllt (daraus hätte man eigentlich auch Lametta machen können, denke ich), und der Tisch wird festlich gedeckt mit allem, was unser Campinggeschirr hergibt. Danny und ich testen derweil die erste Flasche Bier und schmeißen den Grill an. Es ist eitel Sonnenschein, die Bremsen haben sich verzogen, und der Weihnachtsbraten kokelt fröhlich vor sich hin, in Eintracht mit roter Paprika und zwei Auberginen, aus denen ich noch einen „Vinetesalat" nach Mutters Rezept mache. Angekohlte Auberginen vom Feuer nehmen, aufschneiden, salzen und aufstellen, damit die bittere Flüssigkeit abläuft. Danach schälen und mit Holzmesser auf Holzbrett hacken. Kleinstgeschnittene Zwiebel dazu, Pfeffer, Salz, Unmengen Olivenöl, wenig Zitronensaft (wahlweise Essig) und fertig.

Salate, Kartoffeln und Fleischberge duften und munden köstlich. Es wird ein richtig lustiges Weihnachtsmahl. Danach Singen der einschlägigen Lieder, begleitet von Gitarre, und endlich, endlich kommen die Kinder zu ihrer Bescherung. Klara freut sich riesig über ihre Barbiemeerjungfrau und Thilo über seinen Werkzeugkasten. Während sie mit ihren Geschenken beschäftigt sind, wenden wir uns weiter dem Wein zu und wundern uns, was am Nebentisch passiert. Eine jüdische Familie aus Seattle verzehrt Unmengen harter Eier um ein paar brennende Kerzen. Hannukahfest, wie wir erfahren. Man erklärt sich gegenseitig Sitten und Bräuche und sitzt noch lange zusammen. Vor dem Quincho wurde mittlerweile die zweite Grillschicht eingeläutet. Ein Rudel leicht durchgeknallter Franzosen, drei davon mit Nikolausmütze, grillt Würste und Bananen. Da die Kleinen nun ins Bett müssen, Diana und die Schweizer schon müde sind, opfere ich mich, um die begonnene interreligiöse wie interkulturelle Zusammenkunft nicht zu abrupt zu beenden. Das wäre schließlich unhöflich, was mir zumindest die Franzosen nie verzeihen würden. Also wird eine weitere Flasche Malbec entkorkt, damit Loren, der Immobilienmakler aus Seattle, die Franzosen und der Deutsche weiter Weihnachtshannukah feiern können. Als der Stoff ausgeht und sich die Weihnachtsmänner per Schubkarre aus dem Staub machen, gebe auch ich mich geschlagen und suche meine Bettstatt auf. Schließlich will morgen gewandert werden.

Normalerweise verbringe ich den ersten Weihnachtstag damit, auf dem Sofa zu sitzen, Weihnachtsmusik in Endlosschleife zu hören und in meinen Geschenken zu schmökern. Das würde mir auch heute zupass kommen. Mein Kater ist beachtlich, es ist brüllend heiß. Aber ein Indianer kennt keinen Schmerz und ein Gaucho noch weniger. Also mache ich mich in der Mittagshitze auf den Weg gen Fitz Roy Massiv. Von den meisten, die heute auch unterwegs sind, werde ich überholt, aber was soll's. Ich habe meinen freien Tag und viel Zeit für die 20 km, die vor mir liegen. Ich erspare dem Leser eine ausführliche Beschreibung des Weges. Nur soviel: Es geht viel bergauf, bis man den Fitz Roy ganz nahe vor sich hat. An einer Lagune vorbei, durch Buchenwälder auf einen hängenden Gletscher zu. Der letzte Teil des Weges ist glücklicherweise nicht mehr so steil, es geht durch knorrige Wälder, und fast immer mit Blick auf Berge und Gletscher. Ich zähle fünf bis zum Ende der Wanderung. Eine Traumkulisse für einen tollen Wandertag. Zurück in den Ort geht's per Anhalter. Ein französischer Ornithologe mit Begleitung erbarmt sich meiner. So komme ich rechtzeitig zum Feierabendbierchen wieder „nach Hause". Diana macht am nächsten Tag eine ähnliche Tour, wieder bei Kaiserwetter, während ich mich darin übe, auf kleine Kinder aufzupassen. Nicht meine Königsdisziplin, aber mit Hilfe der Schweizer Kinder und ihrer Mutter kommen wir, vor allem Klara und Thilo, gut durch den Tag.

Irgendwann heißt es dann Abschied nehmen vom Trekkingparadies und die Entscheidung zu treffen, wohin als nächstes. Wir haben am 03. Januar einen Fährtermin von Puerto Natales ein paar hundert Kilometer weiter südlich. Bis dahin ist es noch eine gute Woche. Auf jeden Fall wollen wir in den Nationalpark Torres del Paine. Dort war ich 1998 schon einmal mit meinem Freund Jojo. Es ist ein fantastischer Park mit mindestens so vielen Wandermöglichkeiten wie in El Chaltén, dem Glaciar Grey, dem Felsmassiv Cuernos del Paine und den Torres. Letztere habe ich im Gegensatz zu Jojo damals nicht erwandert, da ich nach fünf Tagen Trekking keine Lust mehr hatte, mich ein Geröllfeld bergauf zu quälen. Nur um ein paar schattige Felsnadeln zu sehen, die um ein Gewässer herumstehen, das nicht mehr abfließen kann. Diesmal aber soll es anders werden.

Auf dem Weg in den Park lauert noch der Gletscher Perito Moreno bei El Calafate. Er gehört auch zum Parque Nacional Los Glaciares und ist quasi die Mutter aller Tourigletscher. Im Gegensatz zum Viedma, der ein sog. schmutziger Gletscher ist, d.h. er nimmt viel Geröll mit, dementsprechend ist das Eis streckenweise grau bis schwarz durchzogen, ist der Perito Moreno blütenweiß. Auch kalbt er zuverlässig, und man kommt via Laufsteg sehr nahe an ihn heran.

Wir wollen aber lieber mehr Zeit für den Torres del Paine und seine Guanacos haben, daher lassen wir diesen Höhepunkt einfach mal ausfallen. Der Perito Moreno wird sicherlich überbewertet, sage ich mir, und außerdem haben wir seit der Carretera Austral genügend Gletscher von oben und unten, rechts und links, hängend oder direkt in den See gleitend, kalbend und schmutzig, bei schönem und weniger schönem Wetter gesehen. Ich muss nicht noch auf den letzten Gletscher des Campo Hielo Sur kraxeln und mit Hunderten anderen in Entzücken ausbrechen. Also auf zum Torres. Auf den Spuren meiner ersten Chilereise.

KATASTROPHENALARM IM TORRES DEL PAINE
Von Tapi Aike fast bis zu den Torres

Wir kommen von El Chaltén gut durch bis Tapi Aike, wo es zuverlässig Benzin geben soll. Das ist dann aber auch alles. Eine Tankstelle mitten im platten Nirgendwo, schräg gegenüber eine Polizeistation, Schafe, Gras, Wind. Am nächsten Morgen tanken wir und wissen gleich, warum die Deckel der Mülltonnen mit einer Art Mühlstein festgehalten werden. Der Wind ist für Erwachsene und noch stärker als unlängst auf dem Gletscher. Wir können uns ergebnislos fallen lassen. Ist hier die normale Windstärke. Das laue Lüftchen vom Vorabend, für uns schon Sturm, war nur ein Ausrutscher. Na denn Prost. Wir fragen uns, was einen dazu bewegt, sich hier länger als nötig aufzuhalten, und machen uns auf die Socken. Mit diesem Wind von vorne schafft Paco gerade mal 40 km/h im dritten Gang. Das wird ein langer Tag, denke ich. Wir schaffen es aber dank nachlassenden Windes zum Mittagessen nach Puerto Natales.

Dieser Ort hat sich erstaunlich vergrößert seit meinem ersten Besuch vor ca. 13 Jahren. Zu den Hostals für Rucksacktouristen haben sich einige Luxushotels gesellt, kulinarisch wird mehr geboten, und es gibt unzählige Anbieter von Touren in und um den Park. Der Ort lebt vom Tourismus, und das sicher nicht schlecht. Trotzdem hat sich Puerto Natales den alten Charme bewahrt. Schön gelegen mit Blick auf Meer und Berge, die Kirchen sind nach wie vor die höchsten Gebäude. Alles hübsch bunt, und viele der Hostals, Restaurants und Souvenirläden geschmackvoll gemacht. Kaum Ramsch, es passt immer noch alles zusammen, hat sich sogar zum Positiven gewendet. Aus einem gottverlassenen Nest, in das sich nur wenige Rucksacktouristen verirrten, ist ein ansehnlicher Ort geworden, der die Waage hält zwischen Tourismus und Natur. Es ist für jeden Geldbeutel etwas dabei, und die Grundstimmung ist entspannt – normalerweise.

Heute aber liegt Spannung in der Luft. Wir erfahren schnell, warum. Es brennt. Ich frage, wo, und man zeigt mir auf einer Karte eine Stelle nahe des Glaciar Grey, wo wir morgen eigentlich hin wollten. Daraus wird wohl nichts. Der Park ist zwar geöffnet, wegen des Feuers aber nur eingeschränkt. Was soll's. Wir hoffen, dass es bald regnet oder das Feuer sonstwie in den Griff bekommen wird. Wenn wir wenigstens zu den Torres dürfen, die ich damals habe liegenlassen, oder die bizarren Cuernos del Paine zu Gesicht bekommen, könnten wir es verschmerzen, einen weiteren Gletscher nicht zu sehen. Momentan jedoch herrscht heftiger Wind, die Nachrichten aus dem Park sind betrüblich. Es hat wochenlang nicht geregnet, alles ist furztrocken, und die Winde mit über 100 Kilometern pro Stunde treiben das Feuer schnell voran. Löschflugzeuge können bei dieser Witterung auch nicht eingesetzt werden. Hinzu kommen eine schlecht ausgestattete Feuerwehr und die chronische Unterbesetzung der Parkwächter. Wir beschließen, uns selbst ein Bild zu machen, starten frühmorgens. Vor uns 70 Kilometer vorwiegend Schotterpiste und ein Nationalpark, der dabei ist abzufackeln. Mal ein anderer Ausflug.

Auf dem Weg zum südlichen Eingang des Torres del Paine schauen wir uns die „Cueva del Milodon" an. Das ist die Höhle des Milodon, ein ausgestorbenes Riesenfaultier des südlichen Patagonien. Vor der Höhle mit enormen Ausmaßen steht ein hübsches Plastikmilodon zur Begrüßung. Klara und Thilo gefällt es so sehr, dass wir Tage später ein kleines Plüschmilodon kaufen müssen. Thilo tauft es auf den Namen Müsli[18]. Der Schweizer Einfluss aus Chaltén.

---

18 schweizerdeutsch für Maus

Zirka eine gute Stunde Piste später sehen wir dann das Feuer. Am Horizont hängen dunkle Rauchwolken, der Wind ist stark und pustet alles gen Osten. Das ist der Teil des Parks, der eigentlich offen sein sollte. Da wir nicht mehr weit vom Informationszentrum der Conaf sind, fahren wir weiter, um Information aus erster Hand zu bekommen. Endlich dort, sehen wir fast überall tiefgraue Schwaden hängen. Das wird sicher nix, aber fragen kann man ja trotzdem. Die Mädels in der Informationszentrale sind sichtlich betroffen und geben bereitwillig Auskunft. Anhand der Karte zeigt uns eine Wächterin, wo das Feuer vor zwei Tagen ausgebrochen ist und wohin es sich ausbreitet. Wegen des ungewöhnlich starken Windes kommt es schneller voran als befürchtet, kann praktisch nicht bekämpft werden, da zu gefährlich für die Feuerwehrleute, und seit ein paar Stunden marschiert es auch noch in mehrere Richtungen. Der östliche Teil des Parks ist trotzdem noch geöffnet, und wir könnten hineinfahren. Allerdings rät sie uns ab, da die Rauchentwicklung heftig ist, man nichts sehen kann und einige Touristen, die aus der Richtung kamen, über Atembeschwerden geklagt haben. Das wollen wir uns dann auch nicht wirklich antun und bleiben daher auf dem Campingplatz am Parkeingang. Bestimmt fängt es bald an zu regnen.

Während wir uns installieren und ich einen Pisco Sour mixe, halten zwei bekannte Motorräder am Platz neben uns. Das junge Paar aus Schottland, das wir vor etwa zwei Monaten in Gaiman, kurz nach unserem Ausflug auf die Península Valdez, kennengelernt haben, baut sein Zelt direkt neben uns auf. Wenn man hier lange genug unterwegs ist, trifft man sich eben immer wieder. Wir setzen uns zusammen und berichten von den vergangenen Monaten. Die beiden mussten bereits eine dreiwöchige Zwangspause an der argentinischen Küste einlegen. Motorradunfall. Zu Weihnachten haben sie sich einen Ausflug per Kajak in die Magellanstraße gegönnt, um Wale zu beobachten, und zeigen uns fantastische Bilder. Es wird einem ganz anders, wenn man die riesigen Tiere sieht, und daneben dümpeln ein paar Kajaks. Mir war schon auf dem Schlauchboot mit 40 Mann an Bord fast mulmig. Noch mulmiger wurde uns allen aber, als der Campingchef plötzlich auftaucht, es ist fast Mitternacht: „Ich muss Ihnen leider mitteilen, dass sich das Feuer schnell nähert. Es befindet sich nur noch 15 Kilometer entfernt." – „Bedeutet das, wir müssen raus?", will ich wissen. „Nein. Ich soll Sie nur darüber informieren. Ob Sie bleiben oder gehen, liegt in Ihrer Verantwortung" „Aha! Was passiert denn, wenn das Feuer noch weiter fortschreitet?" – „Dann sind wir hier abgeschnitten", sagt er und lässt uns stehen. Wir sind sprachlos und trotz diverser Bierchen, einer Flasche Wein und Pisco Sour schlagartig nüchtern. Während wir an den Rand des Campings spazieren, kommen uns mehrere Geländewagen entgegen. Neuzugänge mitten in der Nacht? Der Platz scheint in Aufruhr. Wir sind nicht die Einzigen, die das Feuer selbst sehen wollen. Keine Panik aber eine deutlich nervöse Stimmung ist zu spüren. Kein Wunder, wir sind auch angespannt. Das hier fällt sicher nicht in die Kategorie: mein schönstes Urlaubserlebnis. Darauf, irgendwo zwischen dem Campo Hielo Sur und dem südlichen Polarkreis in einem Waldbrandgebiet festzusitzen und darauf zu warten, von chilenischen Waldarbeitern gerettet zu werden, kann ich gerne verzichten. Auf dem Platz selbst sieht man noch nichts vom Feuer. Dafür umso mehr, als wir vor dem angrenzenden Wäldchen stehen. Beeindruckend. Vor uns dunkle Ebene, der Wind peitscht ins Gesicht, und am Horizont die Feuerwand. Ein blutroter, schmaler und lebendiger Streifen. Davor schwarze Pampa, darüber schwarzgrauer Himmel, die Sterne weg. Fast schön. Fast. Denn die Angst ist jetzt da. So wie der Wind bläst, kann das nicht lange gutgehen. Die Nacht hat den Rauch, der tagsüber so bedrohlich aussah, zwar verschluckt, aber die Gefahr ist zum Greifen nahe. Von hier führt nur eine Straße weg, und die werden wir nehmen. Die Sache ist entschieden. Hierbleiben kommt nicht in Frage. Ich habe zwar überhaupt keine Lust, mitten in der Nacht die miese Schotterpiste zurückzujuckeln und bin auch nach südamerikanischer Lesart nicht mehr fahrtüchtig (gefühlt aber schon), doch Sicherheit, vor allem die der noch süß schlummernden Kinder, geht vor. An Schlaf ist ohnehin nicht mehr zu denken, wenn um uns herum der Wald abfackelt. Auch wenn ich mir sicher bin, dass man uns rechtzeitig informieren würde, wenn es richtig brenzlig wird, möchte ich es uns gerne ersparen, gehetzt im Konvoi aus dem Park gejagt zu werden. Also lieber gleich die Hühner satteln. Wir wecken Klara und Thilo, die im Alkoven niedlich in ihren Kinderschlafsäcken träumen, Kuschelteddy (Klara) und Kuscheldino (Thilo) fest im Griff. Wider Erwarten gibt es keinen Alarm. Im Gegenteil, die beiden sind sofort hellwach und freuen sich. „Klasse. Nachtfahrt." In Pyjama und Decke eingekuschelt durch die Nacht brettern ist eben spannend. Unsere schottischen Motorradfreunde sind weniger begeistert. Sie müssen bleiben. Mit dem Zweirad ist die Piste nachts kaum zu befahren, der Tag war hart, und außerdem schmerzt das Unfallknie noch. Wir verabschieden uns und hoffen auf ein baldiges Wiedersehen.

Während wir vom Campingplatz fahren, kommen uns noch mehr Autos entgegen, die von weiter östlich evakuiert wurden. Andere nehmen unsere Richtung, darunter eine französische Familie mit Kindern im Landrover, die uns schon ein paar Mal begegnet ist. Die Neugier treibt uns nochmals in das Informationszentrum, wollen wissen, was denn nun der Stand ist. Man sagt uns, dass wir ruhig hier bleiben könnten, das Feuer sei zwar recht nahe, aber unter Kontrolle, lediglich weiter östlich habe man evakuiert. Sollten wir hier in Gefahr geraten, werde rechtzeitig informiert. Wir fahren trotzdem nicht zurück, sondern weiter Richtung Stadt, und stehen zwei Stunden später gut durchgeschüttelt wieder in Puerto Natales.

Am nächsten Morgen hören wir, dass der gesamte Park in aller Herrgottsfrühe evakuiert und bis auf weiteres komplett gesperrt wurde. Einen Tag später wird dann offiziell Katastrophenalarm ausgerufen und angekündigt, den Torres del Paine frühestens wieder im Februar zu öffnen. Gutes Katastrophenmanagement sieht anders aus. Erst kann jeder, der will, trotz heftigen Brandes, in den Park fahren. Dann ist plötzlich Alarm. Schlimm ist die Situation nur für den Wald, seine Tiere und den Tourismus der Gegend. Wirklich bedrohlich oder gar katastrophal ist hier gar nichts. Alles was einen Rucksack hat, zieht geordnet seiner Wege, und wir richten uns auf ein paar Tage „Stadt"leben ein, da wir bis zur Abfahrt der Fähre hierbleiben müssen. Wir stehen windgeschützt in einer Seitenstraße, verbringen die Zeit mit Bummeln, Sauna, einem Ausflug zu einer Lagune und feiern in einer kleinen Hausbrauerei nett Silvester. Nicht gerade das, was wir hier vorhatten, aber Waldbrände melden sich eben nicht vorher an. 2005 hat ein tschechischer Tourist durch unbedachtes Feuermachen 5.000 Hektar Park vernichtet. Diesmal ist angeblich einer der vielen israelischen Trekker durch Verbrennen seines Klopapiers für das Unglück verantwortlich. Satte 11.000 Hektar wunderschöner Urwald in einem der am meisten bewanderten Teile des Parks um den Glaciar Grey sind für die nächsten Generationen verloren.

GAMMELTÖRN
Mit der Navimag nach Puerto Montt

Die Fahrt mit der Fähre der Navimag, der einzigen Reederei, die die Strecke Puerto Natales – Puerto Montt anbietet und sich das gut bezahlen lässt, ist der Vernunft geschuldet. Wir wollen die Strecke nicht noch einmal hochfahren. Nicht, weil es uns nicht gefallen hätte. Mit den Kindern im Gepäck ausschließlich Kilometer schrubben, geht aber nicht, und zwei Wochen abends mit Klara und Thilo im Schotter spielen, ist auch nicht gerade das, wonach uns jetzt der Sinn steht. Also zahlen wir für die viertägige Fahrt auf einem Frachter einen Preis wie für zwei Wochen All-inclusive-Inselhüpfen in der Ägäis. Zwar wird die Reise schön beworben („unvergessliche Fahrt durch die Fjorde Patagoniens, Gletscher, Landschaften, Wale etc."), aber erstens haben wir das alles schon gesehen und zweitens habe ich die Tour 1998 schon einmal gemacht und weiß es besser. Zugegebenermaßen hat sich seitdem einiges geändert. Der Kutter, mit dem Jojo und ich damals durch diese gottverlassene Gegend geschippert sind, hieß Puerto Eden, vor kurzem außer Dienst gestellt. Unser „Kreuzer", die Evangelistas, ist neueren Datums und kann noch mehr Passagiere in diversen Kabinenkategorien fassen (mit Bad und Fenster, mit Bad ohne Fenster, ohne Bad ohne Fenster, ohne alles). Neu sind auch die Reiseleiter, die sich sichtlich Mühe geben, aus jeder Meer- bzw. Fjordenge ein Ereignis zu machen. Neu ist der Abstecher zu einem Gletscher, und neu sind die Vorträge zu Fauna und Flora. Ich kann mich betreffend meiner ersten Fahrt nur noch daran erinnern, entweder frierend auf Deck in den Nebel gestarrt oder Karten kloppend und Wein trinkend auf das Essen gewartet zu haben. Aber vielleicht ist meine Erinnerung auch nur getrübt, und wir hatten so viel Spaß, dass ich mich einfach nicht mehr erinnern kann.

Diesmal ist alles anders. Es ist nicht so kalt und auch nicht so neblig. Es regnet nur ein bisschen. So etwa drei der vier Tage. Das Essen (in Schichten, damit es nicht zu kuschelig wird für die knapp 300 Passagiere) erfüllt seinen Zweck, wir leiden während der Fahrt keinen Hunger. Auch haben wir ein „upgrade" bekommen und sind in einer Kabine mit Bad und Fenster gelandet. Gebucht hatten wir nur mit Fenster. Glücklicherweise ist die Kabine weit vorne, da sich am Heck ein ganz besonderer Duft ausbreitet. Die Kombination aus mehreren offenen Containern mit alten Fischernetzen (riecht wie schon lange tote Muschel) und einigen Lkws mit lebenden Pferden (riechen, wie lebende Pferde, die mehrere Tage nicht bewegt werden, eben riechen) ist etwas ganz Besonderes und nichts für empfindliche Mägen. Auf der Positivseite der Reise durch unbewohnte Fjordlandschaften (warum wohnt hier wohl keiner, frage ich mich) stehen aber nicht nur das Fortkommen, sondern einige ruhige Stunden, viele neue Bekanntschaften und interessante Geschichten mit dem letzten Tag als eindeutigem Höhepunkt.

Fast alle sind wir auf dem Sonnendeck. Das darf man sich jetzt nicht vorstellen wie auf dem Traumschiff, mit Liegen und kuscheligen Wolldecken. Und die wettergegerbten knutzeligen Fährchilenen sind auch so ziemlich das Gegenteil von Sascha Hehn. Unser Sonnendeck ist eine raue, grün gestrichene Freifläche auf dem Oberdeck. Es hat etwas von einem fahrenden Schulhof, und so ist auch die Stimmung. Die Bordkinder spielen Springseil, Thilo läuft mit einem orange-weißen Baustellenhütchen auf dem Kopf herum, und Klara mampft Kekse von einer Reisebekanntschaft und ganz kaut nebenbei auch deren Ohr ab. Wir stehen ausgelassen heiter in der Sonne und kommen mit vielen ins Gespräch. Einige kannte man schon, andere wiederum scheinen erst jetzt aus ihren Kojen gekrochen zu sein. Gegen Mittag ploppt der erste Kronkorken von einer Flasche Austral, einer patagonischen Bierlegende aus Punta Arenas, in 1896 von José Fischer (damals noch als „Culmbacher Bier") ins Leben gerufen. Kurz danach startet die Aktion: Wir trinken das Schiff leer. Mit dabei ist Ingo mit Freundin, beide aus Hamburg und gerade auf einer mehrwöchigen Südamerikatour, ein Schweizer Pärchen, das mal wieder ein Jahr Auszeit nimmt, und noch eine Reihe weiterer Traveller, die sich freuen, zum kalten Bierchen die warme Sonne auf der Haut zu spüren. Während wir gemütlich picheln und uns alte Reisegeschichten erzählen, ziehen rechter Hand die Andengipfel majestätisch an uns vorbei. Irgendwann taucht die Isla Chiloé auf elf Uhr auf, und ein guter Bekannter streckt seine schneebedeckte Zipfelmütze in den dunkelblauen Himmel. Der Corcovado lässt grüßen. Das ist der Bilderbuchvulkan, den wir auf der Fährfahrt von Quellón/Chiloé nach Chaitén ständig vor uns hatten. Jetzt Anfang Januar 2012, nach anderthalb bis zwei Monaten Chiloé-Carretera-Ruta 40 – El Chaltén und (fast) Torres del Paine, schließt sich langsam wieder der Kreis, den wir um das chilenische Patagonien gezogen haben.

Ein schöner Kreis war das. Nicht ganz rund, insbesondere wenn man an unsere Flucht aus dem Brandwald und die drögen Tage auf diesem Gammelfrachter denkt, aber das macht ihn gerade so besonders. Irgendwie hat mich Patagonien seit meiner ersten Reise gefangengenommen, und ich komme bestimmt wieder hierher. Einmal muss ich ja die Torres erklimmen, um mit Jojo gleichzuziehen. Den sicher überschätzten Perito Moreno Gletscher kann man sich bei der Gelegenheit ja auch noch ansehen, das letzte Stückchen der Carretera bis Puerto Yungay ist bestimmt auch eine Reise wert, und Ushuaia in Feuerland hat für mich seinen Reiz keineswegs verloren. Jetzt ist freilich nicht die Zeit, Reisepläne für die Zeit nach der Reise zu schmieden, sondern wir haben einen Auftrag zu erfüllen. Die Biervorräte der Evangelistas wollen dezimiert werden. Nach diversen Runden

Austral, dem ein oder anderen Vulkan in der Ferne – so genau kann man das in der Dämmerung nicht erkennen – ist es dann endlich geschafft. Der Mann hinter der Bar kapituliert. Bedingungslos. Zum Glück, es ist nämlich schon recht spät. Vollauf zufrieden mit unserer Leistung und in Vorfreude auf ein Ende der Fährwoche klettere ich in meine Koje. Bis nach Puerto Montt sind es nur noch wenige Stunden.

Das Festland hat uns endlich wieder. Zielstrebig begeben wir uns nach Llanquihue und dort zu unserer Lieblingsmetzgerei. Mit Fleischvorräten für die nächsten Wochen brechen wir weiter nach Valdivia auf, einer ehemals deutschen Siedlung nahe der Küste und Hauptstadt der Region. Wir genießen die heiße Sonne und können endlich die Kluft der vergangenen Wochen ablegen. Fleecepulli und Regenjacke sind erst mal wieder Geschichte. Kurzarmhemden und Flipflops werden aus den Schränken gekramt. Jetzt ist Sommer befohlen. Die Zeit in Patagonien war zwar ausgesprochen schön und ereignisreich, auch hatten wir Glück mit dem Wetter und dementsprechend wenig Regen. Aber der Wind der Ruta 40, die letzten Tage in Puerto Natales und das Sauwetter auf der Evangelistas haben uns vergessen lassen, dass wir eigentlich „Sommerurlaub" machen. Jetzt endlich fühlt sich das auch so an.

Wir parken auf dem Platz oberhalb des Hauses der Burschenschaft Vulkania. Die Villa ist über hundert Jahre alt, schön auf einem großen Gartengrundstück am Fluss Calle-Calle gelegen und mit Blick auf die Stadt. Wir werden mit offenen Armen empfangen und genießen die Gastfreundschaft chilenischer Studenten, die sich der Pflege deutscher Kultur widmen. Seit 1960 gibt es den Bund Chilenischer Burschenschaften, der sich die Förderung chilenischer Akademiker, die Förderung der deutschen Sprache sowie deutschen Kulturgutes auf die Fahnen geschrieben hat. Chilenische Burschenschaften gibt es allerdings schon viel länger. Die älteste, die Araucania in Santiago blickt auf eine über hundertjährige Geschichte zurück. Man ist geneigt zu fragen: Passt das überhaupt hierher? Deutsches Verbindungswesen, schon daheim belächelt und nicht dem ach so tollen Zeitgeist entsprechend, mitten in einem fremden Land am Pazifik? Ich denke schon. Schließlich ist Chile (oder Südamerika) ursprünglich so wenig spanisch wie deutsch. Nun sind die Kulturen der Eingeborenen entweder perdu (wie die der Selk'nam, Ona, Tehuelche) oder fristen ein Dasein in der Bedeutungslosigkeit (zumindest wirtschaftlich) wie die der Mapuche. Die Uhr kann hier nicht mehr zurückgedreht werden, so traurig das für die betreffenden Menschen, die das Land einst bevölkerten, sein mag. Warum sich dann nicht einfach am deutschen Erbe erfreuen, das in Architektur und Kultur, im Kulinarischen, der Sprache vieler Deutsch-Chilenen und eben auch im Studentenwesen weiterlebt. Eine Hazienda andalusischen Stils gehört – ursprünglich – genauso wenig nach Südchile wie eine Lutherkirche, und gleichzeitig gehört – mittlerweile – beides nicht nur hierher, sondern ist auch noch Geschichte von mehr als hundert Jahren. Dadurch wird das Land nur noch bunter, als es ohnehin schon ist.

Wir jedenfalls freuen uns auf dies Stückchen Heimat in der Ferne und genießen das Leben mit den Studenten. Ich fühle mich an meine Studienzeit in Freiburg und Hamburg erinnert und an unzählige Stunden sinnlosen und doch erfüllenden Abhängens „auf dem Haus", wie das in Eingeweihtenkreisen heißt. Das Wetter ist schön, das Bier ist kalt, und als dann noch zwei Münchner Burschenschafter auftauchen, die mit zum Kneipenbummel in die Stadt kommen, ist die Zeitreise perfekt. Während ich mich dem studentischen Müßiggang hingebe, tollen Klara und Thilo auf dem riesigen Grundstück, Diana macht gute Miene zu gutem Spiel und lässt mich gewähren. Sie weiß, dass wir hier nicht ewig bleiben werden. So kann sie wenigstens jeden Tag warm duschen, und mal wieder ein paar Tage ohne Plan sind auch was Schönes.

Aber selbst wenn man kein deutscher Verbindungsstudent ist, lohnt sich ein Stadtbummel durch Valdivia. Die Altstadt mit einigen historischen Gemäuern ist überschaubar und gut zu erbummeln. Daneben zieht der Fluss Calle-Calle seiner Wege, samt Ruderer, Ausflugsschiffen und Kajakfahrern. An der Strandpromenade sieht man Sportler, bekommt Souvenirs, die keiner braucht, und kann „*mote con huesillo*" naschen. Das ist ein leckerer Mix aus getrocknetem Pfirsich (huesillo), eingelegt in Pfirsichsaft mit Weizenschrot (mote). Nicht zu süß, durststillend und genau das Richtige für den kleinen Hunger zwischendurch. Den bekommt man nämlich garantiert, wenn man über den Markt am Fluss wandert. Dieser ist die Hauptattraktion Valdivias. Direkt am Wasser zieht sich ein sehr gut sortierter Fisch- und Gemüsemarkt ein paar hundert Meter entlang. Es gibt nichts, was es nicht gibt, vor allem im Bereich Meeresfrüchte. Verschiedene Algensorten, getrocknet, gehäckselt, frisch, in Bündeln und lose. Fertige Muschelsnacks aus der Plastikschale (immer mit viel frischem Koriander), Krabben, Krebse, Mies- und andere Muscheln und natürlich viel frischen Fisch. Je nachdem, an welchem Stand man gerade steht und versucht, die Fische zu erraten, muffelt es nach nassem Seetang oder totem Fisch. Von dem gibt es hier mehr als genug. Die Fischer zerlegen die Tiere in situ und schmeißen die Teile, die sie nicht brauchen, gleich hinter sich in den Fluss. Dort wartet dann die eigentliche Sehenswürdigkeit des Marktes: Seelöwen haben sich in diesem Schlaraffenland angesiedelt. Kaum zwei Meter hinter dem Fischtresen lümmeln sie in kleinen Grüppchen und lassen sich von den Touristen um sie herum nicht im geringsten stören. Für die Kinder ist das ein Spektakel erster Güte, und auch wir haben noch nie Seelöwen aus solcher Nähe gesehen. Nur Thilo ist ein klein wenig enttäuscht. „Wo sind denn jetzt die Pelikane?", will er wissen. Ich hatte den Fehler begangen, zu erzählen, dass es auf diesem Markt Pelikane gäbe. 1998 war das auch so. Statt Seelöwen schwirrten Pelikane um den damals deutlich kleineren Markt herum.

„Pacos" Reiseroute

La Boca – altes Arbeiterviertel in Buenos Aires

In der „Kathedrale des Polo"

Papageienfelsen im Seebad El Condor

Walspektakel nahe der Península Valdez

Patagonien

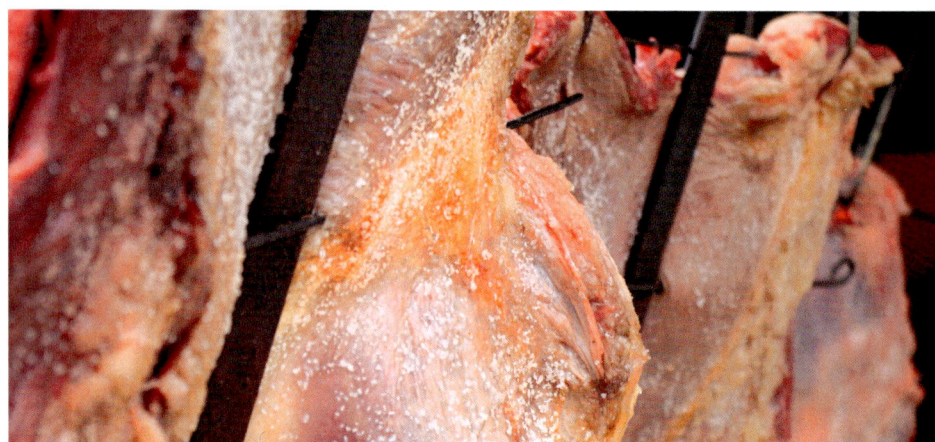

Lamm ohne Schnickschnack – Pfahl, Salz und Feuer

Auf der Carretera Austral

ilenische Rodeoreiter beim Warmtraben

er hört mich keiner....

e Capillas del Marmol am Lago General Carrera

Blick auf den Vulkan Corcovado / Isla Chiloé

Deutsche Brau- und Kochkunst in Südchile

f der Ruta 40

ck auf das Fitz Roy Massiv bei El Chaltén /Argentinien

Kraxeln auf dem Viedma-Gletscher

Taipi Aike, Tankoase mitten im Nirgendwo

Die Crew

nnenuntergang im Valle de la Luna, Atacamawüste

erleben im Park der Humboldtpinguine

ühstück in Nordchile bei La Serena

Valdivia - Slum oder nicht Slum?

		Chorizo	85	**Mariscos**		Cerveza	
Colita de Cuadril				Cazuela de Mariscos	390	Agua Mineral	
Asado	c/g 260	Morcilla Salada o Dulce	95	Arroz con Mariscos	390	Whisky Importado	
Asado Premium	c/g 310	Salchicha Parrillera	85	Langostinos al Ajillo	640	Jarra de Vino	
Matambre Arrollado	305	Chinchulín o Choto	95	Rabas a la Romana	320	Copa de Vino	
Cerdo		Riñón	205	Chipirones	320	Botella de Medio y Medic	
Matambrito de Cerdo	c/g	Molleja	160	Paella para Dos	840		
Pamplona de Cerdo	c/g 305	Provolone	320				
Costilla de Cerdo	c/g 335	Provolone Relleno					

Fleisch satt im Mercado del Puerto, Montevideo / Uruguay

umstrand – Praia do Rosa / Brasilien

ortlerstrand in Campeche auf Florianopolis / Brasilien

Iguazu Wasserfälle

Jacaré im Sumpfgebiet Esteros del Iberá

Ich kann mich noch sehr gut daran erinnern, führten sie doch zum ersten und einzigen Streit mit meinem Freund auf dieser Reise. Während ich Pelikane im Morgenlicht fotografieren wollte, wie der Reiseführer es anpries, zog es Jojo zum „Conjunto Haverbeck", einem alten deutschen Fabrikgelände. Der Streit ging zugunsten meines Freundes aus, aber nicht ohne dass ich ihm mit meinem Gemaule gehörig auf die Nerven gegangen wäre. Zur Strafe schaue ich mir diesmal das Conjunto nicht noch einmal an, dafür sind die Pelikane aber auch weg. Die Seelöwen waren wohl stärker, weshalb die Vögel weiter Richtung Küste gezogen sind, wie wir erfahren. Thilo kann mit Zuckerwatte wieder milde gestimmt werden. Außerdem verspreche ich, dass wir woanders ganz sicher Pelikane zu Gesicht bekommen. Vorher allerdings steht noch die Besichtigung der Brauerei Kunstmann auf dem Plan.

Selbstredend hat die deutsche Einwanderung nicht nur gute Würste ins Land der Mapuche gebracht, sondern auch gutes Bier. Eine der chilenischen Paradebrauereien ist nun eben diese Brauerei Kunstmann, keine sechs Kilometer vor der Stadt. Der Schankraum könnte deutscher nicht sein, durchgetäfelt, Holztische und Bänke und in jeder Ecke irgendein Alpen- oder Trachtenfoto, Bilder vom Oktoberfest in München und dem weniger bekannten Bierfest in Valdivia. Wir können uns mit Engelszungen noch in die letzte Führung quetschen, die von einer Stuttgarterin, die sich hierher verirrt hat, durchgeführt wird. Hopfen und Hefe kommen nach wie vor aus Deutschland, Gerste bzw. Weizen aus der Gegend. Das Bier ist lecker, zu meinem Leidwesen wird aber keine Pils- oder Exportsorte hergestellt. Das am meisten verkaufte Bier ist „Torobayo", eine Art Ale. Das Lagerbier gibt es filtriert und unfiltriert, neuerdings wird auch ein Blaubeerbier gebraut (wider Erwarten recht schmackhaft) und Weizenbier. Das Weizenbier heißt „Weizen", ist ein naturtrübes Hefe

und kann noch besser werden. Irgendwie kommt die Alebrau-
weise zu sehr durch, ich traue mich aber nicht, das dem schwäbischen Braumeister, den ich einen Tag später kennenlerne, zu sagen. Vielleicht habe ich mich ja geirrt und mehrere Monate Quilmes, Austral, Escudo, Cristal etc. haben meine Geschmacksknos-
pen betäubt. Nach so viel Bier muss natürlich auch die Speisekarte durchgetestet werden. Ich bestelle Currywurst, ansonsten
gibt es noch Kassler mit Spätzle, Rotkraut und einem sehr zimti-
gen Apfelkompott. Alles schwer in Ordnung, erst recht wenn
man bedenkt, wo wir uns befinden. Irgendwann aber wollen wir
zurück ins chilenische Chile und lassen deutsches Verbindungs-
haus, Bier und Essen hinter uns. Das Seen- und Vulkangebiet
wartet auf seine Erkundung. Bisher hatten wir ja nur ein bisschen um Puerto Varas und Osorno geschnuppert.

IM SCHATTEN DER VULKANE
Von Valdivia nach Pucon

Eines der schwierigsten Unterfangen in Chile ist die Auswahl des jeweiligen Reiseziels. Zumindest, wenn man nicht mehrere Jahre Zeit hat und daher eine Wahl treffen muss. Das Studium des Reiseführers hilft da nicht wirklich weiter. Der Blick auf die Landkarte offenbart alleine zwischen Concepción und Puerto Montt (das ist eine Strecke von kaum 600 km) acht Nationalparks. In Wirklichkeit gibt es über 30 (!) Nationalparks und Reservate in Südchile, hundert im ganzen Land, und ständig kommen neue Schutzgebiete dazu. Wenn man dann noch Einheimische fragt, wird die Lage erst recht unübersichtlich. Jeder hat seinen Lieblingssee, -berg, -vulkan, -park, kennt die tollste Aussicht, die interessanteste Wanderung, das beste Fischlokal usw. Bei der Anzahl an Seen, Parks und Vulkanen in dieser Gegend Chiles kommt da so einiges zusammen, was man sich ansehen sollte. Unmöglich. Wir sind zwar nicht in Hast und nehmen uns nach wie vor ein paar Tage mehr Zeit, wenn es uns richtig gut gefällt. Andererseits sind ein paar Wochen im Seengebiet wirklich nichts. Also suchen wir uns eine Route zwischen den Lieblingsseen einiger Bekannter, dem Touristenziel der Region schlechthin – Pucón –, und einen Park aus, von dem wir noch nie etwas gehört haben, dessen Beschreibung im Lonely Planet aber gut klingt. Es ist unser einziger Reiseführer, den wir auf Drängen Dianas in Bariloche gekauft haben, und er ist gut. Ich bin ein großer Freund der Lonely-Planet-Reihe, da man sich im Allgemeinen auf deren Empfehlungen verlassen kann. Nachteil ist allerdings, dass das andere auch so sehen. Dementsprechend sind die Plätze (seien es Restaurants, Campingplätze, Hotels etc.) oft voll und manchmal auch teurer als ein vergleichbarer Laden um die Ecke. Bezeichnend die Aufschrift einer Bar in Castro (Isla Chiloé): „We are not in the Lonely Planet, but we are great nevertheless!"

151

Auf dem Weg von Valdivia in das Herz des Seengebietes verfranzen wir uns trotz GPS und Landkarte leicht, finden dann aber letztendlich doch den See Panguipulli und den gleichnamigen Ort. Es ist nicht der einzige See hier und auch nicht der einzige, um den sich Vulkane erheben. So sieht das eben überall aus in der Region Siete Lagos (d.h. sieben Seen, in Wirklichkeit sind es deutlich mehr. Aber gegenüber in Argentinien gibt es die Ruta de Los Siete Lagos, also bracht man dergleichen wohl auch in Chile): idyllisch gelegener See, meist dunkel in Farbe, umgeben von Wald und Strand. Kleine Ortschaften hie und da, Schotter und Asphaltpisten durchziehen die gut erschlossene Region, die auch sehr viele sehr ruhige Ecken hat. Es ist hügelig, und hinter jedem zweiten See lugt ein Vulkan hervor, manchmal auch mehr als einer. Der eindrucksvollste und bekannteste davon ist der Villarica. Ähnlich dem Osorno bei Frutillar/Puerto Varas ein Bilderbuchkegelvulkan, die Spitze bedeckt von Eis und Schnee, der Krater offen und rauchend. Was will man mehr. Nun: den Vulkan bezwingen. Ich habe das schon hinter mir, und es war ganz großartig. Jetzt will Diana nachziehen und auch mal Lavadunst atmen. Vor dem Abenteuer ist aber erst einmal Entspannung angesagt. Wir holen uns diese am Strand Chauquén des Lago Pangipulli. Dort kann man den Villarica mit seinen 2.800 m gut auf sich wirken lassen. Ich hole mir dabei einen deftigen Sonnenbrand an den Oberschenkeln, weil ich unbedingt mit dem Kajak auf den See musste, um den Vulkan besser zu sehen. Genau deshalb kann ich den Besuch in den Termas Geometricas (liegen fast auf dem Weg nach Pucón) nicht ganz so genießen wie Diana und die Kleinen. Beim Einstieg in 39 – 41 Grad heißes Wasser kommt der Sonnenbrand auf den Schenkeln erst so richtig durch. Mit etwas Zähnezusammenbeißen geht es aber, und schön ist es allemal. Nicht der Schmerz, sondern die Thermen. Diese befinden sich am Ende einer üblen Schotterpiste. Nachdem ich mich dreimal verflucht habe, in diese Einöde zu fahren, nur um mich in heißes Wasser zu legen, staune ich nicht schlecht, als wir dann dort sind. Die Fahrt hat sich gelohnt. In einer etwa 20 Meter breiten Schlucht schlängelt sich über einem Wasserlauf ein roter Holzsteg bergan. Rechts und links geometrisch, das bedeutet in diesem Fall eckig geformte Thermalbecken, 17 an der Zahl, mit unterschiedlichen Temperaturen. Dazwischen Riesennalcas, umgestürzte bemooste Bäume, Vögel zwitschern, Wasserfälle plätschern. Durch das Design der Becken und die rotschwarze Holzmöblierung der Anlage meint man fast, in Japan zu sein. Lustigerweise sitzt in einem der Thermalbecken eine Gruppe Asiaten, augenscheinlich Japaner. Ich frage zuerst, ob ich sie ablichten darf – ich darf –, danach, ob es in Japan ähnlich aussieht. Ich ernte amüsierte Blicke. Die Gruppe ist aus Korea[19]. Ich lächle freundlich zurück und beeile mich, in unseren Familienpool zu kommen. Wir plantschen bis zum Nachmittag, dann geht's aber wirklich nach Pucón.

Die Meinungen zu Pucón sind geteilt. Einige Wohnmobilreisende, die wir getroffen haben, fanden den Ort nicht so toll, weil „zu touristisch". Zigtausend andere dagegen machen hier gerne Urlaub. Unschwer zu erkennen an den endlos aneinandergereihten Ferienwohnungen, Hostals, Hotels, Restaurants etc., bevor man in die Stadt einfährt. Das ist nur gut zu verstehen, weil es hier erstens schön ist und zweitens so ziemlich jeder Sport betrieben werden kann. Angefangen vom Sonnenbaden, Bananaboatfahren und Wasserski über Reiten, Rafting, Trekking, Canyoning, Klettern. Im Ort selbst schickste Boutiquen, Speiselokale jedweder Art (sogar ein arabisches), Eisdielen, Casino, Bars, Tanzhallen und alles, was der verwöhnte Konsument sonst noch braucht. Hauptattraktion ist aber wie gesagt die Erzwingung des Villarica. Etwa 30 Agentu-

---

19 Das ist noch schlimmer, als einen Holländer für einen Deutschen zu halten.

ren balgen sich um die Touristen, die an guten Tagen (für die Agenturen) wie eine Ameisenstraße auf den Berg ziehen. Jeder mit zwei Beinen kann mitmachen (mich hat man vor einiger Zeit ja auch mitgenommen), aber leicht ist es trotzdem keineswegs. Im Schneeanzug und mit Steigeisen dauert der Weg nach oben bis zu vier Stunden. Zurück geht es wie in einer Bobbahn auf kleinen Po-Schlitten. Diana ist hin und weg vom dem Ausflug, so wie ich 13 Jahre früher. Es ist schon ein Wahnsinnsgefühl, auf einen aktiven Vulkan zu steigen und in den Krater zu sehen. Und dann das Panorama. An guten Tagen (für die Touristen) sieht man den Osorno und noch gefühlte tausend andere Vulkane und ebenso viele Seen. Während Diana die Naturgewalten herausfordert, fordern mich Klara und Thilo. Wir verbringen den Tag spielend am Strand vor unserem Campingplatz. Dieser war im Übrigen der schmierigste, den wir in Chile gesehen haben. Es war aber die einzige Möglichkeit, strandnah zu nächtigen. Allerdings haben wir deshalb den Aufenthalt auf ein Minimum beschränkt. Wandern müssen wir dann eben woanders.

An unserem letzten Abend auf dem Schmuddelplatz im Jet-Set-Ort lernen wir noch James und Laura kennen, die mit drei Kindern unterwegs sind. James ist Lehrer an einer englischen Schule in Santiago und auf Sommerurlaub mit der Familie. Wir freunden uns schnell an, Fleisch wird besorgt, noch mehr Bier, der Grill angeschmissen, eine lange Tafel wird zusammengestellt, und wir verbringen einen ausgesprochen netten Abend in Gesellschaft. Am nächsten Tag brechen wir daher nicht so früh auf, wie ich geplant hatte, sondern lassen es ruhig angehen. Die Kinder wollen noch zusammen spielen und die Erwachsenen Adressen austauschen. Vielleicht sehen wir die Engländer ja in Santiago wieder.

AMIS AUF ABWEGEN
Im Nationalpark Malacahuello-Nalcas

Vom Nationalpark Malacahuello-Nalcas und dem Vulkan Lonquimay habe ich noch nie etwas gehört. Es ist ein kleiner Park nordöst-
lich von Temuco und keine 80 km von der Hauptverkehrsader des
Landes, der Ruta 5, entfernt. Deutscher Einfluss auch hier unüber-
sehbar. Aber wir lassen das Hotel Alpenrose sowie das Café Augs-
burg links liegen. Diesmal haben wir ein exotisches Ziel. Das Hostal
mit Camping Suizandina ist – wie der Name schon sagt – helvetisch.
Vor zehn Jahren ist hier ein Schweizer Pärchen nach langer Reise
hängengeblieben und hat einen kleinen Ferienkomplex aus dem Boden gestampft. Das Paar gibt es nicht mehr, aber die Anlage ist noch
da und in chilenisch-schweizer Hände übergegangen. Sergio (das ist
der Chilene) war im ersten Leben Manager bei Wal-Mart und führt
seit kaum einem Jahr mit Ivana (der Schweizerin) die Suizandina,
bestehend aus Campingplatz, Hotel, Restaurant, Cabañas, Pferden,
Lamas und mehreren Praktikanten aus Deutschland und den USA.
Sergio plant etwas Größeres im Park, und ich glaube, er schafft es.
Die Lage der Suizandina ist ideal, und die Gegend, kaum touristisch
erschlossen, bietet so einiges für den europäischen Wanderfreund.
Sergio möchte – ähnlich wie in anderen größeren und bekannteren
Parks – Refugios bauen, um längere Trekking- bzw. Reittouren zu
ermöglichen. Wir werden das zumindest auf dieser Reise nicht
mehr erleben. Aber wenigstens einen Tag will ich hier wandern. Sergio erklärt mir die Tour für den nächsten Tag und bietet sich ein
paar Stunden später als Privatführer an. Kostenpunkt: null. Er hat
die Wanderung selbst noch nicht gemacht und will wissen, wohin er
seine Kunden schickt. Kein schlechter Vorsatz, denke ich und
schenke mir noch ein Glas Carmenere[20] ein. Mittlerweile sitze ich in

---

20 eine typische Rotweintraube Chiles

der guten Stube der Suizandina und versuche verzweifelt, ins Internet zu gelangen. Da dies nicht funktioniert (wir sind eben etwas ab vom Schuss), beobachte ich am Nebentisch ein Paar, das so gar nicht hierher passt.

Sie sitzt lustlos vor ihrem Teller, knallenge Jeans, Klunker am Handgelenk, schickes Blüschen, hübsch drapierte Brüste. Er, auch sportlich-elegant, schaut etwas interessierter in die Gegend und vor allem verzweifelt auf seinen iPod. Das wird sicher lustig, denke ich mir und beginne ein Gespräch. Kurz darauf sitze ich am Tisch des mysteriösen Paares und werde gefragt, was man hier so machen könne in der Nähe. Aha, denke ich, die haben keine Ahnung, wo sie sind und was sie hier wollen. „Wie viel Zeit habt ihr denn, und was macht ihr gerne?"– „So etwa 5 Tage, dann müssen wir zurück nach Santiago", antwortet mein Gegenüber. „Das ist ja nicht richtig viel für die Gegend. Was habt ihr denn bisher gemacht?", will ich wissen. „Wir waren zuerst in Santiago und wollten dann nach Valparaíso", sagt er. Sie wirft ein: „Ja, aber Valparaíso ist ein Slum. Wir haben noch nicht einmal angehalten." „Und wie kommt ihr jetzt gerade hierher?" „Na ja, wir sind von Valparaíso einfach die Küste runtergefahren, bis wir etwas halbwegs Nettes für die Nacht gefunden haben. Von dort sind wir dann direkt hierher. Ein Freund hat uns dieses Hotel empfohlen. Jetzt wollen wir uns die chilenische Schweiz ansehen und wissen nicht wirklich, wohin." Ich tue mein Bestes, den beiden zu erzählen, was wir so gemacht haben und was man in der verbliebenen Zeit so alles sehen könnte. Der Gesichtsausdruck des Mädels (Römerin, wie sich später herausstellte) wird dadurch nicht entspannter. Irgendwann kann ich dann nicht mehr an mich halten und will wissen, wie sie denn darauf gekommen sind, hier Urlaub zu machen, und dann nur so kurze Zeit. Sie schaut ihren Begleiter vorwurfsvoll an und erzählt, dass sie die Schweiz in die enge Wahl genommen hatten und eben die „chilenische Schweiz". Gesucht waren Natur, aber auch „liebliche Dörfer", „gutes Essen" (spätestens hier konnte ich mein Lachen kaum noch unterdrücken) und „Kontakt mit Einheimischen". Die rassige Dunkle redet sich jetzt langsam warm: „Aber das hier ist alles nur Wildnis, die Städte heißen zwar Los Angeles oder San Fernando. Sind aber alles nur Slums, nirgends kann man einkaufen. Einfach schrecklich. Vom Essen ganz zu schweigen." Leider hat die Dame recht, aber deshalb kommt man an und für sich nicht nach Chile. Wildnis war leider nicht gesucht für die 10 Tage Urlaub. Es stellt sich heraus, dass sowohl die Italienerin als auch ihr griechischer Freund schon lange in Washington leben und arbeiten und das jetzt ihr Jahresurlaub sein soll. Da tut mir die Frau fast leid. Die Amis, die ich kenne, haben im Vergleich zu uns Deutschen erschreckend wenig Urlaub. In den paar Tagen werden gerne große Strecken oder Entfernungen zurückgelegt, Geld spielt dann weniger eine Rolle. Die beiden haben sich richtig verlaufen, d.h. er weniger, weil er sich schon freut, mit seinem 4x4-Wagen über holprige Pisten zu kacheln. Sie möchte lieber shoppen. Ich empfehle Pucón und die Termas Geometricas. „Ich habe aber keinen Badeanzug", wirft sie ein. „Aber Schatz. Wenn das ein Spa ist, dann kaufst du dir eben dort einen Bikini." Zum Brüllen. Ich kläre auf, dass die Thermen zwar richtig toll seien, aber weniger „Spa", und dass man froh sein könne, eine kalte Cola zu bekommen und etwas zum Beißen, Sonnenbrillen und Designerbadeanzüge aber wohl in Pucón zu finden wären. Das Gespräch geht noch eine ganze Weile so daher, ich amüsiere mich königlich, bis Sergio den Laden schließen will. Wir verlegen die Sitzung in unser Wohnmobil, schließlich soll Diana auch ihren Spaß haben. Wir trinken noch ein Fläschchen Malbec miteinander und unterhalten uns prächtig. Die Wahlamerikaner sind richtig sympathisch und auch nicht so abgehoben, wie ich anfangs dachte, nur eben auf der falschen Insel.

VERLAUFEN
Mit Sergio um den Lonquimay

Die letzte Flasche Malbec hätte nicht sein müssen. Es ist kurz vor neun Uhr morgens. Ich könnte noch gut vier Stunden Bettruhe gebrauchen – mindestens –, aber die Araukarienwälder und vor allem Sergio warten auf mich. Also Aspirin eingeworfen, kalte Dusche und so tun, als wäre nichts gewesen. Habe meinen Kater am ersten Weihnachtstag auch weggewandert, muss also auch heute klappen. Zuerst geht es sowieso zum Fotografieren an den Vulkan Lonquimay und den Krater Navidad. Nach knapp 15 Minuten Autofahrt sind wir dort. Die ersten Araukarien stehen am Straßenrand. Noch drei Kurven, und eine Mondlandschaft tut sich auf. Anders als der Villarica oder Osorno ist der Lonquimay nicht bewaldet. Nur Sand und Stein. Schwarz und braun. Unterhalb des Kegels die grünen Araukarienwälder. Wieder mal eine Landschaft aus dem Bilderbuch, allerdings eines, das ich noch nie vorher gesehen habe. Das Aufstehen hat sich jetzt schon gelohnt, mein flauer Magen ist fast vergessen. Auf den Lonquimay kann man natürlich auch kraxeln, wir lassen das aber heute und stapfen stattdessen in den Wald. Keine Menschenseele außer uns. Es geht stetig bergan, und der Wald wird immer dichter, Araukarien, wohin man sieht. Ein seltsames Gefühl für jemanden, der sonst (wenn überhaupt) durch Misch-, Laub- oder einfache Nadelwälder trabt, plötzlich umringt zu sein von diesen zauberhaften Baumriesen. Die Stämme wachsen kerzengerade, die Krone erinnert an Pinien, ist dicht, die Äste wie mehrarmige Kerzenleuchter nach oben gebogen. Die Nadeln sind nicht wirklich Nadeln sondern schuppenähnlich und ziemlich spitz. Schwer zu beschreiben, finde ich. Wer jetzt noch nicht weiß, wie eine Araukarie aussieht, dem kann ich das nicht verübeln, also am besten selbst nach Chile oder Argentinien pilgern, denn nur dort stehen diese Bäume (eine ähnliche Gattung allerdings auch in Südbrasilien). Mittlerweile sind die Wälder allesamt unter Schutz gestellt, aber noch vor 10 Jahren wurde in Chile eifrig abgeholzt. Begehrt war der Baum vor allem im Schiffsbau, wegen des geraden Wuchses und der Härte des Holzes. Nach einer Stunde, könnten auch zwei gewesen sein – ich habe keine Lust mehr, bergauf zu gehen, Araukarien hin oder her –, lichtet sich glücklicherweise der Wald, die Bergkuppe ist in Reichweite. Endlich, der Abstieg ist nahe.

Nur in welche Richtung. Am Gipfel steht ein Schild „Ende des Weges". So war das sicher nicht geplant. Ich dachte, wir wollten einen Rundgang machen und vom Gipfel wieder direkt zur Suizandina laufen. Aber hier gibt es weder einen Weg noch Pfad noch sonst was. Es geht entweder steil bergab, wo weiter Wälder lauern, oder den Bergkamm weiter hoch. Sergio überlegt und peilt mit seinem GPS. „Dort hinten müssen wir, das sieht nach dem Weg aus, auf den wir wollen." Ich kann in der Ferne wenig erkennen, sehe nur, dass es weit ist. Sehr weit. Sergio telefoniert. Wir haben uns offensichtlich verlaufen. Die nächsten Stunden stolpern wir Geröll hinauf und wieder hinab, peilen, kraxeln weiter, suchen wieder Spuren und finden endlich den offiziellen Wanderpfad. Wir sind von Beginn an total falsch gelaufen. Um hierher zu kommen, hätten wir einen anderen Weg nehmen müssen und nicht gleich den Berg hoch. Voller Freude wandern wir weiter – auch diesmal wieder in die falsche Richtung. Unser Plan, direkt beim Hotel wieder anzukommen, geht leider nicht auf. Mir ist das mittlerweile total egal, ich habe Araukarien von oben und unten gesehen, einen Vulkan fast umrundet, Geröllhalden entjungfert, und mir tun die Knie weh. Und zwar wie. Zuerst habe ich mich gefreut, als es wieder bergab ging. Die Freude war aber nur von kurzer Dauer. Der Anstieg war zwar anstrengend, aber nicht halb so schmerzhaft. Bin eben keine 25 mehr, abgesehen davon, dass ich auch früher nach dem Motto gelebt habe: Berge von unten, Kirchen von außen und Kneipen von innen. Als wir dann wirklich nur noch einen Stacheldrahtzaun und eine feuchte Wiese überqueren müssen, um den rettenden Asphalt zu erreichen, bin ich zufrieden mit mir und dem Tag. Geschafft. Sergio auch, so wie er aussieht.

SCHWEIZER WEINE IN CHILLÁN
Auf der Panamericana nach Norden

Es fällt fast schwer, wieder auf die Autobahn zurückzufahren und der Region Adieu zu sagen. Allein im Umkreis von 50 Kilometern (Luftlinie) wären noch mindestens zwei sehenswerte Parks mit dazugehörigen Lagunen, Vulkanen und Araukarienwäldern zu sehen gewesen. Auf der westlichen Seite der Ruta 5 weitere Parks mit Blick aufs Meer und so weiter. Wenn wir uns hier annähernd alles, was die Natur geschaffen (oder zerstört) hat, ansehen wollten, sind wir die nächsten fünf Jahre noch unterwegs und eröffnen irgendwann auch eine Pension oder ein Café Freiburg. Das möchte ich unbedingt verhindern und verfahre nach dem Motto: Wenn's am schönsten ist, soll man gehen. Auf Feten habe ich das nie geschafft. Da ich momentan aber nüchtern bin, geht es einigermaßen, und Paco hat bald wieder Asphalt unter den Reifen.

Die Lebensader des Landes, die Ruta 5 und Teil der Panamericana, die sich von Halifax bis Ushuaia zieht, ist theoretisch Autobahn. Praktisch auch. Jeweils zwei Spuren in eine Richtung erlauben es dem Fahrer, sich mit bis zu 120 Stundenkilometern fortzubewegen. Schilder an den Einfahrten zur R 5 zeigen an, dass Fußgänger, Ochsenkarren und Fahrradfahrer keinen Zutritt haben. Der Teil ist Theorie. Man findet nämlich am Straßenrand so ziemlich alles, was sich bewegt und/oder was man verkaufen kann. Die Ruta verwandelt sich streckenweise in einen Markt. Obststände, Weinverkauf, Gemüse, Körbe, eingemachter Pfirsich, Marmeladen, Hot Dogs (hier: completos), Avocados (3 Kilo zu einsfuffzig Euro!), Kekse. Die Liste ließe sich endlos weiterführen, hat doch jede Region andere Spezialitäten. Nahezu alle Stände befinden sich direkt an der Straße, d.h. entweder gleich hinter oder auf dem Seitenstreifen. Dort hält man dann, hofft, dass der nachrückende Verkehr einem nicht die Türe abfährt, kauft ein und fädelt sich zwischen die herandonnernden Lkws wieder ein. Noch spannender ist es für die Verkäufer. Diese sitzen oder stehen den ganzen Tag vor ihren Körben und warten auf Kundschaft. Ein bisschen wie Straßenstrich. Nur gefährlicher. Im Norden haben wir auf mehreren Kilometern weiß gekleidete Frauen gesehen, die mit kleinen Fähnchen oder weißen Bommeln auf sich aufmerksam machen. Ich kann jetzt schon sagen, der Halt lohnt nicht. Pappsüßer Keksteig, gefüllt mit noch süßerem *dulce de leche,* und zum Überfluss alles noch mit dick Puderzucker überzogen. Allein vom Anblick wird mir übel. Aber wir waren neugierig, was hier so hartnäckig feilgeboten wird, und die Kinder hauen's weg. War aber immer noch besser als die Zwergorangen voller Maden, die wir anderswo erstanden haben. Noch weiter nördlich reift Ziegenkäse am Straßenrand. Auf einer Teilstrecke kurz vor La Serena scheinen Zicklein besonders gut zu gedeihen. Den Autofahrern werden ganze Tiere entgegengehalten. Ich weiß nicht, wer auf die Idee kommt, auf seinem Weg zum Strand oder sonstwohin mal schnell anzuhalten und eine tote Ziege einzusacken. Das war wie gesagt im Norden, und so weit sind wir noch lange nicht.

Erster Zwischenstopp auf dem Weg dorthin ist auf einem Schweizer Weingut bei Chillán südlich von Santiago. Zwar sind die Schweizer nicht für ihre Weine berühmt – es sei denn, man fragt einen Schweizer –, ich wollte mir das trotzdem mal gerne ansehen. Das Gut liegt nett zwischen den Reben mit Gästehaus, Pool und Restaurant, und wir sind die einzigen Gäste. Der Chef ist da und auch sein Kellermeister, der uns mit Freude seine Weine vorführt. Ich habe selten eine so sympathische und persönliche Weinprobe erlebt wie hier. Nachdem der chilenische Kellermeister warm geworden ist, springt er wie Rumpelstilzchen zwischen den kleinen Fässern aus französischer Eiche umher und lässt uns probieren. Malbec verschiedenster Jahrgänge, die gleiche Lage in unterschiedlichen Fässern mit unterschiedlicher Hefe. Davor natürlich die Weißweine, die hier besonders säurebetont ausgebaut werden. Der Sauvignon Blanc steht kurz vor der Abfüllung und schmeckt direkt aus dem Stahltank sagenhaft spritzig-frisch. Eine Wohltat im Vergleich zu den oft im Holzfass ausgebauten chilenischen Weißen. Als wir ins Restaurant kommen – wir sind immer noch die einzigen Gäste, und das sollte auch so bleiben –, bin ich schon platt. Aber wir sind ja schließlich nicht zum Vergnügen hier. Wie die Weine ist auch das Essen formidabel, und ich komme mit dem Patron ins Gespräch. Zu meinem Erstaunen kommt der Schweizer Chef gar nicht aus dem Weinbau, sondern ist Milchbauer. Ein Freund hat ihn überredet, Wein in Chile anzubauen. Die Partnerschaft ging in die Brüche, er blieb und hat nun ein schmuckes Weingut und ein ebensolches Weib, wie ich finde. Um das Fachliche kümmert sich der nette Kellermeister, die Organisation ist schweizerisch. Scheint gut zu funktionieren. Vielleicht ist das auch der Grund, weshalb die Weine so gut schmecken. Daheim mache ich nämlich meistens einen Bogen um eidgenössische Weinflaschen. Und das nicht nur wegen der Preise. Die französische Schweiz und das Tessin haben diesbezüglich zwar einiges zu bieten, die Deutsch-Schweizer Produkte bestechen eher durch ihre Preisgestaltung. Wahrscheinlich tue ich jetzt vielen Schweizer Winzern unrecht, aber das ist mir egal. Ich bin in sieben Jahren, die ich in Zug und Basel arbeiten durfte, zu oft gezwungen worden, Schweizer Weine zu trinken. Beim „Aperò". Meistens Riesling x Silvaner (bei uns Müller-Thurgau) oder Fendant (Gutedel) oder – ganz schlimm – Blauburgunder (alias Spätburgunder) aus Flaschen mit Schraubverschluss, aber zu Preisen wie eine hundert Jahre alte Doppelmagnum aus dem Burgund.

TRISTESSE & TRAUMTIERWELT
Die Küstenstraße bis La Serena

Über Santiago geht es immer weiter gen Norden. Ziel ist Punta Choros bei La Serena. Als wir – noch gut 350 km südlich von Punta Choros – in Pichidangui halten, um eine Mittagspause zu machen, wird uns schnell klar, dass wir im Hochsommer angekommen sind. Heiß. Strand. Meer. Wellen. Fisch. Wir bleiben. Hauen uns an den Strand. Lustigerweise ist das gleiche Phänomen zu beobachten wie an „heimischen" Stränden. Die Angst vor dem Alleinsein. Obwohl locker fünf Kilometer Sandbucht zur Verfügung stehen, rammt jeder – aber auch wirklich jeder, d.h. auch wir – seinen Sonnenschirm auf den ersten hundert Metern in den Boden. Wir haben zwar keinen Sonnenschirm, sind aber stolze Besitzer einer Jako-o Strandmuschel und zu faul, auch nur einen Schritt zu viel zu gehen. Zu unserer Verteidigung muss ich aber sagen, dass wir erstens zu Beginn wirklich nur eine Mittagspause machen wollten und wir zweitens nicht wussten, was nach der Siesta auf uns zukommen würde. Als ginge es darum, einen Flecken Erde unter schwitzenden Leibern, geschmacklosen Strandtüchern und Schwimmhilfen verschwinden zu lassen. Nach einer Stunde Playa kann ich mich wirklich nicht auf dem Handtuch umdrehen, ohne einer Chilenin in den Arm zu rollen. Da Pichidangui nicht der Ferienort der Jungen, Reichen und Schönen ist, macht das allerdings keinen Spaß. Klara und Thilo ist es egal, sie spielen ganz prächtig am Wasser. Dort hat man sie noch gut im Blick, denn das Wasser im Pazifik ist so kalt, dass sich in den Fluten recht wenig abspielt. Zumindest im Vergleich zum direkten Hinterland. Einmal verlieren wir Thilo fast. Er irrt verloren über die Handtücher, wird aber schnell zurückgebracht. Wenn er nicht blond, sondern schwarzhaarig wäre, hätten wir ihn wohl nie wiedergesehen.

Nach zwei weiteren Tagen Fahrt durch die Halbwüste, d.h.
endloser Strecke mit trockenen Hügeln und Kakteen, geht es
ca. 60 km nördlich von La Serena links ab. Klara, Thilo und
Diana schlafen trotz Piste weiter, und ich genieße die Fahrt.
Von der Ruta 5 bis Punta Choros sind es nur 40 Kilometer,
aber die ziehen sich. Hügel rauf und wieder runter, dann längere Strecke Sandpiste, ein kleiner Ort und dann nur noch
Sandpiste. Am Ende das Einfallstor in den Nationalpark Pin-
guinera Humboldt. Am Campingplatz in Pichidangui hatten
wir den Tipp bekommen, nach Pituto zu fragen, einem einheimischen Fremdenführer. „Der ist am Hafen", wird uns versichert, und dort finden wir ihn auch. Wie erhoffen uns Informationen, was man hier so erkunden kann, und wollen möglichst am nächsten Tag mit ihm zu den Inseln. Hier läuft es allerdings anders als in anderen Nationalparks, wo sich verschiedene Führer und Veranstalter um die Touristen bemühen.
Punta Choros ist sozialistisches Fischerparadies – oder gleich-
förmige Fischertristesse, je nach Blickwinkel. Es gibt eine
Einheitstour. Morgens um neun geht's los. Wenn ein Boot mit
zwölf Passagieren voll ist, wartet das nächste, bis wieder ein
Dutzend Touristen beisammen sind und so weiter. Einheits-
preis, Handeln zwecklos. Weitere Ausflüge, private oder alternative Touren: Fehlanzeige. Man kann sich noch an den
Strand legen. Das machen wir dann auch. Der Strand ist überschaubar, blendend weißer Sand an Steilküste, direkt unter einem Parkplatz. Dort lassen wir alles erst mal sacken und beschließen, auch den nächsten Tag noch faul am Strand zu verbringen. Wir wollten hier eigentlich gleich ein paar Tage bleiben,
aber wenn man nur die dreistündige Fahrt zu den Inseln buchen
kann, werden es wohl weniger. Macht nichts, der Strand war die
Reise wert, der Park hoffentlich auch, wenn es das Örtchen
schon nicht ist.

Punta Choros besteht aus einigen wenigen Behausungen für die Bewohner, ein paar *cabañas*[21], Hostals, überteuerten Campingplätzen und wenig einladenden Speisewirtschaften. Für eine barähnliche Schankwirtschaft, von der man an der wirklich schönen Küste den traumhaften Sonnenuntergang genießen könnte, hat die Fantasie nicht gereicht. Der Tourismus hätte eindeutig Potential, bis das aber gehoben wird (wenn überhaupt), können wir nicht warten. Also nehmen wir, was es gibt, und tschüs. Am nächsten Tag wissen wir, warum sich hier niemand anstrengen muss, um die Touristen zu halten. Das erledigt die Tierwelt auf den Inseln und drumherum. Wir sind kaum losgeschippert, schlägt der Steuermann schon Alarm. Delfine. Und dann noch mehr Delfine. Irgendetwas mir Unerklärliches haben diese Tiere. Man freut sich einfach, wenn man sie sieht. Hätte der Mann gerufen „Dorsche" oder „Zackenbarsche", wir hätten uns wohl kaum gleichermaßen verrenkt und angestrengt aufs Meer gestarrt, um einen Blick zu erhaschen. Aber ein Rudel (oder heißt es Herde?) Delfine anmutig durch die Wellen gleiten zu sehen, ist schon etwas ganz Besonderes. Fast scheint es, sie spielten mit uns. Kommen näher, schwimmen unter dem Boot durch. Flutschen wieder weg. Dann kommen neue Paare angeflitzt. Ein tolles Schauspiel. Ich glaube, wir hätten die Tiere den ganzen Tag beobachten können, ohne dass auch nur einem Insassen des Bootes langweilig geworden wäre. Höchstens der Film verknipst bzw. die Speicherkarte voll.

Die Delfine sind immer hier, mal mehr oder weniger gut zu sehen, aber meistens eben doch. Es handelt sich um eine sesshafte Kolonie von etwa 70 Tieren. Manchmal noch aufgestockt durch Besuchsdelfine vom offenen Meer. Dieses Erlebnis hätte schon gereicht, um den Tag rund zu machen, aber es geht weiter. Zu-

---

21 spanisch für: Hütte, Ferienhäuschen

nächst auf eine Insel mit einem schönen Strand (noch einer). Ein Naturschutzinselchen, das man in 30 Minuten erlaufen hat und auf dem man Möwenexkremente und natürlich auch die dazugehörigen Möwen findet. Mäßig spannend, zumal wir wegen grauen Wetters heute mal nicht baden. Von hier tuckern wir, leider ohne nochmals Delfine zu Gesicht zu bekommen, zur Hauptinsel, der Isla Damas. Die dort lebenden Humboldt-Pinguine sind die Namensgeber des Parks. Der hätte aber genauso gut Kormoran-, Pelikan-, Tölpel- oder Seelöwenpark heißen können. Was wir an Vogelwelt in einer knappen Dreiviertelstunde zu Gesicht bekommen, geht auf keine Kuhhaut. Wir kommen ganz nahe an die Felseninseln heran, an denen schwarze Pelikane mit bunten Schnäbeln dicht an dicht stehen mit stolzen Kormoranen. Alte wie flauschig-weiße Jungvögel, dazwischen ein verirrter Pinguin, Fischotter plantschen vergnügt (könnte aber auch ein anderes otterähnliches Tier gewesen sein, bin schließlich kein Ornithologe). Kurz vor Schluss kommen wir dann noch zu einer Seelöwenkolonie. Ich bin diesen Tieren noch nie so auf die Pelle gerückt. Fast hätte man deren Köpfe tätscheln können. Auf die Idee ist aber zum Glück niemand gekommen. Süße Glubschaugentiere neben faulen riesenhaften Männchen mit ihrem Harem. Es riecht ranzig, aber das tun die Toiletten auf den hiesigen Campingplätzen auch. Und die sind nur halb so interessant. Leider ist allzu früh Schluss, denn der Fremdenführer muss bald seine nächste Schicht fahren, und wir sind platt von so viel Natur in so kurzer Zeit. Zurück im Hafen, bestehend aus einer Anlegestelle, zwölf Holzbooten und einer Toilette, bummeln wir noch zur *Cocineria*.

Eine Cocineria ist theoretisch eine feine Sache. Mehrere Kleinküchen, jeweils bekocht von Mama und ihrer Familie, teilen sich einen großen Speiseraum und was dazugehört. Wir hatten das auf der Isla Chiloé in Dalcahue kennengelernt. Dort hatten wir die Qual der Wahl. Man konnte in die Töpfe gucken und wählen zwischen diversen Eintöpfen, gegrilltem Lachs, Muschelgerichten, alles ein bisschen anders, alles bestimmt ganz lecker, wenn man Fisch- und Meeresfrüchte mag. Ich muss dazu in der Stimmung sein, und das bin ich heute. Also rein ins Vergnügen, denn es gibt mindestens neun Küchen in Punta Choros' Cocineria. Doch auch hier ist noch alles wie zu Allendes Zeiten. Sozialistischer Einheitsbrei. Alle bieten exakt das Gleiche an. Die Speisekarten sind zwar unterschiedlich gestaltet, aber darauf kommt es nun wirklich nicht an. Ich entscheide mich für die Bude gleich neben dem Eingang und will dort bestellen. Ein Mädchen erklärt mir, dass sie jetzt eigentlich dran sei. „Ich will aber das Essen von dort." „Es kostet aber genauso viel wie bei uns." „Mir kommt es aber nicht auf den Preis an, ich will gut essen." Derlei Argumente offensichtlich nicht gewohnt, trollt sich die Dunkeläugige endlich, und wir können – schon leicht genervt – in unserer Wunschküche bestellen. Was dann kommt, ist chilenische Küche vom Feinsten. Und das will nicht viel heißen. Fisch mit labbrigen Pommes, Reis ohne alles und Ensalada à la Chilena (der obligate Tomatensalat mit Zwiebeln, Essig, Öl).

Wenn man nicht an der Küste ist, gibt es das gleiche mit Fleisch, dazu vielleicht *humitas*, im Maisblatt gegarter Maisbrei (wenn man Pech hat, ungesalzen). Nur echt mit dem Tomaten-/Zwiebelteller, damit es überhaupt nach was schmeckt. Wer richtig tief in die chilenische Küche eindringen will, bestellt Empanadas. Da sich Teigtaschen nicht wehren können, werden diese mit allem gefüllt, was nicht schnell genug aus dem Netz kommt. Es gibt Käse-Krebs, Käse-Königskrabbe, Käse-Jakobsmuschel, Käse-Frutti de Mare und natürlich Fleisch. In Mañihuales waren die Fleischtäschchen ein Gedicht, aber hier verkneife ich mir das. In einer Gegend, in der Zicklein am Straßenrand verkauft werden, wo es keine Kühe gibt, dafür aber viel Fisch, den keiner zubereiten kann, muss ich keinen Selbstversuch starten. Auf meiner Wanderung mit Sergio um den Vulkan Lonquimay habe ich mich lange über die chilenische Küche unterhalten, und er gab mir recht. Die Kapriolen der Natur in diesem Land stehen im umgekehrten Verhältnis zum Einfallsreichtum seiner Einwohner. Das betrifft insbesondere die Küche. Chile hat in vier Klimazonen an Obst und Früchten, mit seinem Meer, den Wäldern und Bergen, den saftigen Wiesen im Süden und den Weinbergen in der Mitte einfach alles, was man sich vorstellen kann. Die Marmeladenmacher von Zentis kaufen in Chile tiefgekühlte Früchte für ihren Brotaufstrich, und Neuseeland importiert chilenische Milch. Und was kommt im Land selbst dabei raus: Fleisch mit Pommes oder Fisch mit Reis. C´est tout. Wer hier anständig essen will, geht in ein peruanisches Restaurant, vertilgt deutsche Wurstwaren oder importiert Käse aus Frankreich. Ein Carpaccio vom Huemul[22] mit Araukarienöl wäre doch mal was. Oder einfach nur ein Avocado-Krabben-Gallette mit getrockneten Tomaten. Gegrillter Ziegenkäse an Zitrusfrüchtekonfit mit Piscoessenz. Es ist sooo einfach. Ich glaube aber, mich über dies Thema schon einmal ausgelassen zu haben, und möchte nicht langweilen. Es beschäftigt mich nichtsdestotrotz. Ich kann beim Anblick einer chilenischen (oder auch argentinischen) Speisekarte nach nunmehr über vier Monaten in der Diaspora nun einmal nicht anders, als mit Wehmut an Europas kulinarische Vielfalt zu denken. Belgische Frittenbuden oder mitteldeutsche Broilerbratereien sind Tempel guten Geschmacks im Vergleich zu den Küchen dies- wie jenseits der Anden. Wenigstens sind die Weine in Ordnung, sonst würde ich es hier – Gletscher hin, Delfin her – nicht so lange aushalten.

---

22 patagonisches Winzreh

BEI DEN HIPPIES IM ELQUI-TAL
Von La Serena zurück in die Hauptstadt

Der Pinguin-Park bei La Serena ist der nördlichste Punkt, den wir mit Paco in Chile anfahren. Von hier geht es wieder zurück nach Santiago. Und von dort per Flugzeug in die Atacamawüste. Wenn man schon in Chile ist und Zeit hat, sollte man sich die trockenste Wüste der Welt auf gar keinen Fall entgehen lassen. Wir haben uns allerdings entschlossen, den Weg dorthin nicht selbst zu fahren, sondern werden uns fliegen lassen. Die Strecke ist lang – etwa 1.500 km noch von La Serena –, es gibt nicht allzu viel, was einen längeren Halt lohnen würde, und es ist heiß. Kommt hinzu, dass ich es Paco nicht zutraue, den Paso de Jama bei San Pedro de Atacama mit 4.700 Höhenmetern nach Argentinien zu schaffen. Er schnauft bei jeder Steigung schon arg, und der Motor wird sehr schnell sehr heiß. Das muss sich noch jemand anschauen, der etwas davon versteht. Ohne Klimaanlage dürfte es in unserer Wohnkabine auch unangenehm heiß werden, und das alles wollen wir Klara, Thilo und auch uns nicht antun. Also haben wir unsere Pläne wieder einmal leicht modifiziert und schon in Valdivia einen Flug gebucht. Wenig später das All-inclusive-Paket einer kleinen Lodge unter tschechischer Führung, die man uns in einer Pizzeria in Puerto Natales empfohlen hat. Aber dazu kommen wir noch. Jetzt schrauben wir uns erst mal das Elqui-Tal nach oben. Paco wird wieder heiß, aber wir schaffen es trotzdem gut von La Serena nach Vicuña. Es ist schön zu sehen, wie der Fluss Elqui das enge Tal und die Berghänge rechts und links belebt und begrünt. Obstplantagen (viel Papaya) reihen sich an Weinreben, darüber die kargen Hänge der Anden – warme Erdtöne –, gekrönt vom strahlenden Blau des Himmels. Die Luft ist klar, die Farben intensiv. Mich wundert nicht, dass dieses Tal neben Landwirten auch viele Esoteriker, Yogis, Hippies und

Touristen anzieht. Es strahlt etwas aus, was schwer zu beschreiben ist. Wir fühlen uns wohl. Ob das wirklich an der Strahlung der Hohlwelten liegt, deren Zugang sich im Elqui-Tal befinden soll (mit Durchgang zum Himalaya), wie einige glauben, oder daran, dass es hier einfach nur schön ist, wissen wir nicht. Ich meine letzteres. Aber auch die Hohlwelten sind Fakt. Als ich das erste Mal vor vielen Jahren mit meinem Freund Hase hier war und wir uns von einer Tour im Altiplano und der Atacamawüste erholten, hat er den Eingang zu den Hohlwelten entdeckt. Frühmorgens und nach einer Nacht mit reichlich Pisco Sour stapfte er alleine die Berge hoch und kam beglückt wieder zurück. Er habe den Eingang gefunden und markiert. Es gibt Fotos. Aber das ist eine andere Geschichte.

Wir fahren jetzt erst mal in Vicuña ein. Auf der Suche nach einem Standplatz umkurven wir den Hauptplatz des kleinen Städtchens mindestens ein Dutzend Mal. Es ist Markt und dementsprechend voll. Aber wir wollen erstens unbedingt auf diesen Markt, und zweitens sind die Gassen um den Platz zu schmal, um dort zu stehen. An den Stadtrand wollen wir nicht. Wenn wir schon in Orten „wild" übernachten, suchen wir uns immer einen prominenten Platz aus. Dort herrscht Trubel, sind Restaurants, immer auch Polizei, es ist beleuchtet, und wir fühlen uns deutlich sicherer als in irgendeiner dunklen Ecke.

Nach unseren Erfahrungen mit Kunsthandwerker- und anderen Märkten der Region staunen wir nicht schlecht. Gerade gestern hat mir Diana ihr Leid geklagt, dass sie auf der ganzen Reise nicht viele nette Sachen gesehen hätte, die sie Freunden und Familie mitbringen könne. Das ändert sich nun schlagartig. Die Auswahl an Schmuck ist groß und lässt sich sehen. Auch geschmackvolle Sachen – soweit ich das beurteilen kann – sind dabei. Es gibt Trockenfrüchte, selbstgemachte Seifen und Düfte, Salben, selbstgehäkelte Mobiles, und ein Akupunkteur möchte auch etwas verdienen. Das Geschäft läuft aber nicht so gut, und ich sehe den ganzen Abend und auch den nächsten Tag nur Leute, die interessiert stehenbleiben. Aber niemand lässt sich behandeln. Der Herr bietet *abipunctura* an. Das ist Akupunktur mit lebenden Bienen. Alles könne er damit heilen, erzählt er und zeigt auf ein großes Einmachglas voll mit gefangenen Bienen. „Tut das denn nicht weh?", will ich wissen. „Nein. Überhaupt nicht. Bienenstiche tun weh, wenn man sie sich versehentlich zuzieht, die Biene den Stachel verliert und ihr ganzes Gift ausstößt. Ich kann das Gift aber dosieren, piekst nur ein bisschen." Hört sich plausibel an. Da ich allerdings keine unheilbare Krankheit habe, die mir bekannt ist, bedanke ich mich höflich für die Auskunft und gehe wieder zurück zum Wagen.

30 Kilometer und etliche Steigungen später sind wir dann in Pisco Elqui. Diesen Ort zeichnen gleich mehrere Sachen aus. Erstens: Hase und ich waren schon einmal hier, wir wandern also auf den Spuren berühmter Abenteurer. Zweitens: Es handelt sich um das touristische Zentrum der Gegend und – am wichtigsten – es beherbergt eine der größten Pisco-Brennereien Chiles, und die älteste Pisco-Fabrik überhaupt ist gleich in der Nachbarschaft. Das Dorf hat sich wenig gewandelt in den letzten 10 – 12 Jahren. Es ist noch gemütlich, übriggebliebene Hippies verkaufen immer noch Kaktusfeigen am Kirchplatz oder sammeln für ungefragtes Getrommel. Neu sind einige Bars und Restaurants, die Souvenirläden haben sich locker verdoppelt. Kann aber auch sein, dass ich mich damals nicht für solcherlei Geschäfte interessiert und sie daher nicht wahrgenommen habe. Heute begleite ich Diana in jede zweite Bude, um zu sehen, welcher Billigschmarrn aus Fernost als lokales Mitbringsel durchgeht. Manchmal ist aber auch was Nettes dabei. Das ist dann entweder zu groß, zu teuer oder darf mit Sicherheit nicht aus- oder nach Deutschland eingeführt werden. Die Pensionen haben an

Zahl und Qualität ebenso zugelegt, alles mit dem alten Charme, unaufdringlich, entspannt. Leider gilt diese Entwicklung nicht für die Campingplätze. Einer ist geschlossen, der andere indiskutabel und der dritte wirklich schöne Platz direkt am Fluss nur für Pkws zugänglich. Das „Tesoro del Elqui", eine Sammlung netter Cabañas in schönem Garten mit Pool, den ich von fruher kannte, ist ausgebucht. Die Stuttgarterin hat den Betrieb an zwei junge deutsche Mädels aus dem Norden weitergegeben, die Restaurant und Herberge liebevoll führen und vieles noch verbessert haben. Leider war für uns kein Platz mehr. Habe aber noch ein Foto der Cabaña gemacht, vor der Hase und ich – zurückblickend in fast noch jugendlicher Frische – uns Abend für Abend Pisco Sour eingestellt haben, als gäbe es kein Morgen mehr. Nach mehrstündiger Suche – der Ort ist fast vollständig ausgebucht – finden wir aber doch noch eine kleine Hütte in freundlicher Anlage, kirchplatznah und – zu dieser Jahreszeit ein Muss – mit Swimmingpool.

Die nächsten Tage bestehen darin, morgens aufzustehen, am Pool mit den Kindern zu spielen oder vor sich hinzudösen. Das schafft einen natürlich, also müssen wir eine ausgedehnte Siesta machen, der sich ein Bummel in das Zentrum anschließt. Diana lässt sich eine Klangkugelmassage verabreichen, ich probiere mich mit Klara und Thilo durch die örtliche Eisdiele, oder wir schauen dem Treiben auf dem Kirchplatz einfach nur zu. Abends wird gegrillt oder auswärts gegessen. Das machen wir fünf Tage am Stück. Endlich Urlaub.

Die einzige kulturelle Anstrengung ist die Besichtigung der Pisco-Brennerei. Zu Pisco und diesem Ort muss man Folgendes wissen. Pisco ist eine Art Grappa, gebrannt aus diversen Muskatellersorten, gelegentlich wird auch Pedro Ximenez beigefügt, eine Traube andalusischer Herkunft. Trockener als die Muskatellerrebe. Da der Wein, den diese Trauben ergeben, gerade bei dem örtlichen Klima einfach nur pappsüß wäre, wird er folgerichtig zu Schnaps verarbeitet. Den wiederum gibt es in diversen Ausführungen von ganz einfach (gut geeignet für Mischgetränke) über mehrmonatige bis hin zu mehrjähriger Fasslagerung. Das Ergebnis kommt dann an einen guten spanischen Brandy sehr nahe heran, an einen französischen Cognac sowieso. Die Brennprozedur erspare ich dem Leser, ich habe mir das auch nicht gemerkt. Viel interessanter ist, dass der Pisco ein Politikum zwischen Chile und dem benachbarten Peru darstellt. Beide Länder beanspruchen für sich, den einzigen wahren und echten Original-Pisco herzustellen, und nur der darf auch so genannt werden. Das jeweils andere Land stellt selbstverständlich nur eine billige Kopie und untrinkbare Plörre her. Über dieses Thema streiten sich zwei erwachsene Länder schon seit Jahrzehnten. Ein Ende ist nicht abzusehen. Fakt ist, dass der Ort Pisco Elqui früher La Unión hieß und vom chilenischen Präsidenten Videla 1930 umbenannt wurde, was den Markenanspruch deutlich erleichterte. Chile exportiert wesentlich mehr Pisco, meistens die Billigversion Capel, die vor Ort fünf Dollar kostet, in Deutschland aber für 20 Euro aufwärts über den Tresen geht. Peru wiederum tröpfelt Angostura Bitter in seinen Pisco Sour, ansonsten sind die Rezepte für das Mischgetränk identisch (Zucker, Schnaps, Limonensaft, Eiweiß). Aus eigener Erfahrung weiß ich, dass beide Versionen vorzüglich munden, daher ist mir herzlich egal, wer diesen Streit gewinnt, solange ich das Gesöff nur kriege.

Aber irgendwann ist auch der schönste Urlaub zu Ende. Wir haben Termine. Unser Flieger wartet nicht, und Santiago ist gute 500 Kilometer entfernt. Auf dem Weg dorthin nächtigen wir in einem Fischerdorf namens Guanaceros, machen wieder Pause in Pichindangui, das wir nur schweren Herzens verlassen, denn Klara hat wieder einmal eine Freundschaft geschlossen. Wir merken, dass der Kleinen die Freunde und der Kindergar-

174

ten fehlen, denn überall, wo wir auf andere Kinder treffen – und das ist leider selten –, ist sie und auch Thilo gleich dabei, Kontakte zu knüpfen. Es ist toll zu sehen, wie Kinder trotz Sprachbarriere überhaupt keine Hemmungen oder Probleme haben, auf andere zuzugehen. Egal ob es englische, chilenische, belgische oder französische Kinder sind. Die Kommunikation klappt immer. Es wird gespielt, gerannt, getobt, gelacht und am Ende meistens geweint. Entweder weil es wieder eine Trennung gibt und Klara weiß, dass man das Mädchen/den Jungen nie nie nie wiedersehen wird. Oder weil irgendwer irgendwen geknufft hat. Der Trennungsschmerz ist schnell wieder vergessen, denn wir freuen uns alle auf den Flug und mehrere Nächte in einem richtigen Bett. Zuvor stellen wir Paco in Santiago bei Mercedes unter. Die Bremsen sollen überprüft werden, vor allem will ich den Kühler durchleuchten lassen, da ich ja irgendwann einmal wieder über einen Andenpass muss und dort nicht keuchend hängen bleiben will. Außerdem geht die Rückfahrkamera nicht mehr, der Zigarettenanzünder ebenso wenig, und auch sonst sollen die Fachleute nach dem Rechten sehen. Ich vertraue darauf, dass dies unsere Reisekasse nicht sprengt, und wir ziehen aus unserem Wohnmobil zunächst für eine Nacht in das Happy House Hostel im Barrio Brasil.

Im Gegensatz zu den schicken Stadtteilen östlich des Zentrums von Santiago, beispielsweise Providencia oder Las Condes, kann man im Barrio Brasil Überbleibsel des alten Santiago sehen. Um die Plaza Brasil steht Bauhaus neben Villen aus der Gründerzeit, auf dem Platz Kunsthandwerkerkram und Büchermarkt, das Publikum studentisch und/oder links-alternativ, ein paar Bars und Restaurants sorgen für das leibliche Wohl. Mit anderen Worten: Hier kann man's aushalten. In unserem Hostal, das in einer großen Altbauvilla untergebracht ist, ebenfalls. Die beiden Doppelstockbetten sind zwar krumm und schief, und ich habe Angst, nachts einzustürzen, aber alles ist schön bunt. Die Gemeinschaftsräume sind großzügig, es gibt einen kleinen Pool, mehrere Aufenthaltsräume, Küche, Billardzimmer, die Ausstattung geht in Richtung Designhotel. Und zwar eines, das gut gemacht ist und zudem für einen sehr überschaubaren Preis. Wenn ich daran denke, was in Zürich schon für manch mieses Nullachtfuffzehn-Hotel verlangt wird, kommen mir die Tränen. Von solcherlei Rucksacktouristenherbergen sollte es in Europa mehr geben. Wer braucht schon fünf Sterne, Zimmerservice und Pay-TV. Eine nette Einrichtung, freundliches Personal und Platz zum Atmen sollten reichen. Meint man, ist aber selten zu bekommen. Stattdessen gibt es zu Hauf überteuerte Schuhkartons Marke einfach – nennt sich dann „Junior Suite". Mangelnde Kompetenz und Herzlichkeit der Angestellten wird mit Arroganz übertüncht, und um den lachhaft hohen Preis zu rechtfertigen, stehen irgendwo ungemütliche Sessel in schreienden Farben – oder es gibt gleich gar keine Sitzmöbel, und statt Rezeption fummelt ein Page dann stehend an einem Notebook – das ist dann modern. Auf dem Zimmer findet man die Lichtschalter erst am zweiten Tag, und man kann Kondome und den tollen lila Föhn des Hotels erstehen. Ich werde nie vergessen, wie ich einmal im W Hotel New York Lexington (das ist mitten in Manhattan) für schlappe 500 USD in ein Zimmer gepfercht wurde, das kaum größer war als mein schickes Rollköfferchen. Die Einrichtung zum Weglaufen billig, dafür aber in sich beißenden Farbtönen gehalten. Das Bad ein Spucknapf und im Aufzug Nutten. Auch die von der billigen Sorte. So manches sogenannte Businesshotel könnte sich eine Scheibe von dem gemütlichen Hostal in Santiago abschneiden und erst recht von der Lodge, in die wir einen Tag später einfliegen.

IM FLAMINGOPFUHL UND ANDERE NATURSPEKTAKEL
„Lodgieren" in der Atacamawüste

Marketa kommt aus der Tschechei und wartet schon auf uns. Wir haben Verspätung. Marketa gehört Atacama Adventure, ein kleines Hotel, eher Lodge, am Ortsrand von San Pedro de Atacama. Hotelfach hat sie in Deutschland und Griechenland gelernt, irgendwann verschlug es sie nach mehreren Reisen in die Wüste. Nach Jahren in diversen Luxusherbergen hat sie dann einfach selber versucht, etwas aufzubauen. Ich kann nur sagen: sehr gelungen. Das Hotel besteht aus einem Haupthaus mit 4 Zimmern, im Zentrum die Küche mit Platz zum Abhängen, darüber die Holzgalerie mit Lümmelkissen, gepflegter Garten und statt Pool ein riesiger in den Boden eingelassener Holzbottich mit Platz für mehrere Personen, auf Wunsch mit Blubber. Massageraum, eine kleine Zwei-Mann-Sauna stehen etwas verloren daneben. Es gibt also schlichtweg alles, was der gestresste Reisende braucht, wenn er nach mindestens 16 Stunden Flug von Europa nach Santiago, 2 Stunden Flug nach Norden in die Bergarbeiterstadt Calama und mindestens einer weiteren Stunde mit Bus oder Auto endlich in San Pedro de Atacama angekommen ist. Gut, wir hatten nur den kurzen Flug, und Marketa ist gerast wie ein Prager Taxifahrer, trotzdem sind auch wir beeindruckt. Am Horizont die Andenkette, der Vulkan Lincancabur mit über 5.000 Metern nicht zu übersehen, der alles überragende Blickfang. Licht und Farben intensiv, ähnlich wie im Elqui-Tal.

Hier dürfen wir es uns fünf Tage gutgehen lassen. Wir haben das Rundumsorglospaket gebucht. Das heißt Übernachtung, Vollpension und alle Ausflüge privat mit Führer. Ich hatte einfach keine Lust, die hundert Reiseveranstalter im Ort abzuklappern und dann im Kleinbus eingepfercht mal hierhin, mal dorthin kutschiert zu werden. Die Entscheidung hat sich eindeutig gelohnt, denn Temo, Marketas Lebensgefährte und unser Guide für die Tage, ist unendlich sympathisch, hat Klara und Thilo gleich ins Herz geschlossen und kennt die Gegend, wie sie nur jemand kennt, der wie er hier geboren ist. Wir merken das schon beim ersten Ausflug, der zum Sonnenuntergang ins Valle de la Luna führt. Er umschifft die „Touritrails", und wir können fast alleine durch Schluchten spazieren und die Kinder Salz von großen Felsen schlecken lassen. Ich glaube, das hat den beiden bei diesem Spaziergang am besten gefallen: Salzkristalle naschen und Sanddünen runterplumpsen. Diana und ich genießen wenig später mit mindestens fünfzig weiteren Wüstengästen den Sonnenuntergang. Kann man nicht beschreiben, muss man selber sehen. Deshalb versuche ich das jetzt auch gar nicht.

Schon vor über zehn Jahren war der Besuch dieses Tals einer der Höhepunkte der Chilereise. Die Düne, von der Hase und ich das Farbspektakel damals gesehen haben, ist heute für Touristen geschlossen, da es einfach zu viele geworden sind und die Parkverwaltung Angst um die Düne hat. Eigentlich Blödsinn, ist schließlich nur ein Haufen Sand, der sich auch ohne Besucher bewegt und verändert, aber es zeigt die Entwicklung in der Gegend. Wo man früher mit sich alleine war, ist heute kostenpflichtiger Park, und an den bekanntesten Stellen steht ein Kleinbus am anderen. Auch im Ort ist aus der gemütlichen Kneipe an der Plaza, wo höchstens mal ein Busch vorbeigeweht wurde, ein Rummelplatz mit drei Bars geworden. Aber der Ort lebt nun einmal vom Tourismus, und ich kann es keinem verdenken, der auch ein Scheibchen vom Kuchen abhaben will. Solange das Dorf seinen Charme behält – das ist der Fall – und die Umwelt nicht leidet – das ist wegen des Wasserverbrauchs der Massen allerdings fraglich –, soll's mir recht sein. Da ich schließlich auch hierhergekommen bin und gleich meine Familie mitgebracht habe, verkneife ich mir die typisch deutsche Meckerei. „Wie schön das hier doch ohne Touristen wäre und wie – ach so schrecklich – diese Entwicklung hin zum Massentourismus ist", sagt der Studienrat mit Sandalen am Fuß und in Funktionsklamotten, fliegt wieder zurück, um im Niedrigenergiehaus daheim wieder fleißig Müll zu trennen, Ökostrom zu verbrauchen und trotzdem permanent ein schlechtes Gewissen zu haben. Kann man so machen, muss man aber nicht. Die hiesigen Indianer fangen ja auch nicht an, Windräder in die Atacama zu stellen, um die Welt vor der Klimakatastrophe zu retten, sondern stellen eine Baracke an die Straße und nehmen den anderen etwas Geld ab. Das nennt man dann Fortschritt. Man muss das nicht mögen, die Zeit zurückdrehen kann man aber auch nicht.

Mit Hilfe von Temo umgehen wir am nächsten Tag die Rush-Hour an der Laguna Cejar, die nachmittags von Hunderten bebadet wird, vormittags nur von wenigen Dutzend. Die Laguna Cejar ist ein großes Wasserloch in der Salzkruste der Salzwüste. Wie ein Baggersee bei uns daheim, nur eben salzhaltiger. So salzhaltig, dass man wie im Toten Meer richtig schön auf dem Wasser schwebt. Untergehen nicht möglich, nur schwimmen und noch viel besser toter Mann spielen. Macht Diana und mir einen Heidenspaß, die Kinder haben leider einen Heidenrespekt vor dem Wasser, das wegen des Salzes auch ziemlich beißt. Glücklicherweise gibt es auch ein Schlammloch, und so kann ich mit Diana etwas länger schweben und salzige Küsse austauschen, während Temo Thilo immer wieder aus dem Salzschlamm zieht. Er findet es spaßig, die Füße im Schlamm versinken zu lassen und nicht wieder freizukommen. Klara assistiert lachend.

Neben dem Salzloch und den Tatio-Geysiren gehören die Salzlagune Xacar und das Valle de la Luna zum üblichen Standardprogramm der Touristen. Kann man durchaus in zwei Tagen schaffen, die meisten bleiben drei Tage. Wenn man eine neureiche polnische Familie ist, kann man auch für einen Tag in die

Atacamawüste jetten. Wir staunen nicht schlecht, als uns der Neuzugang in der Lodge beim Mittagessen erzählt, was sie so in den letzten zehn Tagen alles gemacht haben: Buenos Aires, Ushuaia, Perito-Moreno-Gletscher und El Chaltén, Santiago, Valparaíso, wieder Santiago, und jetzt sind sie für eine Nacht hier. Am Abend ins Valle de la Luna (leider hat das Wetter nicht mitgespielt) und morgens auf dem Weg zum Flughafen noch bei den Flamingos vorbeigucken, muss reichen. Denn dann haben sie noch weitere zehn Tage für – wieder – Santiago, dann Mendoza, die Iguazú-Wasserfälle und Rio de Janeiro. Wenn ich gewusst hätte, so was geht, wäre unsere Reise vielleicht anders ausgefallen, aber jetzt ist es eindeutig zu spät, und wir ziehen das durch. Die Familie wirkte allerdings auch nicht wirklich entspannt. Kein Wunder bei dem Pensum. Wir bleiben lieber unserem Motto treu, weniger ist manchmal mehr, und streichen Marketa einen Punkt, irgendwelche Thermen – kennen wir schon –, aus dem Programm. Wir gönnen uns stattdessen ein zweites Mal eine Massage. Wozu gibt es schließlich den Holzbottich- Erholungsbereich? Wenn wir nur im Auto sitzen, haben wir ja gar nichts von der schönen Anlage und unserem zweiten Erholungsurlaub in zwei Wochen. Ein paar Ausflüge gönnen wir uns in den fünf Tagen aber trotzdem.

Diana besucht die Tatio-Geysire im Morgengrauen bei leider schlechtem Wetter – von der Klimaerwärmung bekommen zumindest wir hier nichts mit, die Gegend wirkt auf mich eher grüner und frischer als vor knapp 10 Jahren – und ist begeistert. Auf über 4.000 Metern über dem Meeresspiegel zischt, blubbert und spritzt ein großes Geysirfeld sein Schwefelwasser in die Luft. Es riecht wie eine Streichholzschachtel. Man kann dies großartige Schauspiel aber nur frühmorgens erleben, da nur dann die Temperaturunterschiede hoch genug sind, die Geysire so richtig dampfen und spucken zu lassen. Daher musste Diana schon um

04:00 Uhr aus dem warmen Bettchen, während ich mich noch mal umdrehen konnte. Mein Ausflugstag beginnt erst nach unserem Frühstücksbuffet. Frische Säfte, frisches Obst, knusprige Croissants, selbstgemachte Marmelade, Müsli, freundlich kredenzt von der argentinischen Aushilfe, die sich nachher um Klara und Thilo kümmern darf.

Ich kann mit Temo auf'n Berg. Auch auf über 4.000 Meter. Für Temos Geländewagen keine Sache, die Straßen hier sind mittlerweile sowieso recht gut. Zumindest wenn es zu den Sehenswürdigkeiten geht. Und das sind Miscanti und Miñiques ohne Zweifel. Nach 110 km und schier endlosem Bergaufgeschlängel sehen wir sie, fast unvermittelt. Eine Bergkuppe, und plötzlich sind sie da: die Lagune Miscanti und der Vulkan Miñiques. Wieder ein Andenpanorama wie gemalt. Aber gemalt würde es einem keiner glauben. Einfach zu schön. Unter unseren Füßen die karge Wüstenflora, kleine bräunliche Grasbüschel im Sand, vor uns die tiefblaue Lagune, darüber die weißen Berge. Der Vulkan Miñiques ist nicht alleine hier und hat gleich noch ein paar Vulkankumpel mitgebracht, die sich um die Lagune gruppieren. Und diese ist auch nicht alleine, denn einen Hügel weiter lümmelt der nächste blaue See, damit sich die Vulkane auch schön spiegeln können. Als dann auch noch scheue Vicuñas auf der Bildfläche auftauchen und anfangen zu grasen, ist der Andenkitsch perfekt. Fehlt nur noch die Panflöte aus dem Off. Das aber wäre selbst für mich zu viel. Mir reicht die kreischende Andenmöwe vollkommen. Nach ein paar Schritten an die Lagune und ruhigen Minuten vor dieser fantastischen Kulisse falle ich ganz erschlagen von Eindrücken aber auch der dünnen und kalten Luft wieder in den Ledersitz neben Temo. Es geht zurück zur Lodge, wo hoffentlich die Kinder keinen Unsinn angerichtet haben.

Klara und Thilo sind heute, an Dianas und meinem Ausflugstag, nämlich beim Hotel geblieben, um Temos Hunde zu ärgern und sich mit den übrigen Gästen zu vergnügen. Da wäre zum Beispiel der brasilianische Starfotograf mit Assistent, der hier festhängt, weil Toyota es nicht schafft, einen Geländewagen in die Atacamawüste zu verfrachten. Die Fotografen nehmen es locker und genießen wie wir die Gegend sowie Vollpension. Besonders lecker sind die Maracuja-Piscos, die wir gemeinsam als Aperitif zu uns nehmen. Auch die restlichen Zimmer sind mit Brasilianern belegt, meistens kleine Gruppen von Mädels, deren Kerle lieber am Strand abhängen und saufen wollen, anstatt Ausflüge nach Nordchile zu unternehmen. Das hat zumindest Temo so gesagt. Ach ja, und außerdem seien die meisten brasilianischen Männer schwul. Auch ein Grund, warum so viele Brasilianerinnen alleine oder mit Geschlechtsgenossinnen reisen. Diese und andere Geschichten erzählt uns unser Reiseleiter auf dem Weg zu einer weiteren Attraktion der Gegend, der Lagune Xacar mit ihren Flamingos.

Schon die Fahrt dahin ist ein Erlebnis. Wir fahren mitten in die größte Salzpfanne der Atacama. Und wie die meisten Pfannen ist auch diese in der Mitte flach. Wie Ostfriesland, aber nicht grün, sondern weiß bzw. grau, grau-braun, braun-weiß, weiß-grau. Alles Salzkristalle, die hier an die Oberfläche drängen, ein riesiger Salzsumpf. Beste Gegend für die bemitleidenswerten Flamingos, die den ganzen Tag auf einem Bein im knöcheltiefen Wasser stehen, um sich Kleinstlebewesen durch die Nasenlöcher zu saugen. Wäre nichts für mich, aber die Flamingos – es gibt hier gleich drei Arten – scheint es nicht zu stören. Wahrscheinlich kennen sie nichts anderes. Zum Glück stört auch die Anwesenheit der Besucher der Lagune keinen der rosa Vögel. Wir kommen bis auf wenige Meter an sie heran – vielleicht zehn, vielleicht zwanzig stehen vor uns in einem ausgedehnten Wasserbecken mitten in der Salzpfanne – und kommen kaum wieder weg. Ich mochte Flamingos schon immer gerne leiden und freue mich, ihnen einmal außerhalb eines Zoos so nahe zu kommen. Besonders schön ist der sog. Chilenische Flamingo, in kräftigem rosa gehalten und mit einem besonders schön geschwungenen gelb-schwarzen Schnabel. Der James-Flamingo wirkt dagegen etwas mickrig und blass, wahrscheinlich deshalb der englische Name. Die Farbenpracht der Tiere wird noch unterstrichen durch die fade Landschaft, die aber jetzt zum Sonnenuntergang in ein tolles Licht getaucht wird. Weißgelb zur Sonne hin, grau-blau Richtung Anden, die in dunkle Wolken gehüllt sind (wir erwarten Regen), davor die schnüffelnden Vögel. Allerbest.

Den Kindern hat allerdings nicht so sehr die Natur imponiert, sondern die Hunde des Hotels und unser Reitausflug in und um San Pedro. Ich war mir zuerst nicht sicher, ob das eine gute Idee ist, ein Ausritt mit der Familie, zumal ich nicht reiten kann und großen Respekt vor den Tieren habe. Ich werde nicht vergessen, wie ich 1996 auf einem baskischen Bauernhof auf einem solchen Viech saß, das sich überhaupt nicht, aber auch wirklich gar nicht für mich interessiert hat. Während ich versucht habe, ein bisschen zu reiten, hat mein Untersatz in aller Seelenruhe Äpfel genascht, mal vom Boden, mal vom Baum. Meine Eltern und meine Schwester, die mit dabei waren, haben sich gekringelt vor Lachen, aber irgendwie habe ich es dann doch noch auf den rettenden Boden geschafft. Mit dieser Geschichte im Hinterkopf trete ich in den Reiterhof. Klara, Diana und ich bekommen je ein Pferd zugewiesen, Helme für die Kinder oder eine Einweisung, wie die Tiere zu bedienen sind: Fehlanzeige. Und ich darf auch noch Thilo vor mir im Sattel halten. Alles kein Problem, sagt unser Rittmeister, und los geht's, zuerst durch das Dorf und den Verkehr, dann ins Flussbett, später dann bergauf. Und welch Wunder, es klappt ganz hervorragend. Klara ist stolz wie Lumpi, dass sie ganz alleine auf einem richtigen Pferd sitzt und nicht wie sonst manchmal auf einem Pony, auch Thilo gefällt es. So schaukeln wir mehrere Stunden vor uns hin, teils richtig durch Dünen und durch viel Staub und Stein, wie sich das eben so gehört für eine Wüste. Die Kinder hat vor allem das „Tal der Dinosaurier" beeindruckt, karge rote Bergkuppen, die aussehen wir die schuppigen Rücken von Riesendrachen. Unser Führer und später auch Temo können den Kleinen glaubhaft versichern, dass man hier leise sein muss, um die schlafenden Dinos nicht aufzuwecken. Zumindest in Nähe dieser Felsformationen haben sich Klara und Thilo von ihrer besten Seite gezeigt.

Der andere Überraschungsausflug, den Marketa für uns geplant hatte – wir hatten nur die obengenannten Höhepunkte vorgeschlagen und haben die Programmgestaltung darüber hinaus freigegeben –, war eine Wanderung durch eine Kaktusschlucht. Temo hat Diana, Marketa und mich irgendwo abgeworfen und ist dann mit den Kleinen an das Ende der Route gefahren, um auf uns zu warten. Wandern ohne Kinder und vor allem mit Diana zusammen. Das hat es auf dieser Reise noch nicht gegeben. Bisher haben wir entweder alles zusammen unternommen, oder wie in El Chaltén und Malacahuello/Lonquimay nur einer von uns. Die Kinder wissen wir bei Temo in besten Händen. Ob er das überlebt, ist eine andere Frage, interessiert uns aber momentan nicht wirklich, da wir uns zu sehr auf das gemeinsame Abenteuer freuen. Nach zwei Stunden Marsch und Klettereinlagen durch eine Schlucht mit Flussbett, gesäumt von streckenweise riesigen Kandelaberkakteen, kommen wir am vereinbarten Zielort an. Temo ist bester Dinge, die Kinder sowieso. Sie konnten in Fluss und Sand spielen und wurden gut versorgt. Außer einmal Pipialarm keine besonderen Vorkommnisse. Das hören die Eltern gerne und wünschen sich noch mehr solcher Ausflüge, aber leider leider sind 5 Tage schnell um, und wir müssen Paco wieder abholen.

Von Santiago nach Valdivia

„Die Viskosekupplung ist kaputt, da können wir leider nichts machen. Das Ersatzteil gibt es in Chile nicht." – „Was ist kaputt?", frage ich nach. Ich kann die Teile eines Autos schon auf Deutsch nicht benennen. Auf Spanisch bin ich vollends verloren. Das mit der Viskosekupplung habe ich mittlerweile nachgeschlagen, vor Ort in Santiago verstehe ich nur so viel: Viscoso kaputt. Aha. Scheint ein Bestandteil des Kühlers zu sein, der sollte ja überprüft werden. Ersatzteil negativ. Man könnte zwar eines aus Deutschland einfliegen lassen, aber das dauert mindestens 15 Tage und kostet. Außerdem war zu viel Frostschutzmittel im Kühler, daher haben die Herren bei Mercedes die Kühlflüssigkeit ersetzt. Mit dieser Information bin ich genauso schlau wie vorher. Mich interessiert nämlich nicht wirklich, was kaputt ist oder wie lange Mercedes benötigt, um Ersatzteile um den Erdball zu fliegen, sondern einzig die Frage: Kommt Paco über den Pass. Ich wechsle also die Richtung des Gesprächs ins Unmechanische und werde beruhigt. Sollte klappen. Wenn ich langsam fahre. Durch die Absenkung des Frostschutzanteils im Kühlwasser sollte der Wagen sich nicht mehr so schnell erhitzen. Sollte. Ich frage nach, ob man das denn getestet hätte. Hat man. Ich löhne, und wir fahren mit etwas mulmigem Gefühl vom Hof. Paco hat nichts Ernstes, aber ob und wie wir die über 3.000 Meter Passhöhe nach Mendoza schaffen, ist weiter offen. Bis dahin haben wir aber noch ein bisschen Zeit, uns Santiago und die Umgebung anzusehen.

Das erste Mal in Santiago, 1998, war ich maßlos enttäuscht. Ich hatte eine quirlige südamerikanische Metropole erwartet. Kurz davor war ich mehrere Monate in Rio, ein paar Tage in Buenos Aires und dementsprechend verwöhnt. In beiden Städten kann man es – zumindest als Besucher – sehr gut aushalten, wobei mir

Buenos Aires deutlich mehr zusprach. In Rio Natur und Strände, in Buenos Aires europäische Kultur und schöne Menschen. Santiago war dann nur noch Metropole. Groß, laut, diesig und vollkommen veramerikanisiert. Statt buntem Treiben in der Innenstadt zubetonierte Fußgängerzone, Ramschläden neben Kentucky Fried Chicken, Burger King, McDonald und weiterem Abklatsch nordamerikanischer Fast-Food-Tristesse. Beim zweiten Besuch etwa vier Jahre später hat es mir nicht viel besser gefallen. Nur etwas. Und das lag an den Cafés con pierna. *Café con pierna* bedeutet Kaffee mit Beinen. Dahinter verbergen sich schummrige Lokale in bester Innenstadtlage, die tagsüber gerne von männlichen Geschäftsleuten besucht werden. Alles deutlich harmloser, als es klingt. Es gibt tatsächlich nur Kaffee und sonst nichts, außer wenig bekleideten chilenischen Damen, die den Kaffee servieren und sich dazwischen an Stangen räkeln, um vielleicht auch privat engagiert zu werden. Das nackte Fleisch lenkt vom miesen Kaffee ab und der Hektik vor der Tür. Ein ähnliches Konzept wie das amerikanische Hooters, wo besonders gut gebaute Damen in knappen T-Shirts Bier kredenzen.

Nun, den Teil Santiagos erspare ich Diana und den Kindern, wir konzentrieren uns auf die Sehenswürdigkeiten aus Stein. Irgendwie gefällt mir die Stadt deutlich besser als bei den letzten Besuchen. Das Zentrum ist zwar nicht schöner geworden, dennoch bleibt mein Auge an der ein oder anderen Altbaufassade hängen. Vielleicht liegt es daran, dass wir so lange überhaupt keine Stadt besichtigt haben. Der einstündige Spaziergang durch La Serena zählt nicht. Seit unserem Besuch im Barrio Brasil vor ein paar Wochen weiß ich, dass es noch ganze Stadtteile mit halbwegs geschlossener alter Bausubstanz gibt. Im Zentrum spazieren wir auf den Cerro Santa Lucia, ein parkähnlich angelegter Hügel mit gutem Blick über das Stadtzentrum – ganz nett –, und im Mercado Central ist es schön lebhaft. Unweit der Kathedrale befindet sich diese alte Markthalle, in deren Eingangsbereich frischer Fisch auf Abnehmer wartet, im Inneren ein Fischrestaurant am anderen, jeder Tisch besetzt. Die wenigen Chilenen bedienen die Brasilianer, die hier mit Bussen einfallen, die europäischen und die Touristen aus Amiland. Gitarrenspieler versuchen ein paar Centavos abzugreifen, Kellner schleppen lautstark Platten mit gegrilltem Fisch und (hoffentlich) frischen Muscheln zu den Gästen. Manche leisten sich eine der Seespinnen, *centollas*, die dann direkt am Tisch aufgebrochen und in mundgerechte Stücke zerteilt werden. Nur auszutzeln muss man die Spinnenbeine selber. Nicht das Richtige für uns. Wir bleiben bei weißem, nicht zu fischigem Fisch mit nicht zu fettigen Fritten, Fanta bzw. für Diana und mich einen gut gekühlten Rosé. Das nehmen wir auf der Galerie in einem Ecklokal ein. Hier haben wir den besten Blick auf das Treiben, und der Fisch von den Marktständen riecht nicht mehr so penetrant, ein Hauch von Bratfett und frischem Koriander legt sich dezent darüber. Touritrubel hin oder her, wenn man guten Fisch essen möchte, ist das hier eine hervorragende Adresse.

Etwas schicker wird es dann schon in Providencia und Las Condes, wo beeindruckende Villengegenden neben Bürotürmen und sehr amerikanischen „shopping-malls" stehen. Für jeden etwas dabei, und wenn man – wie ich dieses Mal – genauer hinsieht, erkennt man, dass die Stadt doch einiges zu bieten hat, sie drängt sich aber nicht so auf wie andere Metropolen. Die Chilenen selbst sind ja auch zurückhaltend im Gegensatz zu den oft etwas großspurig daherkommenden Nachbarn aus Argentinien. Kein Wunder, dass das auch auf die Hauptstadt ausstrahlt. Santiago, stelle ich bei meinem nun dritten Besuch fest, muss sich wahrlich nicht verstecken.

Das könnte meinetwegen aber Valparaíso durchaus. Schon der Name „Paradiestal" ist eine schamlose Übertreibung.

An dieser Stadt scheiden sich die Geister, die Meinungen könnten nicht geteilter sein. Für die polnische Familie aus der Atacama war es „das Beste, was sie je gesehen hatten", und wären gerne noch länger geblieben (weniger zerschossen als Warschau ist Valparaíso in der Tat). Für unsere amerikanisch-römisch-griechischen Freunde ein „Slum", in dem sie noch nicht mal angehalten haben. Ich kann es ihnen nicht verdenken. Sieht auf den ersten Blick wirklich so aus. Aber der Reihe nach. Zunächst die Fakten: Valparaíso ist eine Stadt am Meer mit Hafen. Einer der wichtigsten Häfen Südamerikas, bevor der Panamakanal eröffnet wurde und nicht mehr jeder Kutter um Kap Hoorn musste, danach erst in Valparaíso festmachen konnte. Die Stadt hat knapp 300.000 Einwohner, die sich entweder im sog. „El Plan", dem flachen Geschäftsviertel um den Hafen, oder auf 42 cerros, Hügeln, drängeln. Und diese Hügel, so meint zumindest die UNESCO, sind etwas ganz Besonderes und richtig sehenswert. Sonst wären sie wahrscheinlich kein UNESCO-Weltkulturerbe geworden. Wenn man mich fragt, bedeutet das, dass jede dahergelaufene Stadt, die ein heruntergekommenes Viertel hat, nur lange genug warten muss, bis „Künstler" in das Viertel ziehen, Farbe drüber, und fertig ist das Weltkulturerbe. Aber mich fragt ja niemand. Wenn Diana mich zum Beispiel gefragt hätte, ob ich wieder auf diese Hügel rauf will, hätte ich wahrscheinlich nein danke gesagt. Mich hat Valparaíso schon auf meiner Tour mit Jojo nicht überzeugt. Meine Erinnerungen umfassen einen Abend in einer Tanzbar, eine Havarie während einer Hafenrundfahrt auf der „Jenny" und die Tatsache, dass wir nachts um vier nur noch Straßenhunde, aber keine offene Kneipe gefunden haben. Grund genug, Valparaíso den Status als Hafenstadt abzuerkennen. Stattdessen gab es die Beförderung in den Rang eines Weltkulturerbes. Und das schauen wir uns, gemeinsam mit hunderten Kreuzfahrttouristen, die soeben gelandet sind, nun an. Wenn ich es mir recht überlege, ist der Ritterschlag dieses Hafenmolochs sicher einem kollusiven Zusammenwirken der Kreuzfahrtreedermafia mit der UNESCO zu verdanken. Sonst gäbe es nämlich zwischen Valdivia im Süden und den Galapagos-Inseln vor Ecuador keinen Hafen, an dem der Reeder vollgefressene Kreuzfahrer auskotzen und neue Opfer einladen könnte. Wir werden die Wahrheit wohl nie erfahren.

Wie dem auch sei, ich darf jetzt erst mal Diana und die Kleinen auf die Cerros begleiten. Das graue Geschäftsviertel Marke Paris-nach-dem-Krieg ignorieren wir und besteigen gleich eine der Sehenswürdigkeiten der Stadt. Das sind die Aufzüge. Die Hügel sind wirklich sehr steil und so ein Aufzug folglich eine feine Sache. Die Gefährte sind uralt, teilweise noch im 19. Jahrhundert erbaut, und fahren immer noch gegen ein geringes Entgelt den Berg hinauf. Strenggenommen sind es keine Aufzüge sondern eher kleine Zahnradbahnen. Es ist in der Tat nicht nur angenehm, die *ascencores* zu benutzen, sondern es macht auch Spaß, sich durch die alten Drehkreuze zu quetschen und in eine Anlage, die seit achtzehnhundertsowienoch bestens funktioniert. So etwas gibt es im Übrigen auch in Ascona. Und in Lissabon steht auch ein alter Aufzug, der vom Geschäftsviertel auf einen Altstadthügel führt. Auch in zig anderen Metropolen dürfte es noch uralte Zahnradbahnen als Beförderungsmittel geben, ganz zu schweigen von historischen Straßenbahnen (wieder Lissabon, bis vor kurzem Rio, San Francisco). Aber in keiner Stadt wird so ein Kult daraus gemacht wie in Valparaíso. Das wird erst recht unverständlich, wenn man dann endlich auf dem Hügel ist. Zugegeben, alte und schöne Bausubstanz, wohin man sieht, teilweise sogar renoviert. Ansonsten aber Rumgekritzel an jeder Ecke, euphemistisch: Graffiti, kennt man sonst nur aus deutschen Zuwandererhochburgen. Zwischen Altbau, Spraybild, Wellblechverschlag und Hundekot findet sich dann noch ein bisschen „Kunsthandwerk", Postkarten und sonstiges Tralala, welches keiner braucht. Interessant lediglich der Stand mit Magnetaufklebern der besten Graffitis der Stadt. Meistens Sinnsprüche von Leuten, die gerne die Welt retten würden, aber gerade noch eine Spraydose halten können.

Wir kaufen ein Vollkornbrot, besichtigen die deutsche evangelische Kirche auf einem Hügel und genießen die Aussicht auf die anderen 41. Aus der Ferne sehen sie wirklich aus wie brasilianische Favelas. Haus an Haus geklatscht, bunt bemalt, dazwischen mal ein Kirchturm. Wirklich malerisch. Ich fand das auch in Rio schön. Besonders abends auf das Lichtermeer der Slums zu sehen, die sich die Hügel hochzogen. Tagsüber sah das dann nicht mehr so nett aus. Der Vergleich mit Rio hinkt natürlich, da es sich auf den Hügeln Valdivias nicht um Favelas handelt, sondern um ausgewachsene Stadtviertel, manche mit dem Prunk der Vor-Panama-Kanal-Zeit. Trotzdem würde ich jetzt gerne einen Weltkulturerbeberg gegen einen der Strände in Rio tauschen, egal ob Copacabana, Ipanema oder Botafogo. Von dort kann ich schön auf richtige Favelas raufgucken, hier muss ich auf Phantomslums runtersehen. Bin heilfroh, als wir wieder einen Aufzug finden, der nach unten fährt. Diana könnte hier noch stundenlang bummeln. Sie schwärmt von den schmalen Gassen mit dem weiten Blick über den Hafen, über die Stadt, wie sie die Hügel hochwächst. Die Spraybilder sind für sie Gemälde, sie findet gerade die Mischung aus alten Bauten, liebevoll gestalteten Cafés und künstlerischer Überpinselung des Verfallenen so interessant und überraschend. Es ist das erste Mal, dass unsere Meinung über eine Stadt so weit auseinandergeht. Deckt sich mit unserer Befragung von ehemaligen Valparaíso-Touristen. Ich hatte allerdings auch meinen schlechten Tag an diesem Sonntag und hätte mich wohl auch in Florenz an den kitschigen Brunnendekorationen und dem Taubendreck gestoßen. Schon wegen der unterschiedlichen Wirkung dieser Stadt auf viele kann ich jedem empfehlen, der auf dieser Höhe am Pazifik landet, mal einen Bummel durch Valparaíso zu machen. Letztendlich findet hier jeder, was er sucht. Und das wäre dann schon wieder wie im Paradies.

REISEMÜDE
An der Küste bei Viña del Mar

Wir stehen im Stau. Das erste Mal seit über vier Monaten. Vermisst habe ich das nicht. Wir sind kaum aus Valparaíso raus, nach Viña del Mar eingefahren und stecken schon an der Küstenstraße fest. Es ist Hauptsaison, ein Sonntag im Februar, und jeder Chilene, der etwas auf sich hält, ist jetzt an der Küste bei Viña del Mar. Das ist die hübsche Schwester von Valparaíso. Die Städte wachsen fast zusammen und könnten wohl unterschiedlicher nicht sein. Dort das schmuddelige Weltkulturerbe mit altem Hafen, hier ein aufstrebender Ort mit Strandpromenade. Warum alle von „Viña" und den sich anschließenden Seebädern wie beispielsweise Reñaca schwärmen, erfahren wir nicht. Wir sind auf der Suche nach einem netten Platz für eine Nacht oder vielleicht ein bis zwei Tage in Strandnähe. Einen kleinen Fischerort oder ein gemütliches Seebad stellen wir uns vor. Sollte eigentlich kein Problem sein. Eigentlich.

Wir hätten nicht weiter daneben liegen können. Das Einzige, was es in dieser Gegend nachweislich gibt, sind Strand – kann man fast die ganze Zeit von der Straße aus sehen – und Chilenen. Diese befinden sich vor und hinter uns in Autos. Wahrscheinlich auch alle auf der Suche nach einem schönen Küstenstreifen. Denn hier gibt es keinen. Stattdessen zugebautes Gelände, hie eine Düne, da eine schicke Raffinerie. Und staubige Orte. In einem fahre ich am Kreisverkehr fälschlicherweise aus dem Stau heraus. Muss wenden und mich wieder in die Kolonne einfädeln. Die Stimmung steigt. Klara und Thilo wollen an den Strand, Diana wäre gerne noch länger in Valparaíso geblieben, und ich wäre jetzt gerne alleine in meinem Büro. Hilft aber nichts. Wir müssen hier durch. Wenn sich auf den nächsten Kilometern nichts findet, was einen Halt lohnt, fahren wir eben nach

El Horcón. Soll ein ehemaliges Hippiestrandnest und Fischerdorf an der Küste sein.

Natürlich findet sich nichts, also immer weiter geradeaus. Am Strand in El Horcón ist dann Schluss. Um hierher zu kommen, sind wir eine enge und steile Straße durch den Ort gefahren, gesäumt von unspektakulären Herbergen, noch langweiligeren Läden, billigen Restaurants und natürlich Unmengen von Staub und Urlaubern, von denen ich nicht weiß, was die hier machen. Sie selbst wahrscheinlich auch nicht. Der Strand ist schmutzig und klein, es ist eng, überall rangieren Autos, die wohl ebenso weg wollen. Ins Wasser kann man am Pazifik auch nicht, ohne sich Erfrierungen zu holen. Überhaupt bietet die chilenische Küste nur drei Beschäftigungen im Wasser: Erfrieren, von Mörderwellen an Klippen geschleudert zu werden oder als menschliche Robbe mit Neoprenfell auf ebendiesen Wellen reiten. In Horcón bleibt nur das Frieren. Hippie oder alternativ ist hier gleich gar nichts, und wenn sich mal ein Langhaariger hierher verirrt haben sollte, muss das ganz lange her gewesen sein. Oder er war schwer bekifft. Oder beides.

Mit Ach und Krach können wir am Strand zwischen parkenden Autos und Fischkuttern wenden. Wieder zurück. Mittlerweile ist später Nachmittag, und so langsam sollten wir uns um ein Plätzchen für die Nacht kümmern. Glücklicherweise taucht bald ein Schild auf: Nacktbadestrand. Da fahren wir jetzt hin.

Etwa zwölf sandige Pistenkilometer weiter tut sich dann endlich ein Parkplatz auf. Der Parkplatzwächter ist angezogen, stelle ich erleichtert fest. Wir müssen uns also nicht gleich nackig machen. Es ist ruhig, Übernachten am Parkplatz kein Problem, und der Strand ist in der Nähe. Ein bisschen mühsam zu erreichen an der Steilküste, aber wer in Chile nackt baden will, muss eben mehr tun, als nur an den nächsten Baggersee zu fahren. Das Land ist immer noch schwer katholisch. Selbst zweijährige Mädchen tragen hier Bikini, alles andere ist wohl unschicklich. Als wir dann endlich im Sand hocken und auf das Wasser schauen, bin ich froh, dass es bald Abend wird. War wirklich nicht mein Tag heute. Ich glaube, ich leide an einer Überdosis Chile und auch Familie und will nur noch weg hier. Nach Argentinien. Tapetenwechsel. Es ist nicht das erste Mal, dass ich oder Diana Reisefrust schieben. Auch wenn wir tolle Sachen erleben, viele nette Leute kennenlernen und wunderschöne Dinge sehen, so kommt es doch vor, dass wir diese Reise gelegentlich verwünschen. Jedenfalls kurzfristig. Nach einem Tag ist es meistens wieder gut. Heute bin ich mal wieder dran. Die viele Fahrerei, das häufige Gequengel der Kinder und ewige Aufeinanderhocken, ohne wirklich Zeit für sich alleine zu haben, zermürben. Wenn ich mal eine Zeitung aufschlage oder ein Buch lese, wollen Klara und Thilo lieber spielen, wenn Diana Yoga machen will, möchte ich lieber schnell Land gewinnen, wenn die Kinder im Auto schlafen, kommen wir garantiert an einer interessanten Ecke vorbei, halten aber nicht, weil wir ja froh sind, wenn mal kein Alarm ist und so weiter. Entspannung geht anders. Obwohl wir uns vorgenommen haben, die Reise langsam anzugehen, einiges aus der Planung gestrichen haben und auch an manchem Flecken länger verweilt sind, so zieht es einen – zumindest mich – doch immer weiter zum nächsten Etappenziel. Zwischen Fahrerei, Besichtigung, Einkaufen, Schlafplatz suchen, Tanken, Wasser laden, Fäkalien entsorgen, Kochen, Wagen um- und aufräumen, Kinder erziehen und Route planen bleibt nicht wirklich Zeit, mal den Gedanken nachzuhängen oder auf der Gitarre rumzuschraddeln, die ich mitgenommen habe. Die Vorstellungen, die Freunde und Familie daheim von so einer Reise haben, sind andere. Mutmaßlich sind wir 24 h entweder mit Endorphinen vollgepumpt oder so was von tiefenentspannt, dass selbst ein indischer Yogagroßmeister vor Neid erblassen würde. Schließlich erleben wir ja entweder ganz tolle Sachen (was ja auch stimmt), oder wir entspannen uns unentwegt (was überhaupt nicht stimmt). Der Denkfehler ist, dass angenommen wird, wir seien im Urlaub. Mitnichten. Wir sind auf Reise. Ein Urlaub ist kurz, meistens gut durchorganisiert und durchaus erholsam, wenn man nicht mit den falschen Leuten unterwegs ist. Reisen ist anders. Reisen ist Stress – meistens positiver. Reisen ist spannend, horizonterweiternd, lehr- und abwechslungsreich. Lange Reisen in fremde Länder zu fremden Kulturen erhöhen beide Faktoren. Reisen mit kleinen Kindern potenzieren vor allem den Stressfaktor in schlechten Stunden, was wieder aufgehoben wird durch den „Ich-hab-euch-so-wahnsinnig-lieb-ihr-kleinen-Knuddelmäuse"-Faktor. Vor allem dann, wenn die Knuddelmäuse mal wieder wahnsinnig lieb sind und zeigen, wie unkompliziert und schön es doch eigentlich überall ist. Da wird ein zugemüllter Camping- ganz schnell zum Abenteuerspielplatz, ein Mauseloch zum spannenden Untersuchungsobjekt. Viel Zeit für einen selbst bleibt aber nicht, so seltsam das klingen mag. Anderen Reisenden geht es ähnlich, wie wir erfahren haben, aber das macht die Sache nicht besser. Das im wahrsten Sinne Zuviel des Guten bricht sich dann eben manchmal Bahn – bei mir öfter als bei Diana –, und heraus kommt ein ziemlich verkorkster Tag wie der heutige. Ich habe dann noch nicht einmal Lust, mir ein Fläschchen Wein aufzumachen. Und das ist ein ganz besonders schlechtes Zeichen. Hier hilft nur noch abwarten, bis die miese Stimmung wieder vorbei ist.

NOCH MAL QUER DURCH ARGENTINIEN
Von Puente del Inca nach Gualeguaychu

Es war ein langer Weg bis hierher. Nicht wirklich weit, aber lang und mühsam. Wir sind zeitig von der Küste aufgebrochen und haben uns langsam Richtung Los Andes, dem letzten größeren Ort vor der chilenisch-argentinischen Grenze hochgeschraubt. Das Nest liegt auf 800 Höhenmetern. Von dort geht es dann erst richtig los: 70 Kilometer Andenserpentinen bis zum Pass Cristo Redentor auf sportliche 3.900 Meter. Der Tunnel, den wir nehmen wollen, liegt immer noch 3.200 Meter über dem Meeresspiegel. Wir haben mit Paco das wohl langsamste Gefährt, das heute über die Grenze will, denn so ziemlich alles, was Räder hat, überholt uns. Zum Glück hält sich der Verkehr in Grenzen, so kommen wir uns nicht zu sehr als Hindernis vor. Zu Hause meinten unsere Freunde, dass wir hier die Könige der Landstraße wären. Hier fahre doch keiner schneller als 60 km/h. Pustekuchen. Die Zeiten, als in Südamerika nur schrottreife und überladene Vehikel unterwegs waren, sind vorbei. Zwar sieht man einiges, was bei uns der TÜV schon lange aus dem Verkehr gezogen hätte, aber im Schnitt sind die Fuhrparks der hiesigen Speditionen auf neuestem Stand. Hilft denen aber auch nichts, wenn wir vor ihnen fahren. Mit 10 – 15 Stundenkilometern Spitze. Das ist die Geschwindigkeit, die ich uns erlaubt habe, damit uns nicht der Kühler um die Ohren fliegt. Zeitweise ging es etwas schneller, aber meistens haben wir uns im ersten Kriechgang den Hang hochgeschraubt, zwei Kühlpausen eingelegt, eine Stunde an der chilenisch-argentinischen Gemeinschaftsgrenze in der Schlange gestanden, uns mit einem jungen argentinischen Grenzer gestritten, der nicht wusste, wie er ein deutsches Auto abfertigen soll, bis wir abends (fast schon nachts) endlich in Puente del Inca angekommen waren.

195

Puente del Inca liegt unterhalb des Aconcagua, der wie jedes Kind weiß, mit knapp 7.000 Metern der höchste Andengipfel ist. Der Wind pfeift – wir sind ja auch wieder in Argentinien –, es ist der Höhe angemessen frisch, und ich freue mich wie ein Schneekönig. Wir stehen direkt neben dem Hostal bzw. der Bergsteigerbaracke, in der ich schon vor ewigen Zeiten auf meiner Durchreise nach Chile Unterschlupf gefunden habe. Es brennt Licht, also rein in die gute Stube. Ein junger Kerl macht uns auf, vielleicht Mitte 20, Familie Huber darf eintreten. Ich erzähle meine Geschichte und darf mich umsehen. Etwas mehr Farbe an den Wänden, aber ansonsten ist der Schuppen wie damals. Zwei Schlafzimmer mit Stockbetten, Gemeinschaftsküche, Wohnraum. In dem sitzt eine österreichische Touristin, es riecht nach Hasch, und aus irgendeinem Gerät quäkt Rockmusik. Ich will bleiben, aber Diana ist sich nicht sicher, ob der spezielle Tabakduft auch für Kinder gut ist. Also treten wir den Rückzug an. Nach dem Abendessen bewaffne ich mich mit einer kalten Flasche Weißwein und gehe zurück ins Hostal. Der Herbergsjunge hat gerade eine Riesentortilla fertig, und ich komme zu meiner ersten warmen Mahlzeit des Tages. Dazu erzählt der Gastgeber seine Geschichte.

Das Skifahren hat ihn hierher verschlagen. Zunächst nur zur Saison, wo er vormittags Souvenirs verkauft und nachmittags in die Berge kann. Seit einem Jahr aber lebt er dauerhaft hier, passt auf die Hütte auf, verkauft vormittags immer noch Souvenirs, führt manchmal Touristen auf den Aconcagua, und wenn genug Schnee gefallen ist, stürzt er sich die Hänge runter. Den Souvenirladen macht er dann zu.

Man muss für diesen Sport und die Berge wirklich brennen, wenn man sich diese Ecke der Anden aussucht und nicht Bariloche, San Martìn de Los Andes oder Esquel, um nur einige Alternativen zu nennen, in denen auch außerhalb der Piste etwas passiert. Die Landschaft ist interessant und gewaltig, die Berge hoch, der Schnee sicher tief und die Hänge steil. Aber sonst gibt es hier nullkommagarnix. Puente del Inca ist nämlich kein richtiger Ort mit Geschäften und Wohnhäusern, sondern eher eine Sehenswürdigkeit, um die ein paar Andenkenverkäufer ihre Baracken aufgeschlagen haben, ein Hotel, das bekannte Hostal, eine öffentliche Toilette, zwei schmuddelige Imbissbuden. Kein Bäcker, kein Tante-Emma-Laden, noch nicht einmal ein Friseur. Nur eine Kaserne mit argentinischen Gebirgsjägern ist in unmittelbarer Nachbarschaft, die nächste ernstzunehmende Siedlung gut 100 Kilometer entfernt. Nach Auskunft des Skifanatikers lebt hier keiner freiwillig – außer ihm. Freiwillig kommen nur die Touristen. Im Sommer die Bergsteiger, im Winter die Rentner und dazwischen Tagestouristen aus Mendoza, wie ich seinerzeit. Zu sehen gibt es die Puente del Inca. Das ist eine natürliche Brücke über einen rauschenden Fluss. Das alleine wäre noch nichts Besonderes aber die heißen Quellen, die hier vorkommen, färben die Brücke und die Schlucht, über die die Steinbrücke führt, strahlend gelb und ocker. Diese Quellen nutzte vor Jahrzehnten auch ein Hotel, das einem Erdrutsch zum Opfer fiel. Geblieben sind nur ein paar Thermalbecken in einer halb verschütteten Anlage zwischen Fluss und der Puente. Heute kann man das nur von Ferne sehen und muss hinter einer Absperrung stehen. 1998 gab es noch keine Absperrung. Ich konnte nachts heimlich in die heißen Becken rein und baden. Daraus wird diesmal nichts, und wir düsen recht schnell wieder ab, da es meinem verwöhnten Anhang zu kalt ist. Auch sonst wurde meine Begeisterung für diesen Ort nicht geteilt.

Nach zwei erholsamen Tagen in Uspallata beschließen wir, die Anden, so prächtig sie sein mögen, zu verlassen. Wir wollen jetzt an den Strand. Das heißt einmal quer durch Argentinien, die Ruta 7 bis San Luis, dann die Rutas 8 und 9 bis Rosario und von dort über Victoria nach Gualeguaychu. Wir halten nur, um zu tanken und zu schlafen. Eigentlich ein Frevel, denn so verpassen wir Sehenswürdigkeiten, die mindestens für ein Jahr weitere Reise reichen würden. Wenn wir Argentinier fragen, so liegt einiges auf der Strecke. Wobei „auf der Strecke" auch mal 500 Kilometer nördlich oder südlich der Straße bedeuten kann. Mit Distanzen nimmt man es in diesem riesigen Land nicht so genau. Wir lassen also Mendoza, San Rafael, San Juan, Cordoba mit seinen Bergen und Rosario mit seinen Sümpfen rechts bzw. links liegen. Stattdessen verschlägt es uns nach Alto Pencoso, Cabral und auf einen Campingplatz nahe Victoria. Jeweils für eine Nacht. Auch das kann interessant sein. Alto Pencoso beispielsweise ist eine kleine Siedlung gleich an der Autobahn. Sie zeichnet sich dadurch aus, dass es kostenlosen Zugang zu kabellosem Internet gibt. Die einzige Kneipe des Paarhundertseelennestes wurde wegen dauernder Schlägereien geschlossen. Zum Glück bekomme ich ein Bier im Laden, neben dem wir auch übernachten. Es gibt Kekse, Brot, schimmelige Wurst, Nähzeug und Getränke zu kaufen. Viel Publikumsverkehr herrscht offensichtlich nicht, daher werde ich vom zahnlosen Besitzer in ein längeres Gespräch verwickelt, als ich ein paar Flaschen Bier zum Mitnehmen erstehen will. Ich lerne viel über die Vorzüge seines Kühlschrankes (gasbetrieben), der viel besser kühlt als seine Tiefkühltruhe. Zum Beweis zeigt er mit ein paar tiefgefrorene Flaschen Fanta. Auch mein Bier ist fein kalt, aber glücklicherweise gerade noch trinkbar. Die Öffnungszeiten sind klasse – es gibt eben keine Gewerkschaften in Alto Pencoso –, und ich kann meine Pfandflaschen bis Mitternacht zurückgeben bzw. bei Bedarf nachkaufen. Letzteres tue ich dann doch nicht, da wir auch am nächsten Tag noch viel Strecke vor uns haben.

Irgendwann nach Einbruch der Dunkelheit fahren wir in Cabral ein. Vom Ort sieht man nichts, es ist stockfinster. Erst als wir auf dem Hauptplatz vor der Polizeiwache stehen, schwant uns, warum. Stromausfall. Argentinien hat die Energiewende offensichtlich schon hinter sich. Die Menschen sitzen vor den Häusern auf der Straße, manche mit Kerzen, die meisten aber im Dunkeln. Eigentlich ganz gemütlich. Klara und Thilo bekommen Taschenlampen in die Hand bzw. eine Kopflampe. Nachtwanderung steht auf dem Programm. Wir wandern zwei Meter bis zum Spielplatz, wo auch schon andere Kinder in der Finsternis rumturnen. Zuerst finden unsere Kleinen es ganz toll. Auch die Kinder aus Cabral sind schwer an den Neulingen interessiert. Dann ein Schrei, markerschütternd. Klara wurde von irgendeinem Viech angeflogen. Alle anderen beölen sich. Die kennen sich aus mit den Käfern der Gegend. Unser Ausflug wird abgebrochen und geordneter Rückzug befohlen. Klara hasst Käfer, alles andere Getier und kann auch von den argentinischen Kindern, die sich die Viecher lachend auf die Kleidung setzen, nicht umgestimmt werden. Ist aber ohnehin schon Schlafenszeit. Ein Weilchen hören wir noch die Kinder, die Klaras Schrei sehr treffend nachempfinden. Hat offensichtlich Eindruck hinterlassen. Irgendwann ist es dann ruhig.

Bis der Strom wieder angeht. Wir merken es sofort, da die Dorfdisse ohrenscheinlich in der Nähe ist. Es ist halb vier, es ist feucht und heiß, und wir warten. Aber es wird nicht leiser. Also Umzug ein paar Straßen weiter. Am nächsten Morgen sind wir nicht wirklich erholt, aber hilft ja alles nichts. Uruguay ruft. Bis dahin müssen wir noch etliche hundert Kilometer an Soja, Mais und anderen Plantagen vorbei. Die Strecke ist nicht sehr abwechslungsreich, interessant allenfalls die Friedhöfe, die gelegentlich am Ortsrand stehen. Pompöse Grufte wie diejenigen in Recoleta, dem Riesenfriedhof in Buenos Aires. Offensichtlich konnte man hier früher Geld machen. Aber auch heute dürfte die Gegend einiges abwerfen. Vor allem Soja scheint gefragt. Die

Ausdehnung der einzelnen Felder ist enorm. Halbe Stunde Soja-feld, Viertelstunde Mais, dann wieder Soja, noch mal Soja, wieder Mais und so weiter. Fast nicke ich am Steuer ein. Spannender wird es erst in Rosario. Ich muss durch die Stadt durch, und kurz danach, bei der Durchquerung eines großen Feuchtgebietes. Gute 60 Kilometer fahren wir über den Fluss Paraná, fast schon ein Delta. Carpinchos lungern im Wasser, das sind Wasserschwei-ne, die aussehen wie eine Mischung aus Hase ohne Ohren und Ratte ohne Schwanz, aber groß sind wie Wildschweine. Das größte noch lebende Nagetier der Welt. Es geht vorbei an Stor-chenfamilien, Reihern, Kühen und Anglern, bis wir in Victoria sind. Den dortigen Karneval ignorieren wir, ebenso wie die Fei-erlichkeiten in Gualeguaychu, der Hochburg des argentinischen Faschings. Verpasst haben wir nichts, wie wir später erfahren. Al-les spielt sich in einem Stadion ähnlich dem Sambodrom in Rio de Janeiro ab, eingekaufte Tänzer aus dem ganzen Land defilie-ren ein paar Stunden vorbei, die zahlenden Gäste sitzen auf den Tribünen und halten sich am überteuerten Bier fest. Helau!

AM RIO DE LA PLATA
Ruhige Tage in Uruguay

Karl May war auch schon hier, und der kann viel schöner schreiben als ich. Eine Kostprobe: „… *sonst aber befanden wir uns im offenen Lande, dessen Charakter fast durch ganz Uruguay derselbe bleibt: eine hügelige Fläche, welche von dem feinen, selten über einen Fuß hohen Camposgrase bewachsen ist, und in den Vertiefungen lichtes Buschwerk, auf welches der Name Gebüsch eigentlich nicht angewendet werden konnte. Weidende Tiere sah man überall, Pferde, seltener Schafe, zumeist aber Rinder.*" Wenig später schreibt der etwas arrogant daherkommende Lederstrumpf des Buches: „*Über die Gegend, lässt sich nur das bereits Gesagte wiederholen. Sie bleibt durch ganz Uruguay gleich. Sanfte Bodenwellen mit Vertiefungen dazwischen, schmale, tief eingeschnittene Bäche oder kleine Flüsse, welche dem Rio Negro zustreben, Camposgras und wieder Camposgras – es ist die Einförmigkeit im vollsten Sinne des Wortes.*"

Nun, ganz so sieht es mittlerweile nicht mehr aus. Es gibt ein paar gute Straßen, die das Land durchziehen, hie und da Fleckvieh. Wären nicht die Palmen, man wähnte sich in der Holsteinischen Schweiz. Für den Protagonisten des ersten Karl-May-Buches, das ich gelesen habe, mag Uruguay trotz eintöniger Landschaft recht wild und aufregend gewesen sein. Für uns ist es das Feng-Shui Land Südamerikas. Keine störenden Gletscher oder Lagunen, kein Vulkan, auf den man raufkraxeln muss, keine jahrhundertealte Araukarien oder sonstige Urwälder, kein Wind, der einen umhaut, höchstens ein angenehmes Lüftchen. Kurz gesagt: nichts was man verpassen könnte, einfach nur ein bisschen Land mit Kühen drauf. Herrlich. Die Energien können hier frei fließen, werden an keiner Gebirgskette brutal abgebremst und fallen keiner mörderischen Steilküste zum Opfer. Wir fühlen uns wohl hier, alles schön friedlich und harmonisch. Unspektakulär. Genau das, was wir jetzt brauchen. Die letzten fünf Monate waren angefüllt von schönen Erlebnissen, ein Stakkato an Naturschauspielen, eine Unzahl Bekanntschaften und noch mehr Kilometer. Etwa 13.000 zuzüglich der Strecke auf der Navimag und den Flug nach Calama. War toll, aber jetzt ist erst mal gut. Wir können und wollen uns nichts mehr ansehen, sondern brauchen Erholung für uns und für die Kinder, denen es herzlich egal ist, ob sie auf den höchsten Berg der Anden oder einen Ameisenhaufen glotzen. Uns könnte jetzt ein sackhüpfender Wal entgegenkommen, und wir würden ungerührt weiterfahren. Aber noch nicht einmal Wale gibt es in Uruguay.

Flüsse allerdings. Zum Beispiel den Rio Uruguay, von dem das Land den schönen Namen Republik Östlich des Uruguay hat. Und den Rio de la Plata natürlich. Da fahren wir jetzt hin, weil es uns am Uruguay zu heiß ist. Die Hitze, die momentan hier herrscht, ist nichts für uns, die Feuchtigkeit schon gar nicht. Dass sich offensichtlich viele Mücken bei so einem Klima wohlfühlen, macht die Sache auch nicht besser. Da ist es in Playa Fomento deutlich angenehmer. Schade nur, dass wir so unserer Tereré[23]-Versorgung verlustig gegangen sind. Thomas und Anke, die schwäbischen Schweizer, die wir mit ihrem Mateköfferchen und dem Toyota „Villa Venus" im Grenzstau kennengelernt haben, sind nämlich nach 2 Jahren Südamerika ein gemächlicheres Reisetempo gewöhnt, und sie verlieren uns schnell aus den Augen. Eigentlich waren ein paar gemeinsame Reise- und Grilltage geplant.

Playa Fomento hilft uns über den Verlust hinweg. In diesem Seebad zwischen Colonia im Westen und Montevideo im Osten, bestehend aus Ferienhäusern, einer Bar, einem Restaurant und zwei Supermärkten, machen wir es uns ein paar Tage gemütlich. Wir stehen direkt am Strand und haben Blick auf dieses irrsinnig

---

23 eiskalter Mate

breite Gewässer. Wenn man nicht wüsste, dass die Wassermassen vor uns Teil eines Flusses sind, man würde es kaum glauben. Dabei erreicht der Rio de la Plata hier bei weitem nicht seine größte Ausdehnung.

Wir sind von der schönen Stimmung fasziniert. Der Strand ist kilometerlang, sauberer hellbeiger feiner Sand, warmes braunes Wasser, zauberhaftes Licht. Bei Ebbe zieht sich das Wasser mehrere Meter zurück, und wir können auf die vorgelagerten Sandbänke spazieren. Ich hätte nicht für möglich gehalten, dass es mir an so einem Platz so gut gefallen könnte. Baden in hellbraunem Wasser ist normalerweise etwas für Amazonasindianer und Piranhas. Klara und Thilo und massenweise Uruguayos finden es aber toll. Ich ebenso. Zwar stürze ich mich nicht vollständig in die Fluten (vielleicht haben sich ja doch ein paar Piranhas verirrt), aber bis zur Hüfte traue ich mich. Und ich jogge jeden Tag fleißig am Strand und bei Ebbe über die Sandbänke und durchs knöcheltiefe Wasser. Macht einen Heidenspaß, und der Plauze tut es auch gut. Die Zeit zwischen Joggen und Abendessen ist angefüllt mit Nixtun. Genau das, was wir jetzt gebraucht haben. Der Supermarkt einen Block weiter führt Käse Schweizer Art von der nahegelegenen Colonia Suiza, einer ehemaligen Schweizer Siedlung, die immer noch das macht, was Schweizer am besten können: Käse. Hübsch sauber ist die eidgenössische Kolonie auch. Wir sind auf dem Weg hierher kurz über den dortigen Friedhof geschlendert.

Der Käse passt hervorragend zu einer Flasche Tannat, die es auch in dem Supermarkt gibt. Und eine uruguayische (oder heißt es uruguayanische?) Version der argentinischen Medialunas wird ebenso feilgeboten. Die Nachbarn sind freundlich, keiner stört sich an den wilden Campern aus Deutschland, man kommt ins Gespräch. Extrem ungezwungen. Ich war selten in einem so ruhigen, unspektakulären und gleichzeitig so entspannten Örtchen. Die Urlauber kommen zum Angeln an den Strand oder schlendern mit ihrem Mate die Küste entlang, Kinder bauen Burgen und plantschen im flachen Wasser. Klara und Thilo mittenmang. Abends legt sich dann ein bezauberndes Licht über die braunen Fluten, die bei starkem Wind richtige kleine Wellen werfen. Nach ein paar Tagen Playa Fomento (fast schmerzt es, die „Nachbarn" und die Belegschaft des nahen Supermarktes zu verlassen) machen wir einen Abstecher nach Colonia del Sacramento.

Diese wohl meistbesuchte Stadt Uruguays ist Weltkulturerbe. Durch die gut erhaltene Altstadt zu bummeln, ist eine wahre Freude. Hier treffen wir wieder auf etliche Touristen aus aller Welt, dementsprechend ist die Infrastruktur. Nette Bars und Cafés, schicke Restaurants, teure Eisdielen, Souvenirläden. Es ist fast ein bisschen wie ein Bummel durch eine spanische Touristadt im Hochsommer, allerdings ohne englische Pubs. Sehr angenehm also. Wir parken unseren Wagen direkt an der alten Stadt und Hafenmauer, was den Effekt hat, dass ich mit Thilo mehrmals zur Kanone auf der Mauer klettern darf. Wir spielen Pirat und beschießen die argentinischen Luftkissenboote, die hier im Stundentakt ankommen oder ablegen. Buenos Aires ist nicht weit, und in 1 bis 2 Stunden ist man mit dem Luftkissenboot „Buquebus" auf der anderen Seite des Rio de la Plata.

Bis wir wieder in Buenos Aires landen, werden allerdings noch über 2 Monate vergehen. Diese gedenken wir fast ausschließlich an der Küste und an lässigen Stränden zu verbringen. Hiervon hat Uruguay mehr als genug, und wir wollen so viele wie möglich kennenlernen. Da Klara etwas malad ist, die Arme hat zu viel Sonne abgekommen, machen wir auf dem Weg nach Montevideo wieder Halt in Playa Fomento. Klaras Fieber und Kotzerei sind nach einem Tag überstanden, also auf nach Montevideo, in die Hauptstadt.

FLEISCHESLUST IN MONTEVIDEO
Auf Schlemmertour in der Hauptstadt

Hier lebt etwa die Hälfte der 3 Millionen Einwohner Uruguays, die Stadt ist für eine südamerikanische Metropole also sehr überschaubar. Den ersten Abend verbringen Diana und die Kinder auf einem Campingplatz außerhalb der Stadt gleich hinter Stranddünen. Ich habe noch einen Termin. Pedro ist Juraprofessor, den ich vor Jahren in Freiburg kennengelernt habe, als er am dortigen Max-Planck-Institut für Internationales Strafrecht recherchiert hat. Jetzt freue ich mich, ihn in seiner Heimatstadt wiederzusehen. Treffpunkt ist das Hemingway, ein besseres Restaurant auf einem Hügel an einer der vielen *ramblas* (Uferpromenaden), mit herrlichem Blick auf die Altstadt am anderen Ende der Bucht. Zu diesem Blick gibt es ein Fläschchen kräftigen Tannat mit *ojo de bife* (Ribeye Steak) in Weinsößchen. Dazu fachsimpeln wir, und ich erfahre viel über Stadt, Land und Leute.

Am nächsten Tag steht Familienstadtbummel auf dem Programm. Wir beginnen mit Frühstück in einem der ältesten Kaffeehäuser der Stadt, dem Rheingold. Oder „Oro del Rhin" auf Spanisch. Eine deutsche Gründung von Anfang des 20. Jahrhunderts mit dem Charme eines leicht angestaubten Wiener Kaffeehauses. Es gibt gedeckten Apfelkuchen, Brezeln, Baumkuchen und Kaffee in allen Variationen. Es duftet angenehm nach frisch gerösteten Kaffeebohnen und Zuckergebäck. Die Einrichtung ist Eiche rustikal, es hängen Zeitungen an den Wänden, alles recht gemütlich, bis hin zur Bedienung, die keine Anstalten macht, uns zu bedienen. Kennt man auch aus Wien, vor allem, wenn man als „Piefke" erkannt wird. Das hält uns aber nicht davon ab, diverse Spezereien, einen „Kleinen Braunen", einen „Großen Braunen" (einfacher bzw. doppelter Mokka mit Sahne) und Kakao für die Kinder zu ordern. Klara zerzupft flink ein unschuldiges Erdbeerküchlein, Thilo nascht den Zuckerguss von einer süßen Breze, während Diana und ich die gefräßige Stille der Kinder und die Atmosphäre des Lokals genießen. Langsam kommt hier Bewegung auf. Ein paar Stammgäste erscheinen, der Kellner schlurft mit Zeitung zum Tisch, nimmt die Bestellung auf, obwohl er wahrscheinlich ganz genau weiß, was seine Kundschaft ordern wird. Wir studieren weiter die Speisekarte in Deutsch und Spanisch und ärgern uns, dass wir nicht noch mehr essen können. Gestärkt stapfen wir zur Plaza Independencia, vielleicht drei Blöcke weiter. Die Plaza Independencia, der Platz der Unabhängigkeit, ist nur einer von vielen der Stadt, aber sicher der prominenteste. Auf einer Seite ist er von ausgesprochen hässlichen Plattenbauten gesäumt. Beklemmende sozialistische Architektur. Da sollten wohl Arbeiter und Bauern einen freien Blick auf die protzige Reiterstatue von José Gervasio Artigas bekommen, dem großen Freiheitskämpfer des Landes. Er steht in der Mitte des Platzes, die blaugrau glänzende Platte und ein paar Palmen im Rücken. Der Held muss sich die Misere allerdings nicht anschauen, er reitet gen Osten. Dort säumt der Palacio Salvio den Platz. Ein 26-stöckiges Gebäude von 1927 mit putzig behelmten Erkern an den Seiten eines Turmes, der von einer Art Zwiebeldach gekrönt wird. Auch sonst findet sich viel architektonisch Interessantes im Inneren der Altstadt, ein bisschen Paris, ein bisschen Art déco, viel halb Verfallenes. Drum herum dominieren Arbeitersiedlungen sozialistischer Machart. Aber selbst die wirken, beschienen von Sonne und gesäumt von weißen Stränden, nicht halb so trist wie die Bauverbrechen in der ehemals sowjetisch besetzten Zone Deutschlands oder anderen vom Kapitalismus befreiten Ruinenparks.

So ein Bummel macht hungrig – der Apfelkuchen hat leider nicht lange vorgehalten –, also ab zum Touristenziel Nummer eins der Stadt. Vorbei an Flohmärkten und Andenkenhökern, unter Auslassung von Taschendieben, die es hier zu Hauf geben soll, zum berühmten Mercado del Puerto (Hafenmarkt). Hier wird jeder satt. Außer vielleicht bemitleidenswerte Vegetarier, denn sie verpassen das Beste, was südamerikanische Grillkunst zu bieten hat. In der enormen Markthalle im Zentrum des Marktplatzes befinden sich vielleicht ein Dutzend Parillas, jede einzelne mehrere Meter breit, jede einzelne schwer unter Feuer und belegt mit Unmengen an Fleisch. Man kann die Duftschwaden von verbranntem Fett und fein geröstetem Fleisch fast greifen. Die Grillroste stehen schräg über der Kohle, so kann man gut sehen, was der Grillmeister aufgetürmt hat. Da wären die üblichen Chorizos und Morcillas (Blutwurst), Wurstschnecken in allen Größen, halbe Hähnchen, Rippchen, unterarmgroße Filetstücke und anderes vom Rind, saftige Schweinekoteletts, bunte Fleischspieße, Provolone (Grillkäse), Paprika gefüllt oder auch nicht. So stelle ich mir das Schlaraffenland für Fleischfresser vor. Die Buden sind voll, die Grillmeister und die Kellner wirbeln, die Stimmung an vielen Tischen ist ausgelassen heiter. Das liegt vielleicht auch am Spezialgetränk des Mercado del Puerto, dem Medio-Medio. Ein Weißwein mit Sekt, bereits in Flaschen abgefüllt, feinperlig-süß. Wir bestellen uns auch ein Fläschchen und ich nach dem ersten Schluck sofort eine Flasche Bier. Man kann das Gebräu (also den Medio-Medio) zwar trinken, aber nur wenn man Mädchen ist oder sich mit wenig Geld schnell Kopfweh antrinken möchte. Schmeckt wie der Asti Spumante aus meiner Tanzschulzeit – grausam. Diana findet es ganz gut, so kann ich wenigstens mein Bier alleine trinken. Dazu gibt es Fleischspieß, Bife de Chorizo, und für die Kinder Wurstschnecken mit Reis und Pommes. Alles perfekt zubereitet, das Fleisch ausnahmsweise nicht durch, die Pommes knusprig, die Paprika vom Grill brutzelt fast noch, Klara und Thilo prügeln sich um die Wurst. Dazu die tolle Stimmung und die netten Leute rundherum, mit denen man dank der eng gesetzten Tische schnell im Gespräch ist. Wir unterhalten uns mit einem älteren Ehepaar, das den Landgang einer Kreuzfahrt zum Essenfassen nutzt, lernen eine argentinisch-deutsche Familie kennen, die uns ein paar wertvolle Empfehlungen für Uruguays Strände mitgibt. Irgendwann begeben sich die Kleinen an den Bartresen, um sich die Griller besser ansehen zu können. Irgendwo schraddelt ein Gitarrenspieler. Fabelhaft. Am liebsten würde ich jetzt noch ein paar Stunden hierbleiben, essen, bis der Magen platzt, und mich dabei ganz langsam zulaufen lassen. Dann den Rausch ausschlafen und ihn nachts in einer Bar wieder aufwärmen. Vielleicht beim nächsten Besuch Montevideos. Für heute muss die Kostprobe reichen.

IMMER AM STRAND LANG ...
Von Montevideo gen Osten

„Was machen Sie denn da?", schallt es uns auf Deutsch entgegen. Mist, denke ich. Verfahren. Ich bin aus Versehen in einer süddeutschen Vorstadtsiedlung gelandet. „Ich wende hier", bekenne ich ungerührt. „Na, wieso fahren Sie denn nicht weiter. Sie können nachher gerne auch bei mir in der Einfahrt stehen." Darauf war ich jetzt nicht gefasst. Der Herr meint es tatsächlich gut mit uns und setzt sogar ein Lächeln auf. Ich bin die trockene deutsche Art, freundlich zu sein, gar nicht mehr gewohnt und von dem Überangebot an Hilfsbereitschaft und lachenden Gesichtern der letzten Monate wahrscheinlich schon ganz weichgespült. Jetzt steige ich aus, schließlich interessiert mich auch, was der Mann mit dem badischen Zungenschlag hier macht. Urlaub, wie sich herausstellt. Bernd-Uwe hat eine Frau aus Uruguay, lebt bei Karlsruhe und kommt seit 10 Jahren hierher zum Überwintern. Die Stelle ist nicht schlecht ausgesucht. Sein reetgedecktes Backsteinhaus liegt direkt an der Steilküste mit wunderschönem Blick über den Rio de la Plata, darunter gleich der Strand. Leider ist er in Eile, wir sollen uns an seine Frau wenden, wenn wir etwas brauchen. Den Baumstamm, der auf dem Weg vor uns liegt und weswegen ich wenden wollte, könne ich gerne wegräumen und bis an die Klippen fahren. Das machen wir dann auch und parken direkt an der Steilküste mit Panoramasicht auf das nicht mehr ganz so braune Meer vor uns. Theoretisch noch Rio de la Plata, aber praktisch Ozean. Nachdem wir Strand und Meer ein bisschen getestet und für gut befunden haben, verweilen wir noch eine Weile bei Bernd-Uwe mit Frau Bernadita und Familie. Es gibt Bier aus deutschen Steinkrügen, man plaudert über Gott und die Welt und natürlich über unsere Reise. Irgendwann fallen wir dann ins Bett. Leider ist die Ruhe nur von kurzer Dauer.

Sturm kommt auf. Einer, der sich gewaschen hat. Wir sind das Geschaukel bei heftigem Wind in Paco aus Patagonien zwar schon gewöhnt, aber das hier ist anders. In Patagonien sieht man den Wind außerdem nicht, fühlt sich daher sicherer. Hier sehen wir vom Sturm quergelegte Palmen, pechschwarzen Himmel und peitschende See. Die Abbruchkante der Steilküste ist vielleicht fünf Meter entfernt. Das ist mir zu wenig. Schrecklich laut ist es außerdem. Als ich wegfahre, hören wir einen Knall. Ast oder so was, denke ich und fahre weiter. Vor dem Haus unseres Gastgebers ist es etwas ruhiger, aber an Schlaf immer noch nicht zu denken. Mittlerweile ist Bernd-Uwe, der sich Sorgen gemacht hat, aus dem Haus gekommen und empfiehlt uns, weiter in den Ort zu fahren, da der Sturm noch schlimmer werden könne. Wir halten das für eine sehr gute Idee, lassen Bernd im Regen stehen und suchen einen Schlafplatz. Zwei Straßen weiter ist es in der Tat erträglich, und wir können gut schlafen. Am nächsten Morgen frühstücken wir bei unseren neuen Freunden ganz vorzüglich, Klara und Thilo hauen rein, als ob sie seit Wochen nichts mehr gegessen hätten. Fast ein bisschen peinlich, da wir uns ja eigentlich nur kurz verabschieden wollten. Bernadita versucht sogar noch einen Standplatz bei einer Freundin in Punta del Este zu organisieren, was leider nicht klappt. Gerade als wir uns verabschieden wollen, steht ein Nachbar vor der Tür. „Gehört das zufällig Ihnen?" In der Hand hält er unsere Treppe. „Das ist doch bestimmt von Ihrem Wohnmobil." Der Mann hat recht. Ich bin gestern Nacht einfach losgefahren und habe die Treppe in der Verankerung vergessen (wieder einmal). Daher der Knall. Wir hatten den Verlust noch nicht bemerkt und sind überglücklich. Das Ding hätte bei dem Wind sonstwo landen können. Etwas Glück gehört zu so einer Reise eben auch dazu.

Von La Floresta zuckeln wir nun mit wieder vollständigem Equipment gemütlich die Küste entlang. Wir sind schwer begeistert. Ein schöner Strand reiht sich an den nächsten. Die Orte sind überschaubar, meistens Ferienhaussiedlungen, selten ein Hotelkomplex und sicher nichts mit mehr als drei Stockwerken. Das erste richtig große Hotel sehen wir dann in Piriapolis. Das Hotel Argentino. Ein stattliches Grandhotel von 1920. Die Fassade frisch renoviert, erste Reihe Strand, davor die mondäne Promenade, blauer Himmel, frischer Wind, Schäfchenwolken über dem aufgewühlten Meer. Ganz große Klasse. Jetzt müssen wir nur noch was in den Magen kriegen, denn es ist bereits Mittag, und die Brut reißt die Mäuler zur Fütterung auf. Trotz Fressorgie am Morgen. Nach kurzer Klärung der Lage und Abwägung aller Optionen entscheiden wir uns für die Variante: richtig dekadent. Die Kinder werden bei McDonald mit panierten Hühnerstückchen plus Pommes versorgt. Danach kommen sie ins luxuriöse Kinderparadies des Hotel Argentino. Dort kümmern sich unterbeschäftigte Kindergärtnerinnen um eine Hand voll Blagen, die die Wahl haben zwischen Puppenstuben, Bobby Cars, Leseecke, Kissenecke, Malsachen, Computerraum und Kinderdisco für die älteren Fratzen. Bei dem Angebot besteht keine Gefahr, dass Diana und ich bei unserem Mittagsmahl im Hotelrestaurant gestört werden. Herrlich. Endlich wieder mal alleine essen können. Sich unterhalten. Keiner der „Pippiiii" ruft, sobald der Teller dampfend vor einem steht. Kein umgekippter Orangensaft oder Ähnliches. Einfach nur wir zwei, ein nettes Restaurant und Zeit für uns. Das Essen fällt zwar gegenüber dem Ambiente und Service deutlich ab, allerdings hat der Sommelier einen formidablen Weißwein gewählt, der zu Stimmung und Meer gut passt. Leider sind die zwei Stunden Freizeit zu schnell vorbei. Wir müssen jetzt versuchen, die Kinder wieder aus der Verwahranstalt zu bekommen. Kein ganz leichtes Unterfangen. Ein paar Minuten Zeter und Mordio, später sitzen wir aber wieder im Wagen.

Die Strände werden noch schöner und abwechslungsreicher, finden wir, die Besiedlung dünner, die Ausblicke interessanter. So lässt sich ein Tag am Steuer gut verbringen. Städtisch wird es erst bei Maldonado, kurz vor Punta del Este, das wir zielstrebig ansteuern. Punta del Este ist außer Montevideo wahrscheinlich der einzige Ort, der auch in Europa flächendeckend bekannt ist. Es ist heute das, was früher einmal Marbella war, bevor die Russen und Araber eingefallen sind. Hier treffen sich die Reichen und Schönen, Jetset und was sich dafür hält. Wir haben in den Tagen zuvor in Colonia eine ganze Reihe Brasilianer getroffen, die noch hierher wollten. Das Nachtleben soll großartig sein. Wer etwas auf sich hält, sommerurlaubt in diesem Ort. Auch Shakira hat eine Villa in Punta del Este. Wir können uns hier zwar keine Villa leisten, ein Eis im Yachthafen sollte jedoch drin sein. Gibt aber keines. Nur Yachten. Zwar nicht so schöne wie in Puerto Banus bei Marbella oder in Saint Tropez, dafür aber ein paar gelangweilte Seelöwen am Pier und Hochhäuser, so weit das Auge reicht. Uns gefällt es nicht besonders, auch die Strände sind nicht besser als zwischen Montevideo und Maldonado. Nur zugebauter. Dafür aber deutlich belebter. Wenn es das ist, was man sucht, vollen Strand, abends gut essen, anschließend auf Piste und zur Fleischbeschau, ist man hier sicher nicht falsch. Der Wohnmobilreisende mit Kindern ist eindeutig nicht Zielgruppe. Also fahren wir weiter.

HIPPIERESERVAT
Die Atlantikküste zwischen Punta del Este und Cabo Polonio

Ein paar schicke Orte weiter landen wir in José Ignacio. Ein kleines Nest, vielleicht sechs, sieben Häuserblöcke in jede Richtung, zwischen zwei Buchten gelegen. Ein Leuchtturm ist das höchste Gebäude. Hierher kommen diejenigen, denen Punta del Este zu gewöhnlich, zu billig oder zu prollig geworden ist. Das ist es hier jedenfalls nicht. Ich zähle auf einem kurzen Spaziergang alleine drei Architekturbüros, die in Anbetracht der Villen drumherum durchaus etwas drauf haben. Vom Holzhaus Marke Pfahlbau (aber mit Bar im zweiten Stock und Schlafzimmer drüber, erste Reihe Strand) bis zum hypermodernen Vollbetonkubus ist alles dabei. Es gibt einen persischen Teppichhändler, mindestens eine Kunstgalerie und eine Hand voll sehr guter Restaurants. Ein gut sortierter Weinladen (keine aus Deutschland, aber beste Auswahl spanischer Weine, soweit ich das beurteilen kann) ist vorhanden und ein französisches Café mitsamt Lebensmittelverkauf. Als ich vor dem Kühltresen dieses Cafés stehe, kommen mir fast die Tränen. Das erste Mal seit über fünf Monaten sehe ich wieder richtigen Käse. Nicht die fürchterlichen Industriekäsekanten, die sonst in Südamerika zu haben sind (unterscheiden sich meistens nur in der Konsistenz, nicht im Geschmack), sondern original Camembert, Morbier, Ziegenfrischkäse und andere Sorten von Erzeugern der Gegend. Ich bin fast sprachlos. Ein kleines Strandnest mitten in Uruguay und eine bessere Käseauswahl als in den Supermärkten von Buenos Aires. Nicht mehr Auswahl, aber eindeutig höhere Qualität. Außerdem gibt es noch frische Croissants, Pain au Chocolat, knuspriges Baguette und nordafrikanische Brotfladen mit grobem Salz und Rosmarin. Man mag von Franzosen halten, was man will, aber vom Essen verstehen sie etwas. Am nächsten Tag schleife ich dann auch Diana, Klara und Thilo an, wir kaufen uns zur Freude des französischen Eigentümers einen Wolf und halten am Dorfplatz vor dem Café ein stattliches Picknick ab. Fast wie zu Hause, nur noch besser, weil wir auch einen schönen Strand in der Nähe haben. Auch dort: hochpreisige Gastronomie mit Atmosphäre, ein bisschen wie in der Sansibar auf Sylt. Nur wärmer. Fast drei Tage halten wir es hier aus, aber die Reisekasse erlaubt auf Dauer einen solchen Lebensstil nicht. Da kann das Paulaner Weizen am Strand noch so gut munden.

Kaum ein paar Stunden Autofahrt nach Norden könnte der Kontrast zu José Ignacio nicht größer sein. Auf eine Empfehlung aus dem Mercado del Puerto in Montevideo sind wir nach Barra de Valizas gefahren. Staatlich anerkanntes Hippienest. Es regnet, die Schotterpiste, die von der Hauptstraße abgeht, ist leicht matschig, wir fahren neugierig in den Ort. Interessant. Viele bunte Häuser, alles recht unkonventionell. Bunt gestrichene Holzhütten, ein paar lustige Skulpturen am Ende des Hauptpfades Richtung Strand, Jugendherberge, geschlossene Cafés. Die wenigen Spaziergänger sind meistens jung, barfuß und tragen Nasenring. An einem Haus lungert eine Hand voll halbnackter Lebenskünstler, die Gitarre spielend und jonglierend die Zeit totschlagen. Es ist wie eine Reise in längst vergangene Zeiten. Ich spreche die Gruppe an und erfahre, dass sie Argentinier sind, gerade aus Brasilien kommen und nun nach Montevideo möchten, irgendeine Hausbesetzung steht dort an. Kenne ich noch aus meiner Schulzeit in Freiburg. Die Hausbesetzer von damals leben jetzt mit schwererziehbaren, aber sicher hochbegabten Blagen in traurigen Niedrigenergiehäusern und passen auf, dass der Nachbar nicht zu viel heizt und der Müll auch fein säuberlich getrennt wird. Dies erbärmliche Schicksal wird den hiesigen Strandpunks sicherlich erspart bleiben, dazu sind sie zu wenig deutsch. Allerdings ist die Wahrscheinlichkeit, dass einer von ihnen Außenminister wird, auch geringer. Obwohl die sicher auch alle Taxi fahren und Steine schmeißen können. Wie dem auch sei, wir haben nicht die Zeit für einen längeren Austausch, da wir vor Einbruch der Dunkelheit noch einen Schlafplatz finden wollen. Gerne hätte ich mich dazugesetzt, mir ein paar Griffe auf der Gitarre zeigen lassen und ein bisschen philosophiert. Aber wir sind ja noch ein paar Tage hier, und die Bande sieht nicht aus, als ob sie es mit irgendetwas eilig hätte. Beim Abschied werde ich höflich gefragt, ob ich Geld für einen Mate habe. Habe ich natürlich und drücke dem mit den schiefen Zähnen und dem rasierten Schädel ein paar Pesos in die Hand. Die Stimmung in Barra de Valizas gefällt uns, wir beschließen, etwas länger zu bleiben. Allerdings gibt es keinen Campingplatz am Strand. Im „Zentrum", einem Sandplatz vor einer verlassenen Postdienststelle, wollen wir nicht stehen. Also irren wir durch die matschigen Straßen von Valizas und schreiben uns die Nummern von ein paar hübschen Ferienhäusern auf. Wir überlegen nämlich, uns etwas zu mieten. Als ich vor einem windschiefen Holzhaus mit drei Stockwerken stehe, spricht mich eine lockenköpfige Althippiebraut an. Ob ich denn ein Inspektor sei, will sie wissen. Ich verneine wahrheitsgemäß und will wiederum wissen, wie sie denn darauf komme. „Na, wegen deines Notizblocks", sagt sie lachend. Jetzt fällt mir auf, dass ich in der Tat wie ein Inspektor durch die Straßen laufe, Häuser begutachte und etwas in meinen schwarzen Block kritzle. Ich erzähle von unserer erfolglosen Suche nach einem Campingplatz, worauf Daniela – wir haben uns mittlerweile vorgestellt – anbietet, dass ich doch hier bleiben könne. Ihr Garten sei schließlich auch ein Campingplatz. Nichts Offizielles, deshalb stehe auch nichts am Zaun, aber einer von vielen wilden Plätzen. Im Garten können wir zwar nicht stehen, dafür sei Paco zu groß, aber auf der Straße, wo außer dem Müllwagen kaum jemand vorbeikommt, sollte es gehen, und wir könnten die „Installationen" nutzen.

Wir schauen uns das natürlich gerne mal an. Danielas Reich um das knuffige Wohnhaus – eine Art Villa Kunterbunt – besteht aus einem Grundstück mit ein paar Wohniglus aus Holz und einem Kücheniglu, in das es wegen des Regens leicht hineintropft. Aber immerhin ist es trockener als draußen. Einen Badeverschlag mit Warmwasserdusche (hier nicht selbstverständlich) gibt es auch, ebenso wie ein Trockenklo. Letzteres habe ich noch nie gesehen. Plumpsklos schon, aber ein Trockenklo ist mir noch nie untergekommen. Im Prinzip eine genial einfache Sache. Man benötigt dazu nur einen Eimer unter einer Sitzvorrichtung und außerdem Sägespäne, die nach verrichtetem Geschäft in den Eimer geschaufelt werden. Das war's. Riecht nicht. Wir entscheiden uns zu bleiben. Nicht nur wegen des Trockenklos, sondern auch, weil der Strand nicht weit weg ist, die Straße ruhig, Daniela freundlich und ihr Platz recht hübsch ist. Alles ein bisschen improvisiert wie in ganz Valizas, aber mit Herz gemacht und gemütlich. Die nächsten Tage werden wir uns hier zur Abwechslung dem Müßiggang hingeben. Von den Einwohnern des Ortes können wir da sicher manches lernen.

Der Regen spült Paco fast weg. Wir stehen jetzt schon zwei Tage nur ein paar Meter vor den Dünen und haben nicht viel davon. Zum Glück ist der Regen warm, und zum Glück hat unsere Gastgeberin zweijährige Zwillingstöchter, die den ganzen Tag nackt in der Gegend rumrennen und mit Klara und Thilo spielen. Die trockenen Stunden sind mit Wäschewaschen, Einkaufengehen, E-Mails-Schreiben (wenn gerade kein Stromausfall ist), Kochen und anderen banalen Tätigkeiten ausgefüllt. Als uns das Getropfe langsam auf den Geist zu gehen beginnt, besinnt Petrus sich eines Besseren und schickt Sonne. Juchhuu!! Endlich an den Strand. Wir müssen nur einmal über die Dünen hüpfen, an ein paar zugesandeten Strandhäusern vorbei, und schon haben wir Sand, Sand und nochmals Sand fast ganz für uns alleine. Davor brausende See. Wir teilen uns den mehrere Kilometer langen Sandstrand nur mit wenigen Urlaubern, ein paar langhaarigen Surfern und einer Hand voll halb verfaulter Robben. Wenn der Wind schlecht steht, ist das

etwas unangenehm, aber es ist genug Platz, sich etwas weiter weg-
zulegen. So ziehen ein paar wunderschöne Tage dahin mit Strand-
spaziergängen, Blick auf Robbeninseln, Sanddünen, wilde Hütten
am Strand, sandeln und in der Sonne brutzeln. Der Fisch im einzigen Strandrestaurant ist vorzüglich, das Bier kalt, die Sonne wärmt
uns und noch ein paar verspätete Touristen. So lässt sich das Leben aushalten, denken wir und die 370 ständigen Einwohner des
Ortes, der in der Hochsaison auf mehrere Tausend, vornehmlich
Rucksacktouristen, anschwillt. Von den 370 Einwohnern sind 70
Kinder. Das widerlegt eindeutig das Vorurteil, dass Hippies lediglich rauchen und saufen, um den Tag rumzukriegen. Obwohl auch
das stimmt.

In diesen Tagen habe ich etwas Zeit, alternative Lebensformen
zu studieren. Valizas und unser wilder Campingplatz bietet dazu
ausreichend Gelegenheit. Da wäre einmal die Freundin unserer
Herbergsmutter, die schon seit zwei Jahren in einem Ein-Frau-
Zelt auf dem Platz wohnt. Sie soll die Holz-Iglus fertigstellen.
Das ist keine leichte Arbeit und erfordert Kreativität. Diese wiederum kann angeregt werden durch das Rauchen bewusstseinser-
weiternder Substanzen. Das tut das Mädel denn auch ausgiebig.
Davor und dazwischen wird in einer Hängematte gedöst, abends
kommt ab und an ein Freund vorbei, und dann soll sie auch
noch die Küche des Platzes sauberhalten und die Trockenklos
leeren. Da bleibt natürlich wenig Zeit für Laubsägearbeiten, und
wenn die vorhanden ist, regnet es garantiert. Oder es ist zu
schön. Irgendwas ist eben immer, wie ich auch schon oft festge-
stellt habe. Mir würde das ewige Rumlungern schwer aufs Gemüt
schlagen. Wenn das die Freiheit sein soll, die viele hier suchen, so
kann ich gerne darauf verzichten. Andere, die es nach Valizas
verschlagen hat, meistens auf einer Reise, sind einfach hängengeblieben. Zum Beispiel der Freund unserer Laubsägefee, der als
gelernter Klempner in der Winterpause genug zu tun hat, denn

es gibt hier keine funktionierende Kanalisation. Oder der Taxifahrer mit seinem Uralt-Dodge, der uns einen Tag in der Gegend herumfährt. Wenn er nicht gerade einen Fahrauftrag hat, macht er, was kommt. Ein anderer Gast in unserem Kiez, ein recht sympathischer Spitzbart, produziert ausgezeichneten Ziegenkäse und verkauft, was sein Stückchen Land so hergibt. Wir lernen ihn kennen, als er mit Familie und Pferdekutsche an unserem Campingplatz hält. Dort steht ein schrottreifes Auto mir unbekannter Marke zum Verkauf. Als ich ihn frage, was die Mühle denn kosten solle, verschlägt es mir die Sprache. Sage und schreibe 2.000.– USD (in Worten: zweitausend amerikanische Dollar) soll der rostige Blechhaufen kosten. Und das ist noch günstig, wie ich erfahre. Da sich hier kaum einer einen Neuwagen leisten kann, werden die alten Kutschen so lange wie möglich am Laufen gehalten und dementsprechende Preise, für alles was gerade noch irgendwie anspringt, aufgerufen. Daher sieht man in diesem (und in den angrenzenden Ländern) auch so schöne Oldtimer. Diese allerdings nicht blank gewienert wie bei uns auf Oldtimerrallys, sondern im alltäglichen Gebrauch. Gelegentlich kommt ein Gemüsehändler vorbei. Der Müllwagen, der unsere Straße bedienen soll, ist glücklicherweise nur an ungeraden Tagen mit Vollmond unterwegs, so dass Klara und Thilo sich problemlos im Baggermatsch vor Paco suhlen können. An den trockenen Abenden wird gegrillt oder zumindest ein kleines Feuerchen gemacht, unsere Herbergsmutter gönnt sich nach einem schweren Arbeitstag (Wäsche waschen, mit Laubsägesklavin unterhalten, Kinder rumkutschieren, Hängematteliegen, Wäsche aufhängen etc.) eine Tüte und plaudert mit ihren Gästen. Alles in allem lässt es sich hier sehr sehr gut aushalten, auch wenn man an und für sich nicht zur hiesigen Kundschaft zählt.

Aber nach fünf Tagen Regen, Strand und Abgehänge wird es auch uns zu bunt in Valizas, wir beschließen Hippilandia wieder zu verlassen. Wollen aber nicht weit weg, sondern nur auf die andere Seite der Dünen, die wir vom Strand aus sehen konnten. Dort nämlich liegt Cabo Polonio, eine noch viel bekanntere Langhaarigensiedlung als Valizas. Cabo Polonio schmiegt sich – wie könnte es anders sein – an einen weiteren Endlosstrand. Dahin zu kommen, ist allerdings nicht einfach und vor allem nicht billig. Von der Hauptstraße führt nur eine Sand- und Dünenpiste in das Dorf, die letzten Kilometer fährt man dann direkt am Strand. Eine tolle Fahrt, die man nicht selbst machen kann, sondern nur mit den 4x4-Trucks, die tagsüber alle halbe Stunde vollgepackt mit Rucksacktouristen und Tagesausflüglern aus den „besseren" Strandorten weiter südlich nach Cabo Polonio kacheln. Kurz nachdem Klara, Thilo, Diana und ich auf den Pritschen ganz hinten oben im Truck Platz genommen haben und der Wagen Fahrt aufnimmt, stößt Thilo einen Schrei aus. Dann Weinen. Die Mütze ist weg. Eine Katastrophe. Seine schöne braun-weiß gestreifte Schildkappe mit Nackenschutz ist dem Fahrtwind zum Opfer gefallen. Das Geschrei hört im Fahrtlärm niemand, schon gar nicht der Fahrer. Als der Wagen kurze Zeit später dann wild über die Sandpiste jagt, hat Thilo sich wieder gefangen und genießt das Geschaukel. Klara ebenso, die mich mit ihrer verspiegelten Sonnenbrille lustig angrinst. Nur Diana scheint gerade zu überlegen, ob es im unteren Deck des Lkw nicht besser gewesen wäre. Jetzt ist es aber ohnehin zu spät. Die Tour dauert knapp 30 Minuten, dann ist man „downtown" Cabo Polonio. Früher abgelegenes Fischernest mit Leuchtturm, heute abgelegenes Tourinest mit Leuchtturm. Im Gegensatz zu Valizas ist die Saison hier noch nicht zu Ende. Wir sehen deutlich mehr Besucher, die zwischen Strand, ein paar Restaurants und Souvenirläden pendeln. Eine Ersatzmütze für Thilo finden wir dort leider nicht. Ich habe schon ein grün-schwarzes Glücksbändchen aus Wolle, das partout nicht abfallen will, sowie ein schick geknotetes Armbändchen, das mir Diana vor ein paar Wochen in

Uspallata geschenkt hat. An weiterem Körperschmuck aus Schlangenhaut, Drachenzähnen oder Ähnlichem habe zumindest ich keinen Bedarf, also erwandern wir den Ort. Klara und ich steigen auf den Leuchtturm, die hiesige Seelöwenkolonie wird bestaunt, und Diana probiert zu Mittag ein afrikanisches Haigericht in Kokosnussmilch. Dianas Gesicht nach zu urteilen, muss der Hai schon sehr alt gewesen sein. Das freakige Gartenrestaurant mit seinem schwulen Kellner, der in Badehose bedient, ist trotzdem einen Besuch wert. Wie alles in Cabo Polonio in allen Farben angemalt, Skulpturen, Puppen, Hängematten, Teppiche, der kleine Gastraum drinnen (Fotografieren verboten) ein Sammelsurium von allem nur erdenklichem Nippes, viele Kerzen, Stühle mit abgesägten Beinen, viel Schummer, viel Silber. Eigentlich etwas für den Abend mit Gemahlin (oder Gemahl, je nachdem, wie man's mag), aber wir sind nun mal nur zum Kurzbesuch hier. Das nächste Mal vielleicht. Wer weiß. Jetzt jedenfalls wollen wir wieder zurück. Der Himmel wird bedrohlich dunkel, und für die nächsten Tage ist Sturm angesagt. Laut Zeitung gelber Alarm, was immer das bedeuten mag. Klingt aber jedenfalls nicht gut.

Die Rückfahrt ist noch holpriger als die Tour hierher, und diesmal schreit Diana. Die Sonnenbrille. Da wir nicht ganz hinten sitzen, kann ich den Fahrer zum Halten bewegen, und das gute Stück sitzt bald wieder auf Dianas Nase und nicht mehr leichtfertig im losen Haar.

Der Sturm lässt auf sich warten, und wir verbringen eine ruhige Nacht bei Chuy, dem Grenzort zu Brasilien. Das wird unsere letzte Nacht in Uruguay, denn morgen wollen wir in unser nächstes Land. Zwar wären noch einige nette Orte zwischen Cabo Polonio/Valizas und der Grenze heimzusuchen gewesen, aber die Wettervorhersagen sind übel, und wir haben Lust auf Neues.

BRASILIEN, WIR KOMMEN ...
Steinkakerlaken am Rio Grande

Erst als wir schon in Chui sind, merken wir, dass wir den Grenzposten in Uruguay übersehen haben. Also wieder zurück. Die Formalitäten sind schnell erledigt, Zollzettel für Paco abgeben, Ausreisestempel abholen, und ab geht's. Dann wieder in die Stadt, die zwar in Brasilien, aber deutlich vor dem brasilianischen (bzw. hinter dem uruguayischen) Grenzposten liegt. Eine geteilte Stadt im Grenzgebiet. Hört sich zumindest aus deutscher Sicht schlimmer an, als es ist. Der eine Teil der Stadt: „Chuy" – liegt in Uruguay, der andere: „Chui" – ist brasilianisch. Die Grenze bildet keine Mauer, sondern ein harmloser Grünstreifen auf der Hauptstraße. Recht lustig anzusehen, auf der einen Seite der Straße die Beschilderung der Geschäfte auf Spanisch, auf der anderen Portugiesisch. Weil das Wetter recht mies ist (der angekündigte Sturm holt auf), haben wir keine Zeit und Lust, in diesem leicht fertigen Ort zu verweilen, nur schnell brasilianisches Frischgeld geholt und weiter zur Grenze, Stempel und die Einreiseformulare für unseren Wagen besorgen. Kostet nur ein bisschen Zeit, sonst nix. Als ich endlich fertig bin, hat uns der Sturm am Wickel. Auf den fünf Metern zwischen dem Zollgebäude und dem Wagen werde ich zuerst nur nass, dann rutsche ich aus, verliere den linken Flipflop und bin einen Meter weiter zwar im Trockenen, aber nass bis auf die Knochen. Die Kinder freut's. Was die kleinen Schadenfrohlinge nicht wissen: Wir haben noch ganz ganz viele Kilometer vor uns. Zwar sind wir im Land der Strände, des Caipirinha und der knappen Bikinis, aber hier im Süden von Rio Grande do Sul, dem südlichsten Bundesstaat dieses Riesenlandes, ist nicht viel davon zu sehen. Hier ist noch Gaucholand. Zunächst eine Landschaft ähnlich der in Uruguay, leicht hügelig, später ganz flach, endlose Weideflächen, Ackerland und Reisanbau. Die Mentalität der hiesigen Einwohner und der Gauchos der angrenzenden Gebiete in Uruguay und Argentinien soll ähnlich sein. Wir können das nicht wirklich beurteilen, denn wir rasen hier nur durch. Offensichtlich ist allerdings der gleiche Hang zum Mate. Auch hier läuft jeder, der einen Arm frei hat, mit einer Thermoskanne und seinem Mategefäß herum.

Weiße Männer mit Cowboyhut zu Pferd statt Mulatten oder schicke Sambatänzerinnen, wie man sie aus der Brasilienwerbung kennt. D a s Brasilien ist endlos weit weg vom Süden, der auf den ersten Blick recht langweilig anmutet, es aber nicht ist, dafür erfolgreich, was man vom Norden Brasiliens, also nördlich von São Paulo und Rio nicht unbedingt sagen kann. Wir sind überrascht, so gute Straßen vorzufinden und vor allem eine so gute Küche. Praktisch an jeder Tankstelle gibt es eine Truckerbeiz, die für schmales Geld ein sehr ansehnliches Buffet hinzaubert. Wir sehen seit langem wieder eine reiche Auswahl an Früchten und Gemüsen außerhalb eines Supermarkts. Wir hatten uns schon an Fleisch mit Kartoffeln, wahlweise Reis, gewöhnt und in Brasilien Ähnliches plus Bohnenpampe mit Maniokmehl erwartet. Auch sonst hatten wir wenig Vorstellung von diesem Land. Zwar habe ich einmal drei Monate in Rio de Janeiro gearbeitet und die Gegend um Rio beschnuppert, aber das ist erstens lange her, und zweitens ging es dem Land damals nicht gut. Das war vor Lula und vor Dilma Rousseff, die heute Regiment führt. Das war, bevor ein cleverer Fondmanager die sog. BRICs[24] erfunden hat, und vor einem starken Real, der hiesigen Währung. Es war genauer gesagt vor 14 Jahren, und das wiederum ist in einem Staat, der sich so rasant entwickelt, eine halbe Ewigkeit. Uns erstaunt die Entwicklung trotzdem. In Argentinien hätten wir nicht mit so viel Schmutz, Korruption und politischem Irrsinn gerechnet. Mein Bild von Brasilien hinge-

---

24 BRIC steht für die Volkswirtschaften Brasilien, Russland, Indien und China

gen war geprägt von schönen Stränden, nahtlos braunen Frauen, dazu Samba und Caipi, bis der Arzt kommt. Stattdessen fahren wir auf guten Straßen durch sattes Farmland, essen vorzüglich, und die Menschen, denen wir begegnen, laufen durchaus nicht in Lumpen herum. Viele davon sprechen auch noch Deutsch. Die starke deutsche Einwanderung in den Bundesstaat Santa Catarına weiter nördlich um Blumenau, Pomerode und Fraiburgo war mir zwar geläufig. Ich wusste jedoch nicht, dass die deutschen Wurzeln in Rio Grande do Sul noch viel tiefer gehen. Im Gebirge bei Porto Alegre gibt es bspw. den Ort Novo Hamburgo, ein Teutonia oder Scharlau. Es soll Dörfer geben, wo heute noch vorwiegend deutsch gesprochen wird. Von alledem bekommen wir nichts mit, wollen schließlich an den Strand, haben noch immer nicht genug davon. Ziel ist der Ferienort Praia do Rosa. Empfehlung von Guillermo aus Buenos Aires, im Internet angepriesen als einer der schönsten Strände der Welt, Surferparadies und was weiß ich noch alles. Auf dem langen Weg dorthin – drei volle Tage Fahrt, zwei Übernachtungen – kreuzen lediglich ein paar Carpinchos unseren Weg, und es gibt einen heftigen Streit.

Diana hat irgendwo gelesen, dass man bei Rio Grande mit einer alten Draisine auf eine Hafenmole fahren kann. Das fällt ihr etwa 30 Kilometer vor Rio Grande ein, es ist bereits später Nachmittag. Mich interessieren weder Rio Grande noch der schmierige Hafen, und von einer sehenswerten Mole oder einer Draisine habe ich auch nichts gehört. Ich will viel lieber Kilometer fressen, warum auch immer. Allerdings habe ich keine guten Argumente, und wenn ich jetzt drauf bestehe, weiterzudüsen, höre ich mir noch wochenlang an, was wir da Grandioses verpasst haben. Wenn ich nachgebe, „verlieren" wir einen halben Tag. Ich entscheide mich – widerwillig – für die Alternative, die den Familienfrieden langfristig sichert, aber kurzfristig zu einem heftigen Wortgefecht führt. Im Nachhinein und bei Betrachtung aus der Ferne ist es natürlich völlig idiotisch, sich eine und sei es auch nur vermeintliche Sehenswürdigkeit entgehen zu lassen, nur um weiter Auto fahren zu können. Aber ich war eben nicht vorbereitet und im Fernfahrermodus. Also kacheln wir Richtung Hafen, haben nur eine ungefähre Ahnung, wo wir hinmüssen, und stehen plötzlich an diesem riesengroßen Strand. Wir sind in Cassino kurz vor Rio Grande und am angeblich längsten Strand der Welt. Brettharter Sand, mit 60 – 70 km/h auf dem Tacho, düsen wir über den Strand an unzähligen Autos vorbei, die nur ein paar Meter vom Wasser entfernt parken. Schön ist der Strand nicht, die Apartments dahinter noch weniger, aber die Fahrt ist lustig. Ich kann hier fahren wie auf einer Autobahn. Ein paar Tage später erfahren wir, dass man fast 200 km problemlos über den Strand gen Norden fahren kann. Einziges Problem ist wohl, dass man nie genau weiß, wo man ist und wie weit man noch kommt. Wir haben diesen Status schon nach wenigen Minuten erreicht. Wir haben auch keine Ahnung, wo wir sind, können aber schon eine Mole sehen. Hoffentlich ist es die tolle mit den Draisinen.

Ist sie. Und wir finden auch gleich die Gefährte samt Besatzung. Vorstellen muss man sich das Szenario ungefähr so: Vor einer endlos langen Mole, auf die alte Gleise führen, stehen mehrere Draisinen, eine jede mit Segel und leicht angelumpten Brasilianern ausgestattet. Für schlappe 30 Real, das sind immerhin 15 Euro, schubst einen der Draisinenknecht bis ans Ende der Mole, wenn er Glück hat, hilft ihm der Wind. Unser Mann hat kein Glück. Wir sitzen also zu viert „auf Deck" und schauen zu, wie der arme Mann schwitzt. Rechts und links ziehen Steinquader an uns vorbei, bevölkert von Steinkakerlaken, Fischabfällen der Angler und sonstigem Müll. Im Hintergrund der Hafen, ein paar Seelenverkäufer, Meer. Wie schön.

PRAIA DO ROSA – UND ANDERE PERFEKTE STRÄNDE
Brasilien vom Feinsten

Richtig schön wird es dann allerdings in Praia do Rosa. Wenn wir dachten, dass die Strände in Uruguay schon das Maß aller Dinge wären, so werden wir hier eines Besseren belehrt. Es ist der perfekte Strand. Dazu gehört nicht nur heller feinkörniger Sand (gibt es auch in Uruguay), angenehme Brandung (nicht zu stark, gerade so, dass man entspannt mit den Wellen spielen kann) und klares Wasser. Auch die Infrastruktur und das Hinterland müssen passen. Der perfekte Strand ist sozusagen ein 360-Grad-wow-Erlebnis. Und hier hat Brasilien die Nase vorn. Während in Uruguay nur hügeliges Farmland oder ein paar langweilige Bäume, ggf. Dünen im Rücken des Strandbetrachters lauern, fährt Praia do Rosa schweres Geschütz auf. Hohe Hügel, genannt *morros*, dicht bewachsen. Hie und da Palmen, schnuckelige ziegelgedeckte *pousadas* (Herbergen) schmiegen sich an die Berge wie Farbtupfer im fast schon pervers dichten Grün. Rechts und links der sichelförmigen Bucht, die gerade lang genug zum Joggen oder Spazieren ist, aber nicht so weitläufig, dass sich der Blick verliert, fehlen glattgewaschene Gesteinsformationen auch nicht. Fast wie Katalogfotos von Seychellenstränden. Wenn dann auch noch eine coole Strandbar dazukommt, schmucke Mädels und gestählte Surfer, hat man den perfekten Strand. Hier bleiben wir.

Wir müssen nur warten, bis sich der Trubel legt, und besetzen einen der wenigen Parkplätze direkt über dem Strand. Rechts von Paco die Strandtreppe, links der Zugang zum Terrassenrestaurant. Abends verzieht sich die Schickeria in das Innere des Örtchens, wo bessere Restaurants und diverse Souvenirhöker auf zahlungskräftige Kundschaft warten. Wir bleiben, wo wir sind, und haben so frühmorgens, abends wie nachts die See und den

Mond für uns alleine. Tagsüber beobachten wir. Diana erfreut sich an den muskulösen Surfern – da kann ich trotz mittlerweile regelmäßigen Barfußjoggings nicht mithalten –, ich finde an der weiblichen Tracht Gefallen. Praktisch alle Mädels tragen „*filho dental*" – Zahnseide. Auch diejenigen, die sich bei uns daheim allenfalls in einem Ganzkörperbadeanzug ans Tageslicht wagen würden. Hier in Brasilien ist Körper eben Kult. Wohin man sieht, durchtrainierte Leiber bei Männlein wie Weiblein. Und auch wenn der Körper nicht ganz perfekt ist, er wird stolz gezeigt. Gerne tätowiert. Ich habe noch nirgendwo so viele tätowierte Menschen gesehen wie in den zu wenigen Wochen in Brasilien. Von neckischen Tierchen bis zum Mördergeweih über beeindruckenden Ärschen alles dabei. Wenn wir hier länger leben würden, wären wir wahrscheinlich auch vom Tattoo-Virus infiziert worden, aber so weit kommt es in den drei Tagen Praia do Rosa nicht. Wir stehen zu sehr auf dem Präsentierteller. Auch wenn es uns hier sicher scheint, so haben wir uns für Brasilien doch vorgenommen, wenn irgend möglich, Campingplätze anzufahren. Also lassen wir Traumstrand Traumstrand sein und fahren 70 km weiter nördlich auf die Ilha Santa Catarina, auch bekannt als Florianopolis oder „Floripa".

Kaum am Strand, merken wir: Wir sind hier falsch. Ganz eindeutig. Weder die Hautfarbe noch mein dezenter Bauchansatz oder unsere sportlichen Ambitionen passen hierher. Wir sind am Strand von Campeche in der Hardcore-Sportlerecke gelandet. Suchen uns ein Plätzchen zwischen den Saftbars, wo uns – hoffentlich – keiner der kleinen harten Bälle trifft, die überall herumsausen. Klackklackklack in einem Wahnsinnstempo. Beach-Ball (kleiner fester Plastikball mit Holzschlägern malträtiert) auf Brasilianisch. Hochleistungstempo. Zu zweit, zu dritt oder zu viert wird gespielt, als ob es einen Weltrekord in Speed-Beach-Ball zu brechen gäbe. Zur Erholung wird im hinteren Strandabschnitt

Beachvolleyball gespielt – mit dem Fuß. Und wem das noch nicht genug ist, der schnappt sich seinen Kite oder das Wellenbrett und surft in die anbrechende Brandung, die auch nicht von schlechten Eltern ist. Papa Huber sitzt derweil mit Sandschäufelchen zwischen den blütenweißen Kindern vor der ziemlich uncoolen Strandmuschel und bewundert diejenigen, die sich nicht bewegen. Das sind meistens junge Mädels, die ganz sicher keinen Sport mehr machen müssen, nach Festigkeit von Oberschenkeln und Pobacken zu urteilen (Ferndiagnose). Alle nahtlos braun bis auf den Zahnseidenbikini, mit übergroßen Sonnenbrillen, in denen sich die drumherumbalgenden Adonisse spiegeln. Neben dem Augenschmaus ist für leibliche Verpflegung in Form von Fruchtsäften (z.B. Ananas-Banane-Maracuja oder Guave-Acerola), halbgefrorener dunkellila Acaí-Paste[25] mit Knuspermüsli und fastgefrorenem Bier gesorgt. Hier gehen wir jetzt erst mal nicht mehr weg. Das haben wir uns verdient. War schließlich nicht einfach, diesen traumhaften Strand mit zuverlässigem Wellengang, endlos lang, weiß und mit vorgelagerter Insel zu finden.

Der Touri-Informant in Florianopolis hatte uns nämlich zuerst in den Norden der Ferieninsel geschickt. Ferienort reiht sich auf dem Eiland an Ferienort, im Norden dichte Siedlungen an schmalen Stränden – gerne von Argentiniern besucht –, im Osten weite Strände mit hohen Wellen, im Inland Lagunen und flotter Wind für die Kiter, im Süden abgelegene Buchten, kleine Dörfer, wenig los. Wir wollten diesmal unbedingt auf einen ordentlichen Campingplatz, damit wir ein, zwei oder drei Wochen verweilen können und nicht auf öffentliche Toiletten ausweichen und auf regelmäßiges Duschen verzichten müssen. Für ein paar Tage oder eine Woche ist das kein Problem, schließlich

---

25 Acaí ist eine Palmenfrucht aus Nordbrasilien.

sind wir gut ausgerüstet. Aber wir wollen uns mal wieder irgendwo häuslich einrichten. Hat man auf Florianopolis, was Strände angeht, die Qual der Wahl, so gilt für Campingplätze das Gegenteil. Es gibt kaum eine Handvoll, und die sind entweder abgelegen oder sonst nicht zu gebrauchen. Erst im zweiten Anlauf gewöhnen wir uns an den Gedanken, eben nicht wieder direkt am Strand zu stehen, sondern – wie fast alle anderen auch – 300 Meter zu Fuß laufen zu müssen. Man ist eben schnell verwöhnt. Dafür haben wir jetzt auf unserem Platz in Campeche im Osten der Insel einen Pool, einen Spielplatz, saubere Duschen sowie eine überdachte Grillstelle mit Waschbecken samt Eidechsen, Tisch, Stühlen, und Schatten gibt es obendrein. Die Kinder pflücken sich täglich frische Guaven von den Bäumen oder Acerolas (kleine saure Vitamin-C-Bomben). Wenn die nicht gleich vernascht werden, setzt Klara Obstwasser an. Gar nicht so unlecker. Selbst der „weite" Weg an den Strand fällt am zweiten Tag nicht mehr so schwer.

Die Tage vergehen wie im Fluge mit Nichtstun, Strandliegen, Grillen und dem ein oder anderen Ausflug zu umliegenden Stränden und Lagunen. Irgendwann wird uns das aber zu öde, und wir beschließen, aktiv zu werden. Schon seit einiger Zeit spielen wir mit dem Gedanken, auf dieser Auszeit auch was zu lernen. Und zwar Kitesurfen. Tom und Anke, die wir vor Wochen an der argentinisch-uruguayischen Grenze kennenlernten, haben uns infiziert. Sie haben in Kolumbien Kitesurfen gelernt und lassen mittlerweile kaum ein Revier aus. Das hat uns imponiert, weshalb wir uns auf Florianopolis auf den Weg zur Lagõa de Conceiçao machen, d e m Kitesurfrevier überhaupt in Südbrasilien. Hier gibt es gleich mehrere Schulen. Das Revier ist ein Stehrevier, d.h. man steht bis zum Bauchnabel im Wasser und schluckt bei Fehlern davon etwas weniger, hat schnellere Lernerfolge. Wir sind etwas erstaunt ob der Stundenpreise, das hatten wir in einem angeblichen „Entwicklungsland" nicht erwartet, aber wagen es trotzdem. Unser Surflehrer ist sympathisch, spricht gut Englisch, war irgendwann einmal Weltmeister und verspricht, dass man schon nach der ersten Einheit auf dem Brett steht. Hört sich alles gut an, und wir warten auf den ersten Tag mit Wind. Als der kommt, verabreden wir uns an der Lagune, und Diana passt auf die Kinder auf, während ich den Anfang mache. Der Drachen, der einen durch das Nass ziehen soll, ist nicht von schlechten Eltern, der erste kleine Missgriff hebt mich ein gutes Stück aus dem Wasser. Zum Glück sind wir mit einem Schlauchboot ausgerüstet, und es spielt wegen der Größe der Lagune, in deren Mitte wir gefahren sind, keine Rolle, wohin ich gezogen werde. Nach über einer Stunde Schleifenlassen nach rechts oder links, Drachenfesthalten und -steigenlassen ist es dann soweit. Der Lehrer will tatsächlich sein Versprechen wahr machen und holt das Brett. Nach kurzer Einweisung stehe ich dann wirklich auch auf dem Board. So für eine Millisekunde. Dann macht es wieder platsch und der Kite mit mir was er will. Ich bin zwar eher vom Drachen über das Brett gezogen worden, als dass ich darauf gestanden wäre. Aber immerhin. Ich bin mächtig stolz und auch völlig fertig. Bei Diana klappt es auch recht gut, und sie kommt nach ihrer Einheit ziemlich ausgepowert, aber glücklich an den kleinen Stand zurück, wo ich für Klara und Thilo einen Drachen aus Papier gebastelt habe. Der fliegt zwar überhaupt nicht, den Kleinen ist's wurscht.

Wir beschließen, weiter Stunden zu nehmen, woraus aber leider nichts wird. Die nächsten Tage herrscht Flaute. Außerdem ist die Abstimmung mit dem Lehrer schwierig. Wir sind praktisch ständig im Stand-by, warten auf Nachricht, ob Wind kommt, und wenn ja, wann wir unsere Stunden haben können. Wir beschließen schweren Herzens unsere Kitesurfkarriere – fürs Erste – an den Nagel zu hängen. Nach drei Wochen Campeche bauen wir unser Lager wieder ab, wollen an den nächsten perfekten Strand. Jedoch nicht, ohne zuvor eine andere hier beheimatete Sportart auszuprobieren: das Sandboarding.

Etwa 15 Minuten nördlich von Campeche geht unser bisheriger Hausstrand über in den Strand von Joaquinha, berühmt für seine Dünen. Ich weiß nicht, wie hoch diese Dünen sind, aber sie sind gewaltig. Der Blick reicht weit ins Landesinnere, die Dünen müssen sich über mehrere Quadratkilometer erstrecken. Zu ihren Füßen der Strand von Joaquinha, der endlose von Campeche und einige weitere schließen sich nahtlos an. Alleine der Ausblick wäre schon eine Reise wert, aber deswegen kommen die Leute nicht her. Anlaufpunkt ist eines der vielen Postkartenmotive von Florianopolis. Der Sandboardverleih kurz vor der höchsten Düne. Er besteht aus ein paar Holzpfählen, darüber schattenspendendes Tuch, rechts und links davon eine Unmenge lustig bunter Boards. Ein Sandboard – hatte ich vorher auch noch nicht gesehen – sieht aus wie ein Snowboard und wird auch so benutzt. Nur barfuß. Es gibt die Bretter auch in einer breiteren Variante, die wie ein Schlitten zu fahren sind. Wir leihen uns je eine Version aus und stapfen wagemutig weiter durch den pudrigen Sand. Am Dünenhang angekommen, geht es entweder ganz steil nach unten Richtung Strand oder ganz steil nach unten in das nächste Dünental. Spitze. Wir genießen erst den Ausblick und schauen den anderen Ausflüglern bei ihren Versuchen zu. Scheint nicht ganz einfach zu sein, aber schwer Spaß zu machen. Weh tut sich niemand, also trauen wir uns auch. Thilo und Klara machen den Anfang und rodeln den Berg hinab. Leider gibt es hier keine Lifte, daher bin ich nach einigen Durchgängen als Schlepplift schon ziemlich platt. Dann trau ich mich auch. Im Winterurlaub konnte ich ja zusehen, wie sich albern behoste Snowboarder durch den Schnee pflügen und die schönen Skipisten kaputtmachen. Mit meiner kurzen Hose sehe ich nur halb so cool wie holländische Schneebrettrowdies aus und mache auch nur eine halb so coole Figur. Zwei Meter vielleicht, weiter komme ich nicht, dann bremst mich der Sand bzw. mein Unvermögen. Klara will auch unbedingt einmal, und wir lassen sie gewähren. Als ob sie noch nie etwas anderes als Sandboards unter den Füssen gehabt hätte, stellt sie sich drauf, und ab geht die Post. Bis ganz nach unten. Und dann noch einmal. Wir sind geplättet. Zwar hatte Klara schon ein paar Skistunden und macht sich auf der Piste ganz gut, aber von Snowboards hat sie noch nie was gehört. Muss die fehlende Angst sein oder das von Diana geerbte Talent, denn auch sie kommt Meilen weiter als ich. Erst als alle vier fix und fertig sind, verabschieden wir uns von Floripa. Denn die nächste Insel ruft, wenn auch nur eine halbe.

RETIRO DOS PADRES – ZUFLUCHT DER MÖNCHE
Müßiggang in Bombinhas

„Nein Schatz, wir brauchen keine Karte. Hab' alles im Kopf", sage ich und fahre weiter. Hätte ich nur auf Diana gehört. Sie wollte an der Touristeninformation halten, damit wir nach dem Weg fragen oder uns eine Karte geben lassen können. Aber als richtiger Mann fragt man erst nach dem Weg, wenn alles zu spät ist. Außerdem habe ich mich im weltweiten Datennetz schlau gemacht, welchen Campingplatz wir auf Bombinhas nördlich von Floripa anfahren können. Es gibt tatsächlich einen direkt am Strand. Nicht zu verfehlen. Auf die Halbinsel drauf, immer links halten, und dann irgendwo auf der linken Seite muss er sein. Die Touri-Info ist da reine Zeitverschwendung, zumal es gleich anfangen wird zu dämmern, und ich möchte noch bei Tageslicht ankommen. Also fahren wir weiter geradeaus. Zuerst durch den Ort Bombas, dann einen Berg hoch, dann wieder geradeaus, dann nach Bombinhas hinein, immer weiter, der Strand immer in Sichtweite. Campingplatz? Fehlanzeige. Ich muss nach dem Weg fragen. „Camping Paraiso Tropical?" – kennt hier keiner. Also weiter geradeaus, muss schließlich irgendwo sein.

Nach einer halben Stunde sind wir ziemlich am Ende der Insel angekommen, und die asphaltierte Straße hört auf, Busch fängt an. Ich will wenden. „Can I help you?", ruft uns ein Mann aus seinem Garten zu. „Oh yes, please", sage ich und steige aus dem Wagen. „Do you happen to have a map of this area?" Er hat. Wenig später kommt der Mann, vielleicht Mitte fünfzig, wieder aus seinem Haus. Ich erkläre, welchen Platz wir suchen, welchen Strand und welche Straße. Er zeigt mir den Flecken auf der Karte. Mist. Wir sind auf der falschen Seite der Insel, müssten fast bis ganz zurück, und es ist schon dunkel. Da haben wir uns schön verfranzt. Als ich resigniert einpacken möchte, fragt er:

„Aber warum nicht Camping gleich da unten?" – Ich bin verdutzt. Der Mann spricht deutsch, und wir stehen keine 300 Meter entfernt vom Camping Retiro dos Padres, müssen uns nur noch eine kurvige Schotterpiste nach unten schlängeln. Der Tag ist gerettet. Wir verabschieden uns von Ricardo, versprechen, morgen wiederzukommen, und rollen den Hang hinunter. Sollte klappen. „Hab' doch glcich gesagt, dass ich den Platz finden würde", erkläre ich meiner leicht genervten Frau. Sie ist aber nicht zu Scherzen aufgelegt, die Kinder haben Hunger und Diana auch.

Erst am nächsten Tag merken wir, dass wir genau dort gelandet sind, wo wir hinwollten. Zwar nicht auf dem Camping Paraiso Tropical, sondern viel besser. Auf einem Platz in einer wunderschönen, sichelförmigen Bucht, die Hügel um uns herum steil und satt begrünt, dezente Brandung, kaum bebaut. Von Paco aus sehen wir das Meer und können über eine kleine Mauer direkt in den Sand hüpfen. Diese Bucht gehörte einst einem Mönchsorden, heute erinnert nur noch der Name – Retiro dos Padres – an spazierende Mönche. Das kleine Refugium der Betbrüder ist zwar noch da, aber nun eine Bar, die die Urlauber mit frittierten Krabbenbällchen, gegrillten Hähnchenspießen, Fruchtsäften, Eis und Bier versorgt. Die Camper neben uns – Dauerurlauber aus dem nur drei Stunden entfernten Blumenau – sind freundlich, die Kinder finden Anschluss, und wir beschließen, unsere zwei Strandtage auf mindestens eine Woche zu verlängern. Hier werden wir Ostern feiern.

Die Tage bis Ostern verbringen wir mit der Erkundung weiterer Strände der Gegend. Über einen Trampelpfad kommen wir durch den Dschungel an die Praia da Sepultura – der Fotostrand in der Gegend. Wunderhübsches Panorama vom Hügel über das türkisblaue Meer hinüber zum Ort Bombinhas mit seinen bunten Hotels, Restaurants und Ferienwohnungen. Leider ist der Strand nicht nur beliebt, sondern keine 30 Meter breit und bei Flut vielleicht nur zwei Meter tief. Der Stimmung tut das keinen Abbruch, statt Liegen werden eben die Fische beobachtet oder das neue Jongliergerät ausprobiert.

Kurz vor Ostern wird es dann noch trubeliger. Argentinier und Uruguayos fallen zum Osterwochenende ein. Wir genießen das Hauptsaisonfeeling, wohl wissend, dass auch hier die Bürgersteige bald hochgeklappt werden. Die Tage bis dahin verbringen wir an unseren drei Stränden. An dem vor unserem Standplatz mit Buddeln und Wellenspringen, am kleinen zum Fischeärgern und am großen in Bombinhas, um uns noch einmal so richtig ins Strandgetümmel zu schmeißen. Außerdem ist das Wasser in Bombinhas still und ideal zum Plantschen für Klara und Thilo. Wir passen uns an, erstehen brav den obligatorischen Sonnenschirm, speisen mittags im Strandlokal panierte Seezunge, strampeln auf einem Tretboot in die Bucht, um Schildkröten zu beobachten, die sich das klare Wasser mit den Urlaubern teilen. Einfach nur klasse. Am Abend wird gegrillt, Gitarre gespielt, und ab und an kommt Ricardo vorbei, der Mann der uns den Weg hierher gezeigt hat. Mittlerweile haben wir uns angefreundet, er hilft meinem Portugiesisch auf die Sprünge, ich seinem recht passablen Deutsch. Als Ingenieur hat er eine hohe Meinung von Deutschland, und in seiner Wohnung steht unter anderem Schopenhauer im Buchregal. So ziehen die Tage ins Land, wir feiern Ostern mit klassischem Eierverstecken und schmücken ein Osterbäumchen mit den mitgebrachten Holzhäschen und bunten Eiern, speisen zusammen mit unseren brasilianischen Nachbarn, die uns zum Ostermal eingeladen haben. Eine Woche, wie sie gemütlicher und entspannter kaum hätte sein können. Wir haben nach fast sechs Monaten endlich unseren Reiserhythmus gefunden.

Erst als es nachts merklich kälter wird, keine Argentinier mehr durch die Gegend brettern und die Bar an unserem Strand dichtmacht, merken auch wir, was die Uhr geschlagen hat. Saisonende. Nicht etwa Nachsaison und Einfall deutscher Rentnerhorden, sondern Ende der Saison. Ende im Sinne von Schluss, aus, fertig. Nichts mehr mit Baden, Sonnenschirmleihen, Seezungenaschen, Strandjoggen, Möwengucken, Gitarreschraddeln, Dschungelwandern, Wellenplantschen, Sandburgenbauen, Fleischgrillen, Caipimischen und womit wir sonst noch erfolgreich den Tag gefüllt haben. Wir müssen der hässlichen Wahrheit ins Gesicht sehen. Wir haben hier fertig. Selbst unsere neuen Freunde, die Dauercamper, fangen an, ihre Zeltstadt abzubauen, und der Platzwart fragt verlegen, ob er denn kassieren dürfe, wo denn nun die Saison zu Ende sei.

Wir essen dem einsetzenden Regen zum Trotz noch ein Rieseneis in „unserem" Eisbuffet, kaufen eine Batterie Flipflops, mehrere Sets Beachball und fügen uns in unser Schicksal. Das Lotterleben hat ein Ende. Vor ein paar Monaten hätte ich es kaum für möglich gehalten, dass ich jemals so tief sinken könnte und mehrere Wochen an Sandhaufen und lautem Salzwasser verbringen würde. Zwei Wochen Sommerferien in Spanien: kein Problem, im Zweifel kann ich dort aufs Klo gehen und meine E-Mails abrufen. Aber fast zwei Monate an Atlantikstränden lungern, statt irgendetwas „Sinnvolles" zu tun? Schwer vorstellbar. Jetzt weiß ich, dass es geht. Und zwar sehr gut. So gut, dass wir am liebsten gar nicht damit aufgehört hätten. Weder Diana noch Thilo oder Klara haben wieder Lust auf Straße und Abenteuer. Aber wenn es am schönsten ist, soll man ja bekanntlich aufhören. Ich habe mich mit dieser Weisheit schon immer schwergetan, diesmal aber besonders. Da uns Jammern aber auch nicht näher an die Iguazú-Wasserfälle bringt, machen wir Paco wieder startklar und reihen uns ein in die dreispurige Autobahn gen Norden.

WER SUCHET, DER FINDET?

In der Jugendherberge in Foz do Iguaçu

Drei Tage und zwei Tankstellenübernachtungen später ist die Welt aber wieder in Ordnung. Sehr sogar. Ich sitze mit einem Dortmunder bei Bierchen und Fußball. Es gibt Bayern vs. Dortmund. Das Spitzenspiel der Liga wird bis ins ferne Foz do Iguaçu übertragen, 800 satte Kilometer nordwestlich von den Paradiesstränden. Im Hintergrund plätschert der Swimmingpool, die Sonne lacht, Diana macht mit den Kindern erste Erkundungen, und ich erhole mich von den Fernfahrerstrapazen. Irgendwann wird mir das Gekicke zu langweilig, und ich nötige meinem Tischnachbarn eine Unterhaltung auf. Dieser ist schätzungsweise Mitte zwanzig, blondgelockt, gemütliche Figur, sympathischer Eindruck und eher still. Kann natürlich auch am Spiel liegen. „Was treibt dich denn hierher?", frage ich – eigentlich eine rhetorische Frage, denn jeder ist wegen der Wasserfälle hier. „Meine Schwiegereltern sind zu Besuch, wir wollten denen die Fälle zeigen." – „Ah, du lebst also hier in Brasilien? Schon länger?" Interessant, ich scheine auf den einzigen Nicht-Ganztouristen in der Gegend gestoßen zu sein. „Nein, wir leben drüben in Misiones, etwa 150 km südlich, und das auch erst seit kurzem."[26] Noch interessanter. Ich frage mich, was ein junger Kerl aus Dortmund, der weder nach Abenteurer, Menschenhändler oder Archäologe aussieht, ausgerechnet in Misiones, einer armen Provinz zwischen dem noch ärmeren Paraguay und dem wenig besiedelten Gaucho-Brasilien, macht. Ich tippe auf Liebe und frage ein paar Ballwechsel später nach. Es stellt sich heraus, dass es tatsächlich die Liebe ist, die ihn herbringt. Aber anders als vermutet, nicht diejenige zu einer Frau, sondern die zu Gott oder, besser gesagt, zu einer seiner Sekten. Der Mann ist

---

26 Misiones ist eine Provinz in Argentinien, die unmittelbar südlich an die Iguazú-Fälle grenzt, Argentinien und Brasilien teilen sich das Weltnaturerbe.

Zeuge Jehovas und mit seiner Frau, ebenfalls Zeugin, für zwei Jahre nach Misiones gekommen, um dort zu missionieren. Die Gegend scheint das anzuziehen, aber dazu kommen wir später. Spanisch spricht er kaum, er war auch noch nie in Südamerika, geschweige denn auf dieser Ecke. Bezahlen muss er das alles selber. Die „Gemeinde" gibt allenfalls einen kleinen Zuschuss. Grund für die Missionierung ist die starke deutsche Einwanderung in das Gebiet zwischen dem Rio Paraná und dem Rio Uruguay, die schon Anfang des 19. Jahrhunderts einsetzte. Noch heute gibt es dort Menschen, die kaum spanisch, wohl aber deutsch sprechen. Um deren Seelenheil möchte sich die Jehova-Mission kümmern. Auch wenn ich nicht viel von den Zeugen Jehovas halte und gerne einen Bogen um Wachtturmverkäuferinnen mache, bin ich beeindruckt. Es gehört schon einiges dazu, wahrscheinlich auch ein gerüttelt Maß an Fanatismus, aus dem Pott in eine Gegend zu ziehen, die zwar schöne rote Erde und noch mehr Wald aufweist, aber auch fieses Klima, schwankend zwischen feucht-heiß und schwül-warm. Vom Regen in die Traufe sozusagen. Aber er hat es sich wohl so ausgesucht. Hoffe ich zumindest.

Überhaupt scheint unsere Jugendherberge interessante Gestalten anzuziehen. Obwohl die sog. Herberge eher ein Ferienkomplex ist, mit Doppelzimmern, Schlafsälen, Einzelzimmern und dem Campingbereich mit überdachter Sommerküche, Pool samt Bar, Fußballplatz, Internet, Billard, Tischkicker und was der Mit-und-ohne-Rucksacktourist noch so braucht. Und das Beste: Frühstück ist inklusive, auch für die Camper. Wenn ich an Jugendherberge und Frühstück denke, habe ich unweigerlich den Duft von lauwarmem, leicht gesüßtem Hagebuttentee in der Nase. Sehe Graubrot, Scheiblettenkäse und Mettwurstaufstrich in winzigen Aluschälchen vor mir. Nach bald einem halben Jahr Südamerika hätte ich mich schon darüber gefreut, hier aber gibt es ein ansprechendes Buffet von Melone (Honig & Wasser), diversen süßen Kuchen mit und ohne Kokosraspel, Weißbrot, Butter, Marmelade. Auch der Kaffee schmeckt. Was will man mehr. Wir müssen morgens nicht die Küche von Paco zumüllen, sondern können ganz gemütlich in den Frühstücksraum laufen, uns den Bauch vollschlagen und mit unseren neuen Bekanntschaften an die Gespräche vom Vorabend anknüpfen. Neben zahlreichen Wochenendtouristen, die sich für ein bis zwei Tage die Wasserfälle ansehen, wohnen auch einige Langzeitgäste hier. Zum Beispiel der Koreaner in seinem kaputten Zelt, der schon 3 Monate auf der Wiese vor dem Küchenkomplex lagert. Li spricht fließend Deutsch, hat in Berlin Informatik studiert und ist seit vier Jahren mit dem Fahrrad in der Welt umhergereist. Genau! Seit vier Jahren mit einem Fahrrad, und mit dem war er schon fast überall. In Afrika, Asien, Europa, und ist vor kurzem nach Südamerika gekommen. Hier wartet er auf ein neues Zelt aus Korea, da vor Ort kein tauglicher Ersatz zu bekommen war (was man ihm abnimmt, wenn man die Zeltruine sieht, in der er momentan haust). Aber er hat ja auch Zeit. Etwa 3 bis 4 weitere Jahre will er noch unterwegs sein, dann wird er auch Süd- und Nordamerika beradelt haben. Finanziert wird die Reise durch Artikel für ein koreanisches Fahrradmagazin.

Warum er das mache, frage ich ihn. Eigentlich eine komplett bescheuerte Frage. Ich kann mir gut vorstellen, warum. Wahrscheinlich aus dem gleichen Grund, weshalb Diana und ich unsere Kleinen erst um die halbe Welt geflogen und dann in ein Wohnmobil verfrachtet haben. Und so ist es auch. „Ich wollte alternativ leben, etwas anders machen", erklärt Li. Es ist das, was praktisch alle sagen, die wir bisher auf Fahrrädern, in Wohnmobilen oder auf Pferden angetroffen haben und die es für mehr als nur ein paar Wochen ins südliche Amerika verschlagen hat. Alle suchen wir etwas „anderes", wollen ausbrechen aus dem Alltagstrott, etwas Neues beginnen oder einfach nur Atem holen. Gemein ist wohl allen Teil- und Vollzeitaussteigern die Neugier sowie die Suche nach einer Alternative. Einer Alternative zu dem uns bekannten Leben im sog. Alltag. Es heißt, wer suchet, der findet – ich bin mir da aber nicht mehr so sicher. Es stimmt zwar, dass man findet, wenn man sucht. Aber oft findet man nicht das, was man sucht, wenn man überhaupt weiß, was gesucht wird. Wir jedenfalls wussten nicht, was wir auf dieser Reise finden würden. Alles, was wir bisher fanden, die Naturerlebnisse und Bekanntschaften, hat uns jedenfalls ausnehmend gut gefallen. Haben wir eine Alternative zu unserem Leben daheim gefunden? Wohl kaum. Haben wir aber auch nicht gesucht. Was wir gesucht haben, ist eine Auszeit, eine Unterbrechung, die Kraft gibt und die Freude, wieder in den Alltag einsteigen zu können. Und ich glaube, das haben wir erreicht. Wir freuen uns, kaum zwei Monate vor Rückflugtermin, wieder auf die Heimat und das Altbekannte. Nicht gesucht und auch nicht gefunden haben wir „die Alternative". Studieren konnten wir zwar, wie so eine Alternative aussehen kann. Beispielsweise bei den Hippies in Valizas oder bei einigen Langzeitreisenden (damit meine ich diejenigen, die mehrere Jahre unterwegs sind und nicht nur einen Schnupperurlaub wie wir machen). Letztendlich aber erwischt jeden der Alltag in der ein oder anderen Weise, egal wo und egal wie man lebt. Auch Aussteiger müssen essen, kämpfen mit verstopfter Kanalisation, und selbst bei denjenigen, die immer auf der Straße sind, gibt es wiederkehrende Sorgen und Nöte. Friede, Freude, Eierkuchen für alle immer und überall gibt es nicht. Also fängt man am besten gar nicht an, danach zu trachten? Auch falsch. Das hieße ja, alles so zu nehmen, wie es gerade ist. Den Stillstand oder Status Quo zum Ziel zu erklären. Die Wahrheit liegt wohl wie so oft in der Mitte. Nicht das ewige Suchen nach schöner, freier, andersartiger bringt Zufriedenheit, sondern das Finden. Und um etwas zu finden, muss man nicht suchen, sondern sich ganz einfach nur auf den Weg machen und Augen und Ohren offen halten.

Gut, ich bin jetzt etwas von der Vorstellung unserer Jugendherbergsbekanntschaften abgekommen. Das Thema passt aber auf Frank und Barbara, die sich nicht gesucht, aber ohne Zweifel gefunden haben. Er ist holländischer Kunstlehrer und Bergsteiger. Sie Brasilianerin und (ehemalige) Journalistin. Beide haben sich auf einer Bergtour durch die Anden kennen- und lieben gelernt, aber ihre Wege trennen sich wieder. Erst Jahre später zieht er zu ihr nach Brasilien, genauer nach Campeche/Florianopolis, wo sie Anthropologie studiert. Während sie als erste weiße Frau acht Monate bei einem unlängst entdeckten Indianerstamm im Amazonas lebt und deren Sprache lernt, zieht er für eine Telekommunikationsfirma durch den Dschungel und wartet Funkmasten. Und jetzt sitzen sie mit ihrer kleinen Tochter Victoria in der Jugendherberge fest, da die Renovierung ihres Hauses in Foz do Iguaçu nicht vorankommt. Die Strände in Campeche, die wir ja nun auch gut kennen, haben sie gegen eine einigermaßen gesichtslose Dschungelstadt getauscht, deren Hauptmerkmal die Nähe zu einem Weltnaturerbe sowie zu einem der größten Staudämme der Welt, dem Itaipú-Damm, ist. Unglücklich sind sie deshalb nicht. Im Gegenteil. Barbara hat eine Professur an der Universität in Foz bekommen, wo sie weiter zu ihren Indianern lehren und forschen kann, er hat mittlerweile auf Künstler umgesattelt, und es ist ihm egal, wo er seine Skulpturen zimmert. Sein neuestes Projekt ist der Bau eines Öko-Ateliers aus Erde, Reifen, Flaschen und Ähnlichem, bzw. das wird sein neues Projekt, wenn sie endlich aus der Jugendherberge ausziehen können. Ihre Tochter Victoria scheint das Leben mit den Touris kaum zu stören, sie planscht mit Klara und Thilo fleißig im Pool, während ich mich blendend mit Frank unterhalte. So verbringen wir einige Nachmittage und Abende zusammen mit den Brasilo-Holländern und Li und vergessen dabei fast, weshalb wir eigentlich hier sind.

AUF BEIDEN SEITEN DES TEUFELSSCHLUNDES
Wasser und mehr bei den Cataratas de Iguaçu

Wir sind nicht alleine. Wäre auch noch schöner. Schließlich besichtigen wir nicht irgendein UNESCO-Weltnaturerbe, sondern
wahrscheinlich die neben der Ruinenstadt Machu Picchu in Peru
meistbesuchte Sehenswürdigkeit in Südamerika. Das wissen auch
die vielen Cuatis, die sich hier herumtreiben. Kaum sind wir aus
dem modernen Doppeldeckerbus ausgestiegen, der uns sicher
durch den gepflegten Dschungel ganz nah an die Wasserfälle gebracht hat, werden wir von ihnen umringt. Auf den ersten Blick
possierliche kleine Tierchen, die nur neugierig sind. Auf den
zweiten Blick lästige, degenerierte Fellträger, penetranter als eine
Horde indischer Bettelkinder. Klara und Thilo ist das egal. Für
sie ist die Entscheidung gefallen. Cuatis sind vieeeel interessanter
als so öde Wasserfälle, zu denen man auch noch hinlaufen muss.
Cuatis sind niedlich, flauschig, haben ein süßes Stupsnäschen,
einen puscheligen braun-schwarz geringelten Schwanz, putzige
kleine Öhrchen und sind soooo lustig. Vor allem, wenn einer der
zahlreichen Touristen seinen Rucksack kurz abstellt oder sonstwie
unaufmerksam ist. Dann sind die Parasiten sofort da. Einmal
nicht aufgepasst, und die Butterstulle verschwindet auf Nimmer-
wiedersehen im Dickicht, zusammen mit einer Meute zeternder
Cuatis. Zoologischer Name Nasua Socialis, zu Deutsch Nasen-
bär. Sieht aus wie ein abgemagerter Dachs mit langem Schwanz
und Spitznase.

Irgendwann wird glücklicherweise auch ein Cuati müde oder ist
satt, und unsere Besichtigung kann beginnen. Klara und Thilo werden die Viecher auch langsam unheimlich. Also beginnen wir mit
unserer Wanderung auf der brasilianischen Seite der Fälle. Ein Weg
führt oberhalb des Flusses direkt zu den Hauptfällen. Weit kommen
wir nicht. Schon nach wenigen Schritten müssen wir anhalten.

Ich möchte gerne ein Foto machen. Und dann noch eins. Und noch eines. Und dann noch mit Diana und Kindern, dann ohne Diana und so weiter. Das wiederholt sich auf den vielleicht zwei Kilometern bis zum Besucherzentrum noch viele Male. Ich kann mich einfach nicht sattfotografieren. Die Panoramen, die sich von diesem Weg bieten, sind atemberaubend, einmalig, fantastisch. Ich kann jetzt aber nicht alle Vokabeln verschießen, schließlich möchte ich auch noch für die argentinische Seite etwas übrig lassen.

Auf knapp zwei Kilometern verteilen sich, rechts und links dicht umdschungelt, locker 20 große und über 200 kleinere Wasserfälle. Am Fuße der Schluchten tobt der Fluss. Wir stehen vielleicht 50 Meter über den brausenden Wassern, auf Augenhöhe mit den meisten Fällen sozusagen. Hier bleibt einem wirklich die Spucke weg. Ich bin froh, eine Digitalkamera zu haben, denn dieses Schauspiel ist der sichere Tod eines jeden Films.

Irgendwann haben wir es dann geschafft, sind am Ende des Pfades und gleichzeitig dem Höhepunkt angelangt. Die *garganta del diablo* oder der Teufelsschlund, eine u-förmige Schlucht, an die man auf Stegen über dem Wasser herankommt. Am Ende des Steges sind wir vom Wasserstaub der Fälle vor uns fast komplett durchnässt – die Kinder sind praktischerweise schon barbrüstig – und können in den tiefen, weiten und auch sehr nassen und lauten Schlund staunen. Dann sind wir nicht nur fertig mit dem Spaziergang, sondern auch sonst geplättet von den Eindrücken, dem Getöse – über 200 Wasserfälle können ganz schön laut sein – und dem Ausschauhalten nach Klara und Thilo, die entweder in den Tourigrüppchen vor uns sind oder hinter uns oder mal wieder ein Cuati gesichtet haben. Meine Füße sind auch platt, und ich will an den Pool.

Einen Erholungstag später stehen wir dann wieder am Teufelsschlund. Diesmal nicht leicht unterhalb der Fälle, sondern direkt darüber. Wir sehen: Nichts.

Alles ist weiß vom Wasser, das hier feinststaubig aufgewirbelt wird. Damit wir nicht gleich zu Beginn des Wandertages nass werden, treten wir schnell den Rückzug an. Zu voll, zu glitschig. Also zurück zur Bimmelbahn auf der argentinischen Seite des Parks. Wir haben ja noch einiges vor uns. Während die brasilianischen Fälle mit einem kleinen Spaziergang erschlossen werden können (zumindest fotografisch), müssen wir in Argentinien stramm wandern. Es gibt mehrere Wege zu verschiedenen Fällen, über dem Wasser, direkt am Fluss, man kann sogar zu einer Insel übersetzen und mit einem Schlauchboot voll mit Lebensmüden zwischen ein paar Fällen hin- und herpendeln. Ich halte das für keine gute Idee, aber Thilo setzt sich durch. Er möchte unbedingt Bötchen fahren. Sieht von hier oben ja auch gar nicht so gefährlich aus, und ich habe eigentlich auch Lust auf ein bisschen Aktion. Also stapfen wir von einer Aussichtsplattform über hunderte von Treppen in die Tiefe, erstehen eine Familienkarte für das Spektakel und bekommen einen wasserdichten Seesack für unsere Sachen.

„Ich habe doch gleich gesagt, wir hätten am Eingang die Regencapes kaufen sollen. Jetzt ist es zu spät", meint Diana. „Wieso denn Schatz, wir haben unsere Regensachen doch dabei", erwidere ich. „Weil wir trotzdem patschnass werden und die Capes auch die Beine geschützt hätten. Alle andere haben auch so was." „Nicht alle. Außerdem ist warm", versuche ich den sinnlosen Disput zu beenden. Wenn Diana nicht eine Stunde Fußweg in Kauf nehmen möchte, um eines dieser billigen Einwegcapes für teuer Pesos zu erstehen, werden wir halt etwas feucht. Das kann am Wasser schon mal vorkommen. Stumm verstauen wir ein paar trockene Sachen der Kinder, Kameras und Rucksäcke in den Seesack und besteigen das Boot. Die Fuhre vor uns ist zwar ziemlich durchnässt, sieht aber glücklich aus. Das wollen wir auch.

Thilo und ich erwischen zwei Plätze ganz hinten, Diana und Klara bekommen mittig noch was. Kaum geht es los, höre ich links von mir ohrenbetäubenden Lärm: „Neiiiin. Ich will das nicht! UÄÄÄÄÄÄHH!!" Thilo ist plötzlich indisponiert und hat seine Meinung zum Bötchenfahren geändert. Jetzt ist es zu spät. Ich kann noch nicht einmal die Plätze mit Diana tauschen, denn das Boot ist bereits voll in Fahrt und saust geradewegs auf eine Wasserwand zu. Der Kapitän möchte seinen vergnügungssüchtigen Passagieren offensichtlich etwas bieten. Ich rede Thilo gut zu. Er beruhigt sich. Kurz. Ganz kurz. Dann rauscht ein Schwall feinsten Flusswassers (kalt) auf Thilo und mich hinab. Dagegen war die Waldusche für Klara ein Spritzwässerchen. Wir sind trotz Regenjacke durch. Bis auf die Knochen. Thilo brüllt sich die nächsten 10 Minuten heiser, gewöhnt sich nicht an die Duschen bei jeder Wendung des Kahns, und ich weiß jetzt, warum diese beiden tollen Plätze ganz hinten frei waren.

Wieder im sicheren Hafen, schaut mich Diana mit einem Blick an, als ob sie sagen wollte: „Ich hab's dir doch gleich gesagt, du Irrer!" Mein Blick lächelt ein „ist doch warm" zurück, ansonsten halte ich lieber den Mund, während wir den Kleinen die nassen Klamotten von der Haut schälen, Diana sich ihrer Jeans entledigt und ein Tuch um die Hüften windet. Nur Thilo meldet sich zu Wort. „War super. Können wir gleich noch mal?"

IM VERLORENEN PARADIES
Von Iguazú zu den Jesuitenreduktionen in Misiones/Argentinien

Wahrscheinlich können wir heute noch den siebten Haken an unsere imaginäre Liste der besuchten UNESCO-Welterbestätten machen. Sieben auf einen Streich sozusagen. Begonnen haben wir mit den Walen auf der Península Valdez, über die Kirchen Chiloés zum Parque Los Glaciares. Wir waren zwar nicht auf dem Hauptgletscher Perito Moreno, wohl aber im Park und sind auf dem Viedma-Gletscher herumgekraxelt. Das zählt, beschließe ich. Keinen Punkt gibt es für das Vorbeifahren an der Cueva de Los Manos, einer Höhle mit über 10.000 Jahre alten Handabdrücken auf dem Weg zum Nationalpark Torres del Paine. Die Höhle der Hände lag etwa 70 km abseits unserer Route und wird auf unserem nächsten Patagonienausflug eingehend besichtigt. Genauso wie der Perito Moreno. Hab' ich Diana versprochen. Punkt Nummer 4 gibt es für Slums und Zahnradbahnen am Pazifik. (Eigentlich müsste ich zwei Punkte dafür bekommen, dass ich Valparaíso nun schon zum zweiten Male über mich habe ergehen lassen). In Uruguay ist das wunderhübsche historische Zentrum von Colonia ausgezeichnet worden. Vorläufiger Schluss- und Höhepunkt der UNESCO-Tour waren die Wasserfälle. Vom siebten und letzten Streich trennen uns nur noch 250 km durch die argentinische Provinz Misiones. Gute Straße immer geradeaus, Hügel rauf, Hügel runter, Erde rot, Wald grün. Mal sehen wir den Grenzfluss zu Paraguay, meistens nicht. Indianer bekommen wir genauso wenig zu Gesicht wie Zeugen Jehovas oder andere Siedler. Die Ortschaften auf der Strecke lassen sich an einer Hand abzählen. Wir halten nur in der von Polen aufgebauten Siedlung Wanda kurz zum Tanken. Puerto Esperanza (Hafen der Hoffnung) oder El Dorado (benannt nach einem sagenhaften und nie gefundene Goldschatz im inneren Südamerikas) müssen

245

wir verschieben, trotz der vielversprechenden Namen. Wir sind nämlich – wieder einmal – in Eile, wollen wir doch die Nachtbesichtigung der Jesuitenreduktion in San Ignacio Miní nicht verpassen.

„Wieso heißt das denn Jesuiten*reduktion*?", fragt Diana ungefähr bei Kilometer 180 Richtung San Ignacio. „Keine Ahnung. Ich weiß nur, dass dort Überreste von Missionsstationen der Jesuiten sein sollen." Das Wort Reduktion kannte ich sonst nur aus dem Küchenvokabular, wo es das Einkochen einer Soße bedeutet. So falsch liegt man damit auch bei den Jesuitenreduktionen nicht. Das spanische *reducción* bzw. das Verb *reducir* bedeutet verkleinern, vermindern, zusammenführen. Und genau darum ging es hier. Verstreut lebende Indios, allesamt Guaraní-Stämmen zugehörig, sollten in Missionen zusammengeführt, sesshaft gemacht und zum christlichen Glauben bekehrt werden. Das haben die Jesuiten damals versucht, irgendwann sind sie wieder gegangen, und jetzt kann man ein paar Ruinen besichtigen.

Das wäre aber eine äußerst verkürzte Version einer sehr spannenden und filmreifen Geschichte um stolze Jesuitenpater, kaltblütige Sklavenjäger, gierige Händler, korrupte Behörden und Gouverneure, neidische Siedler, große Politik, einen unwissenden König im fernen Spanien und mittendrin heidnische Indios in ihrem Dschungel am Fluss. Konsequenterweise ist diese Geschichte auch verfilmt worden. Im Schinken namens „Mission" (1986) mit Robert de Niro in der Hauptrolle als geläuterter Sklavenjäger, untermalt mit Musik von Ennio Morricone. Es lohnt also, sich etwas mit der Historie dieses Landstrichs zu beschäftigen.

Die Geschichte beginnt ungefähr so: Vor ganz ganz langer Zeit fragten sich ein spanischer König und außerdem ein portugiesischer König, was sie denn nun mit ihren Besitzungen im südlichen Amerika machen sollten, nachdem sie diese im Vertrag von Tordesillas 1494 brav aufgeteilt hatten. Die Antwort war schnell gefunden. Warum nicht mal schauen, was die Ländereien so hergeben an Gold, Silber, Edelsteinen usw., und vielleicht ganz nebenbei ein Paar neue Schäfchen für den Herrn erobern.

Die Portugiesen gingen hier sehr pragmatisch vor, besiedelten vorwiegend die Küste und veranstalteten Ausflüge ins Hinterland, manchmal auch richtig weit. Zurück kamen deren Expeditionen mit einer ganzen Menge Indios, die sich dann – ganz legal – versklaven ließen. Die Mission stand hier etwas im Hintergrund, war sozusagen nur die Kür.

Der spanische Ansatz war ein anderer, quasi nachhaltiger. In nicht-christlichen Mitbürgern sah man durchaus eine Gefahr, weshalb Sesshaftmachung und Christianisierung als gutes Mittel angesehen wurden, den Bestand der Kolonien dauerhaft zu sichern. Erschwerend kam hinzu, dass sich die portugiesischen Sklavenjäger, genannt Bandeirantes (privat finanziert), irgendwie nicht an die abgemachten Grenzen hielten. Schlagbäume und Straßen gab es ja damals noch nicht – die Indianer benötigten derlei Infrastruktur wenig –, andere Siedler fehlten weitestgehend in den abgelegenen Gegenden, heute Paraguay bzw. Misiones/Argentinien. Von christlichen Indios nahm man an, dass sie sich etwas mehr benehmen würden und sich vielleicht noch braver ausbeuten ließen. Das ginge dann zwar nicht mehr als Sklave, weil die spanische Krone die Versklavung von getauften Indios zu Beginn des 17. Jahrhunderts verbot. Von getauften Indios wohlgemerkt. Heidnische Indios waren nach wie vor Verfügungsmasse. Aber das wurde erstens auch nicht ganz so genaugenommen, und zweitens ist der Kreativität bekanntlich keine Grenze gesetzt. Das gilt auch für die Ausbeutung. Glaubenszugehörigkeit hin oder her.

Die Christianisierung begann von Peru aus und wurde von Wanderpredigern, zunächst Franziskanern und Dominikanern, erst später auch von Jesuiten, durchgeführt. Interessanterweise kam es zu keiner nachhaltigen Bekehrung der Eingeborenen, obwohl die Wanderprediger sich sicher sehr viel Mühe gegeben haben, die angetroffenen Wilden in den nächstbesten Tümpel zu tauchen und zu taufen, bevor sie weiterzogen. Das merkten auch irgendwann die Jesuiten, die ja bis heute als besonders schlau gelten. Um 1588 kamen die ersten nach Paraguay und übernahmen zu Beginn des 17. Jahrhunderts einige Missionen von den Franziskanern, die sich an der Sesshaftmachung versucht hatten, aber gescheitert sind. Von da an ging es aufwärts, und die Geschichte der Jesuitenreduktionen beginnt. Die Guaraní, bis dahin Halbnomaden, ließen sich plötzlich gerne bekehren und zogen in den Siedlungen der Jesuiten zusammen. Ironischerweise gaben gerade die Sklavenjäger hier Schützenhilfe. Der ewigen Überfälle leid, zogen es viele Indianer vor, in den Reduktionen Schutz zu suchen. Denn dort garantierten die Jesuiten nicht nur Schutz vor den lästigen Sklavenhändlern, sondern auch vor sonstigen Schikanen der Behörden und anderer Banditen. Beamte und Kolonisten durften die Dörfer nicht betreten, die alle nach dem gleichen Muster aufgebaut waren. In der Mitte stand die dreischiffige Kirche, daneben die Wohnungen der Jesuiten sowie Vorratsräume und Werkstätten. Die Wohnungen der Indios, einstöckige, feste Häuser, gruppierten sich rechts und links des Kirchplatzes. Die Neuchristen erlernten Ackerbau und Handwerk, bekamen eigenes Land, über deren Erträge sie nach Gutdünken verfügen konnten. Steuern gab es keine, lediglich eine Abgabe von Mate-Tee musste geleistet werden sowie Arbeit auf den Gemeinschaftsfeldern. Die Ernten der Gemeinschaftsfelder wiederum kamen für schlechte Zeiten in die Vorratsspeicher. Die Reduktionen betrieben Handel, spezialisierten sich (z.B. auf Mate, Tropenhölzer, Bienenwachs), der wirtschaftliche Erfolg war groß. Die Struktur der indianischen Großfamilie wurde beibehalten, und die Kaziken, Stammeshäuptlinge, bestimmten, wer in die Gemeindeversammlung berufen wurde. Geleitet wurden die Reduktionen von den Jesuiten, die unter anderem auch das Richteramt ausübten, denn über der Reduktion stand nur der Vizekönig, und der war weit weg. Noch nicht einmal der Bischof durfte in die Anlage. Schwerste Strafe war die Ausweisung, sozusagen die Vertreibung aus dem Paradies. Man versorgte sich selbst und trieb erfolgreich Handel, allen gehörte alles, für geistige und körperliche Gesundheit sorgten die Padres. Alles eindeutig besser, als im Dschungel herumzustolpern, bis man etwas zum Essen gefunden hat (im besten Fall), oder auf einer Zuckerrohrplantage ausgepeitscht zu werden (im schlimmsten Fall). Da nimmt es nicht wunder, dass die Missionen schnell wuchsen. Um 1750 sollen es um die 100.000 Indios gewesen sein, die so lebten, teilweise sogar – und das erlaubterweise – unter Waffen, um die immer frecher werdenden Bandeirantes abzuwehren.

Aber bekanntlich kann keiner in Ruhe leben, wenn es dem bösen Nachbarn nicht gefällt. Es war keineswegs so, dass man über diesen Staat im Staate, wie er manchen schien, erfreut war. Die portugiesischen Vermittler von Arbeitskräften waren verständlicherweise vergrätzt, dass sie in weiten Gebieten ihres Arbeitsmaterials beraubt wurden, die Händler in Buenos Aires schätzten die Konkurrenz nicht, und auch die Kolonisten hätten die Indianer lieber auf ihren statt auf den Jesuitenfeldern gesehen. Die lokale Politik reagierte ebenso verschnupft, da sie nichts zu sagen hatte. Aber das änderte sich flugs. Gerüchte wurden in die Welt gesetzt über unermessliche Reichtümer, Goldminen und riesige Viehherden der Jesuiten und ihrer Indios, Rebellionsabsichten und derlei mehr. In Spanien nahm man das sehr ernst. Nachforschungen wurden angestellt: Ergebnis negativ. Nichtsdestotrotz gedieh der Neid auf die nicht nur in Südamerika erfolgreichen Jesuiten. Dies und der schwelende Grenzstreit mit Portugal sollte 1750 das Aus vieler Reduktionen besiegeln. Spanien schloss einen Vertrag, wonach östlich des Rio Uruguay Schluss sein sollte mit fröhlichem Missionieren. Diese Gebiete, ein Großteil der heutigen Provinz Rio Grande do Sul in Brasilien, gingen an Portugal. Was blieb, waren die Stätten in Misiones und Paraguay, aber auch das nicht mehr lange. Ein Indianeraufstand 1753 in den abgetretenen Gebieten schaffte nämlich keine weiteren Sympathien. Obwohl die Padres gegen den Widerstand der Indianer waren, wurde er ihnen gekonnt in die Schuhe geschoben. 1767 wurden die Jesuiten vom spanischen König verbannt und verhaftet. Die Indios, die sich nicht wieder in ihre Einbäume und in den Urwald begeben haben, wurden wahlweise abgeschlachtet oder versklavt, die Reduktionen niedergebrannt. Was man halt so macht, wenn der Nachbar über 100 Jahre seinen Zaun nicht korrekt schneidet und man das jetzt selber machen kann. So schnell kann's gehen, von Paradieskommunen zu Ruinenstümpfen.

So viel zur Theorie. In der Praxis steht man zwischen einer Menge anderer Touris in sengender Sonne auf einer Wiese und bestaunt rote Steine. Im Wäldchen grasen Schweine, Schautafeln klären auf, und Multimedia gibt es auch während der Nachtführung. Interessant allemal. Schwer beeindruckend, wenn man die Geschichte dazu kennt und sich Rechenschaft gibt, was für eine Leistung es im 18. Jahrhundert gewesen sein muss, diese Siedlungen hier aufzubauen. Als man noch nicht über Schotterpisten vorfahren konnte.

Wir stolpern noch zwei Tage durch die riesige Anlage in San Ignacio Miní und eine weitere Reduktion in Santa Ana gleich um die Ecke. Bei einem sympathischen Kunsthandwerker, der sich mit zwei Dutzend anderen in der Einflugschneise der Touribusse aufgebaut hat, erstehen wir ein weiteres hübsches selbstgeknotetes Stoffbändchen für Dianas zartes Handgelenk. Dann geht's weiter gen Süden, in die Provinz Corrientes.

WAS IST DAS EIGENTLICH: MATE-„TEE"?

Auf den Mate Plantagen in Corrientes

Ich kann mich an meine erste Begegnung mit diesem Getränk noch ganz genau erinnern. Es war 1996 in meiner spanischen WG in Madrid. Neben Eugenio, Miguel und mir wohnte seit kurzem ein Argentinier in unserer verwarzten Vier-Zimmer-Butze mit Wohnzimmerflur. Der langhaarige und leicht pingelige Deutsche, der ein Praktikum als Kindergartentante machte, hatte sich an den Hygienevorschriften unserer Kommune gestört und zog aus. Der Argentinier hingegen hat sich sehr schnell angepasst und den mittlerweile keim- und auch sonst freien Raum mit Blick in den Schacht in bester Halligalli-Lage schnell bezogen.

Es muss an einem der unzähligen Abende gewesen sein, in denen im spanischen Fernsehen Fußball läuft. Ich saß vor der Glotze, um die Zeit bis zum Aperitif zu überbrücken, den man in Spanien traditionell spät und außerhalb der eigenen vier Wände einnimmt. Der Argentinier fläzt sich neben mich aufs Sofa, bewaffnet mit einer Thermoskanne, einem handelsüblichen Kaffeepott, einer Plastiktüte „Gras" und einer Art Metallröhrchen. „Jetzt wird's spannend", denke ich und schaue dem Neuzugang neugierig bei der dann folgenden Zeremonie zu. Zuerst packt er zwei Hand voll von dem Kraut in den Pott, friemelt anschließend das Metallröhrchen andächtig hinein und schüttet Wasser aus der Thermoskanne drauf. Ich muss sagen, ich war verwirrt. „Ich dachte das Zeug wird geraucht …?", sprudelt es aus mir heraus, ganz zur Erheiterung meines WG-Partners. Ich werde aufgeklärt. Bei dem Kraut handelt es sich nicht um Marihuana, sondern schlicht und einfach um Mate. Und das rauche man eben nicht. Tee sei es auch nicht, obwohl man Mate auch wie Tee aufbrühen könne, dass nenne sich dann Mate *cocido* (gekocht) und werde nur von Schwuchteln konsumiert.

Das war meine erste Einführung in die Mysterien des Mate. In den Jahren später und auf unserer großen Fahrt erhielt ich Anschauungsunterricht und durfte noch mehr über das faszinierende Gesöff lernen. Am faszinierendsten ist sicherlich die Frage, warum es im südlichen Südamerika so weit verbreitet ist. Mate ist nämlich weder einfach anzubauen noch zuzubereiten, und über den Geschmack lässt sich auch trefflich streiten. In seiner reinen Form schmeckt er bitter-strohig oder strohig-bitter, je nach Anbieter. Die Grundgeschmacksrichtungen sind bitter-mild (für die Anfänger), normal-bitter (für die Masse) und untrinkbar (für den Gaucho). Es gibt Mate mit Kräuterzusatz oder Zitrusfruchtaroma, das macht die Sache allerdings auch nicht viel besser. Man kann ihn mit Zucker süßen, was die bittere Note nur leidlich überdeckt, es aber erträglich macht. Süßstoff geht gar nicht, obwohl das die am meisten verbreitete Süßungsform zu sein scheint. Mate in kalt heißt „Tereré", hier kommen die Bitterstoffe nicht so durch, erst recht, wenn man statt kalten Wassers (und es muss wirklich eiskalt sein), Orangen- oder einen anderen Saft nimmt. Wird gerne in Paraguay getrunken.

Wir haben alles probiert, inklusive schwuchteligen Mate cocido, Mate mit einem Schuss Milch oder im Teebeutel für die Kleinen, Tereré mit und ohne Saft, Kräutermate und diverse Marken. Wir tranken Mate im Gehen, im Stehen, während der Autofahrt wie die Profis, was ganz lustig ist, aber der Windschutzscheibe und der Lüftungsanlage nicht gut bekommt, zumindest beim Bremsen. Im südlichsten Patagonien wurde Mate in winzigen Emaillepötten kredenzt, im südlichen Brasilien aus kindskopfgroßen Kalebassen getrunken. Ich habe mir unzählig viele Male erklären lassen, wie man Mate richtig zubereitet, und kann es immer noch nicht richtig. In Bariloche/Argentinien hat man mich beim Friseur zuerst für einen Uruguayo gehalten, so überzeugend hielt ich das einschlägige Gefäß, nur um hinterher ausgelacht zu werden, da die Brühe darin mich eindeutig als Hochstapler auswies. Es ist wirklich nicht einfach mit dem Mate und auch nicht wirklich zu erklären, was die Faszination ausmacht. Er schmeckt gewöhnungsbedürftig, und trotzdem mache ich mir immer wieder gerne einen Mate. Klara und Thilo muss ich dann bremsen, damit sie nicht zu viel davon zurpen.

Aber für diejenigen, die nicht genau wissen, wovon ich hier eigentlich schreibe, möchte ich von vorne und mit der Begriffsklärung anfangen. Zunächst: Es heißt nicht Mate-„Tee" – höchstens für die Birkenstock-Fraktion, die eine schwächliche cocido-Version des Mate zu Klangschalenmusik und Räucherstäbchen schlabbert. Das Getränk heißt schlicht und einfach Mate. Den Tee kann man sich sparen (so wie das spanische *salsa* eben Soße bedeutet, und es keine „Salsa-Soße" gibt – eigentlich). Da das aber noch zu einfach wäre, geht es weiter: *mate* nennt man nur das Gefäß, in aller Regel ein kleiner ausgehöhlter, oft verzierter Kürbis, faustgroß oder größer, manchmal auch aus Holz oder anderen Materialien. In den mate hinein kommt die *yerba*[27], also das Kraut, oder auch *yerba-mate*. Um den Aufguss aus *yerba* im *mate* zu trinken, benötigt man eine sog. *bombilla*. Ein Metall- oder Aluröhrchen, welches in diversen Formen und mit allerlei Verschnörkelungen vorkommt und dessen Aufsatz eine Art Filter bildet, der verhindern soll, dass feingehäckseltes Kraut oder Staub im Mund landet. Da soll nur die bittere Brühe hin.

Und wer hat's erfunden? Ausnahmsweise nicht die Schweizer, sondern die Guaraní-Indianer. Ganz strenggenommen natürlich auch nicht die Indianer, sondern Mutter Natur bzw. Tupá, der große Gott der Guaraní, der seinem Volk den Mate-Baum einst schenkte. Die Indianer wiederum wussten was mit dem Kraut anzufangen. Sie trockneten, rösteten und zerhackten die Zweige

---

27 argentinische Schreibweise für das spanische hierba = Kraut

der *Ilex Paraguayensis*, einer Stechpalmenart. Davon bereiteten sie den oben beschriebenen Aufguss, dem allerlei Wirkung zugeschrieben wird. Er soll leistungssteigernd wirken und abführend und hungerstillend. Im Großen und Ganzen aber soll er anregend sowie gesund sein. Die anregende Wirkung jedenfalls kann ich bestätigen, auch die abführende.

Während das Sammeln von Mate früher eine anstrengende Angelegenheit war – sog. Materos suchten die bis zu zehn Meter hohen Bäume im dichten Urwald Paraguays und Umgebung –, wird das Kraut heute professionell angebaut. Zu verdanken hat Argentinien, der größte Mate-Produzent, das wiederum den Jesuiten. Diese entdeckten, dass die Samen des Matebaumes erst durch einen Vogelmagen müssen, bevor die Saat aufgehen kann. Die Schale bleibt andernfalls zu hart und geht nicht auf. Da kann man dann noch so viel gießen und der Saat freundlich zureden. Heute hat man da andere Mittel und Wege, aber im 17. und 18. Jahrhundert war man noch nicht so weit. Die moderne Mate-Produktion ist deutlich risikoloser, erinnert an herkömmliche Teeplantagen, und wir können uns das alles auf der Riesenfarm Las Marias in Corrientes gleich beim Ort Gobernador Virasoro ansehen.

Das Farmgelände ist beeindruckend. Es ist nicht wirklich eine Farm, sondern eher ein Dorf. Schmuck hergerichtet, alles picobello sauber. Im Mittelpunkt steht eine weiße Kolonialvilla, davor Park, dahinter schließen sich Fabrikgelände mit Lagerhallen an, Trockenräume, Verpackungsanlagen und was man noch so braucht, um so ziemlich alle bekannten Mate-Marken, die es in Argentinien gibt, herzustellen. Eine Erklärung, warum Mate in diesem Teil der Welt so populär ist, bekommen wir hier auch nicht, dafür aber einen Einblick in die „Aufzucht" und Ernteweise.

Ich denke, dass das Geheimnis nicht alleine in der wachhaltenden Wirkung liegt und schon gar nicht im Geschmack, sondern vielmehr im Ritual an sich. In der Tatsache, dass man eben nicht einfach einen Teebeutel nehmen kann und mit heißem Wasser überbrüht, sondern dass man sich Zeit nehmen muss für einen guten Mate. Zeit und am besten noch ein paar Freunde oder meinetwegen ein paar Fremde, die einem gerade über den Weg laufen. Mate wird nämlich in den seltensten Fällen alleine genossen, sondern ist ein Gesellschaftsspiel. Die Kalebasse wandert von einem zum anderen wie eine Friedenspfeife. Der frisch aufgegossene Mate wird ausgetrunken, der Mate wieder aufgegossen, weitergereicht usw. Es ist ein gemütliches Ritual, vielleicht vergleichbar mit dem langsamen Zapfen eines guten Bieres, abends mit Freunden an der Bar genossen. Der Vorteil des Mate: Geht immer. Er ist sozusagen die Auszeit zum Mitnehmen. Und wenn man sich an den Geschmack gewöhnt hat, schmeckt er sogar.

KROKODILSUMPF
Esteros del Iberá – letzte Ausfahrt Carlos Pellegrini

Ich weiß heute noch nicht, wer Carlos Pellegrini ist. Ich habe mir auch bis heute nicht die Mühe gemacht, die Geschichte eines gewissen Carlos Pellegrini zu recherchieren. Es reicht, dass wir dort waren. Und noch viel besser ist es, dass wir wieder herausgekommen sind. Beides ist nicht einfach, und beides ist Teil des Abenteuers. Der Ort selbst ist ein Ort wie viele andere, unspektakulär, fast schon trostlos, aber wie so oft ist es nur eines, was zählt: die Lage. Und in Sachen Lage können es nur wenige Käffer in Argentinien mit Carlos Pellegrini aufnehmen. Zumindest wenn man Mücken, Abgeschiedenheit und Schlamm sucht. Oder eben Krokodile, Carpinchos und Vögel. Von letzteren soll es hier über dreihundert Arten geben. Auch die Krokodile, besser gesagt die Jacarés – ähnlich den Kaimanen –, fühlen sich hier wohl und lassen sich zur Freude der Einheimischen Sumpfguides gerne fotografieren. Das wollen wir natürlich auch. Schon vor Monaten haben uns Freunde den Nationalpark wärmstens ans Herz gelegt, mehrere Weltenbummler bestätigten: „Esteros del Iberá ist ein Muss! Mindestens so gut wie das Pantanal."

Um diese Aussage werten zu können, sollte man wissen, dass das Pantanal in Brasilien liegt und das größte Binnen-Feuchtgebiet der Erde ist. Gleich danach kommt das Sumpfgebiet Esteros del Iberá in der argentinischen Provinz Corrientes. Obwohl wir uns normalerweise nicht mit zweitklassigen Naturparks zufriedengeben, liegen die Moore und Seen des Iberá auf unserem „Heimweg" und sind, wenn noch nicht UNESCO-Weltnaturerbe wie das Schwesterbiotop in Brasilien, so doch interessant genug für Weltenretter Douglas Tompkins. Zur Erinnerung: Douglas Tompkins ist der Gründer von Esprit und North Face und hat mittlerweile tausende von Hektar mehr oder weniger berührter Natur in Südamerika zusammengekauft, u.a. Ländereien an der Carretera Austral, die heute den Parque Pumalín darstellen. In Argentinien entzünden sich die Gemüter während unserer Reise an seinen Ländereien (schlappe 150.000 Hektar) im westlichen und kaum zugänglichen Teil des Iberá. Diese würde er gerne verschenken, wenn aus dem dann entstehenden Parkgebiet ein *National*park würde, mit den dann herrschenden rigiden Naturschutzvorschriften. Die heimische Landwirtschaft wittert eine Verschwörung, und die Lokalpolitiker wollen auch nicht so recht. Dann nämlich würden die Pfründe des Parkes, der ein *Provinz*park ist – im verwaltungstechnischen Sinne des Wortes – in nationale Hände übergehen. Den Freund südamerikanischer Flora und Fauna kann dieser Streit kalt lassen. Die über 500.000 Hektar bieten reichlich Platz für alles, was gerne im Sumpf kreucht und fleucht.

Aber zurück zum Naturerlebnis und vorweggenommen: Die Reserva Natural Esteros del Iberá ist in der Tat ein Muss. Vor allem für Ornithologen und Liebhaber von Niederwild oder sonstigen Tieren aus der zweiten Reihe der Schöpfung. Wenn man sich also für Vögel interessiert und deren Futter, Wasserschweine, kleine Krokodile, Hirsche, die man nur nachts sieht, Graufüchse, Brüllaffen, Wasserschlangen, Bergkatzen und Ameisenbären, ist das hier das Paradies. Auch wenn man studieren will, wie sich ein Überangebot an Fauna auf die Qualität der touristischen Angebote auswirkt, ist man hier richtig. Um es kurz zu sagen: Uns hat es ganz gut gefallen, das war's aber auch schon. Um den Erdball reisen muss man hierher nicht unbedingt. Eine Feststellung, die ich für die meisten der von uns besuchten Gegenden nicht gelten lassen würde, z.b. die Península Valdez, Patagonien, die Atacamawüste, die Iguazú-Fälle, die Strände in Brasilien oder die Vulkane und Seen im südlichen Chile. Wie diesen Zeilen unschwer zu entnehmen ist, bin ich kein „Sumpf-Typ" und werde das wohl auch nie. Allerdings hat die Anfahrt ihren Reiz. Gibt sie einem doch das Gefühl von unendlicher Freiheit in unendlicher Weite. Die Carretera Austral war eine gute Übung für diesen Trip.

Von der Ruta 14 über Gobernador Virasoro kommend, biegt man einige Kilometer vor Santo Tomé an einem gealterten Hinweisschild Richtung Carlos Pellegrini in den roten Sand ein. Von hier sind es dann nur noch 121 Kilometer oder 4 – 6 Stunden Piste, je nach Wetter. Bei schlechtem Wetter auch gar nicht. Wir haben Glück. Die Sonne scheint fröhlich auf Paco samt Besatzung, und wir düsen gemütlich über die endlose Sandpiste. Rechts und links mal Sumpf, mal Feld, das ein oder andere Geflügel flattert auf, wenn wir zu nahe kommen. Wir fühlen uns wieder an spannende Pistentage im Süden Argentiniens und Chiles erinnert. Als wir eine kurze Pause in einem Wäldchen unter hunderten von Papageien machen, kommt – aus unserer Richtung – der erste weitere Verkehrsteilnehmer des Tages angezuckelt. Ein Franzosenpärchen auf einem Geländemotorrad. Gesichtsausdruck: leicht verzweifelt. Frage (auch leicht verzweifelt): „Wisst ihr, ob die Piste so schlecht bleibt, oder wird die besser?" Zuerst verstehe ich die Frage nicht ganz, da die Straße doch recht ordentlich zu befahren ist. Mit schmalen Reifen zu zweit auf einem überladenen Kraftrad ist das aber vielleicht anders. „Tut mir leid, wir sind auch das erste Mal hier und haben keine Ahnung, was da noch kommt." Wir bieten den Bikern etwas zu trinken an und wollen noch tratschen, aber sie haben es eilig. „Wir würden zwar gerne, aber bei diesem Sand müssen wir uns beeilen, wenn wir nachts noch in Carlos Pellegrini sein wollen." Wir versprechen uns ein Wiedersehen auf der Straße, ein Bierchen auf dem Campingplatz, und das Paar tuckert weiter. Kurz darauf haben wir die beiden überholt und nie wieder gesehen.

Wenig später wissen wir auch, warum. Aus der leicht besandeten Piste wird eine reine Sandpiste, aus rotem Sand weißer. Aus

einer Straße ein Furchenpfuhl. Ich manövriere Paco durch Sandhaufen, die meiste Zeit aber auf bzw. zwischen festgetrocknetem
Schlamm und seinen „Schluchten", die deutlich größere Gefährte hinterlassen haben. Diese Furchen sind manchmal knietief,
und ich weiß nicht, ob unser Gefährt problemlos wieder aus der
Falle käme, wenn wir uns denn festsetzten. Jedes Mal, wenn ich
meine, die schwierige Passage sei vorbei, beginnt nach kurzer Erholung auf festem Boden eine neue Herausforderung. Nur sind
die dann folgenden Strecken jeweils länger und noch schwieriger
zu fahren. Diana stört's wenig, sie sonnt ihre nackten Füße, die
Kinder dösen vor sich hin. Auch ich bin guter Dinge, habe einen
Heidenspaß beim Rumschlingern. Es ist zudem nur noch eine
Frage der Zeit, bis wir unseren nächsten Standort, den „städti-
schen" Campingplatz erreichen.

Von diesem haben wir schon viel Gutes gehört. Blitzsauber, direkt am See, wo sich die Krokodile aalen, jeder Platz mit über-
dachtem Grill und Licht. Alles was das Camperherz begehrt. Als
wir ihn endlich finden: Ernüchterung. Ich kann es kaum glauben,
stehe vor dem Eingang mit offenem Mund und pochenden
Schläfen. „So eine Sauerei! – Das glaub' ich einfach nicht! Da
schrubben wir hunderte von Kilometern auf dieser Scheißpiste,
und dann das." Diana und ich sind sprachlos, während Klara und
Thilo schon mal alles erkunden. Der Platz ist wirklich so wie angepriesen. Die Grillplätze sind vielleicht die nettesten der Reise,
reetgedeckte Pavillons schützen Rost und großzügige Sitzgelegenheiten vor sengender Sonne und seltenem Regen, Holz liegt
zum Entzünden bereit, die Duschen funktionieren, der See liegt
gemütlich in der Mittagssonne und die Jacarés sind auch da. So
weit, so gut. Wäre da nicht das monströse Eingangstor a lá Pon-
derosa, das leider nicht monströs genug für Paco ist. Uns trennen
vielleicht 20 Zentimeter Höhe von unserem Standplatz. Ich frage
mich heute noch, wer auf die Idee kommt, ein Betontor vor die-

sen Camping zu setzen. Keine Chance, das Teil einzureißen, wir müssen eindeutig draußen bleiben.

Nach zwei Minuten Schnappatmung und vergeblicher Suche nach einem Weg durch den Busch die Entscheidung: Dann gehen wir eben in ein Hotel. Das Kaff besteht ja nur aus Pensionen, Hotels, Lodges und so etwas Ähnlichem wie Geschäften. Gesagt, getan, und wir fahren das erste Haus am Platze mit Blick auf See und Pool an. Zimmer wären noch frei. Die USD 200.– (in Worten: zweihundert amerikanische Dollar) wollen wir dann aber doch nicht locker machen. Das sind fast Züricher Preise. Das zweite Haus am Platze ist eigentlich noch schöner, gemütlicher, schattiger, freundlicher, billiger – aber ausgebucht. Das fängt ja gut an. Also schrauben wir unsere Ansprüche ein klein wenig nach unten und inspizieren die zweite Kategorie an Herbergen im wunderschönen Carlos Pellegrini: Pensionen bzw. Zimmer von privat. Ganz schnell wird uns klar – wir bleiben vor dem Campingplatz stehen. Statt für USD 90.– (in Worten: neunzig amerikanische Flocken) im fremden Siff zu nächtigen, schlafe ich lieber für „umme" im eigenen. Der Campingmann grinst, als er uns wiederkommen sieht, so als hätte er's geahnt, borgt uns ein Verlängerungskabel und lässt auch noch mit sich handeln. Schließlich stehen wir ja nicht auf dem Platz, sondern nur daneben, und müssen folglich 100 m weiter zu den Duschen laufen. Mit unserem und dem argentinischen Kabel haben wir dann auch bald Strom, den wir allerdings nicht mehr lange brauchen. Der Abend bricht an und seine stechenden Begleiter ein. Wir sind weich von der Fahrt und unserer Odyssee durch die heimische Hotellerie.

„Mama, guck mal, wie winzig die sind", ruft Thilo. „Können wir eins mitnehmen?", fragt Klara. In der Tat sind die Viecher extrem winzig. Hätte ich nicht erwartet. Wir dümpeln in einem Holzkahn auf dem See vor einer der Inseln herum und bestaunen Jacarébabys im Schilf. Ein ganzer Wurf (oder heißt das Schlupf?), vielleicht zwanzig, dreißig niedliche Winzkrokodile, ein jedes kaum kleinfingerlang. Krokodiltechnisch ein weiterer Höhepunkt unseres Ausfluges. Wir tuckern schon seit etwa einer Stunde in einem kleinen Bötchen über den See und zwischen Inseln, festen wie schwimmenden, hin und her. Jacarés, wohin man sieht, große und kleine, grüne und schwarze, auf jeden Fall eine ungeheure Anzahl. Dies aus nächster Nähe, fast zum Greifen. Aber wir sollen die Tiere nicht füttern oder streicheln. An diese Regeln halten wir uns ausnahmsweise sehr gerne. Wir genießen es, den Blick über den Sumpf schweifen zu lassen und immer wieder neue Reptilien zu sichten, die keinerlei Scheu zeigen. Sie haben dazu auch keinen Grund, seit sie von Jagdobjekten zu Schauobjekten geworden sind. Genau deswegen kommen so viele Touristen hierher. Dazu die sagenhafte Vogelwelt. Wir sehen einen Reiher, der sich von einem Carpincho transportieren lässt. Greifvögel, Chajas (eine Art Truthuhn, hübsch grau und mit knallrotem Schopf), zahlloses weiteres Geflügel. Kurz gesagt: Wenn man es hierher geschafft hat, ist die Fahrt über die Lagune mit der grandiosen Tierwelt Entschädigung für die Strapazen. Die Abendstimmung am See, der Sonnenuntergang, die Geräuschkulisse und das mulmige Gefühl, an einem Wasser zu stehen, aus dem jeden Augenblick ein wildgewordenes Kroko zuschnappen kann, sind in der Tat einmalig.

Ach ja, bevor ich es vergesse: Wir haben natürlich keines der Krokodilkinder mitgenommen, sehr zum Leidwesen von Klara und Thilo, die letztendlich dann doch einsichtig waren und das Thema am nächsten Vogelnest schon vergessen hatten.

WALLFAHRT FÜR HARTGESOTTENE
Im Gauchito-Gil-Heiligtum bei Mercedes

Die roten Fahnen am Straßenrand sind uns schon vor Monaten aufgefallen. Sie sind fast überall zu sehen, vor allem an Fernstraßen. Manchmal hupt ein Brummi im Vorbeifahren. Wir machen das bald auch. Irgendjemand hat uns nämlich erzählt, dass bringe Glück. Und ein bisschen Glück auf so einer Fahrt kann ja nicht schaden. Die Fahnen gelten Gauchito Gil, einem Schutzheiligen der Fernfahrer. Sind wir strenggenommen ja auch, also hupen wir fleißig bei jedem roten Fähnchen am Straßenrand. Wenn ich das vergesse, kommt die Rüge aus dem Fond sofort. Da sind Klara und Thilo eindeutig auf Zack. Irgendwann wollen wir mehr wissen und lesen nach. Eine der Versionen geht so: Der „kleine Gaucho Gil" hatte einst Probleme wegen einer Frau (weswegen auch sonst ...) und flüchtet in die argentinische Armee, wo er tapfer gegen Paraguay kämpft. Er wird zum Helden. Im späteren Bürgerkrieg desertiert der Gaucho, wird gefasst und zum Tode verurteilt. Seinem Henkersknecht sagt Gauchito, dass sein Sohn an einer unheilbaren Krankheit leiden werde, wenn er nach der Vollstreckung des Urteils nach Hause käme. Sollte der Henker aber zu ihm – Gauchito Gil – beten und um Vergebung bitten, werde das Kind wieder gesund. Und so geschah es. Die Sage von diesem Wunder verbreitet sich in Windeseile, und Gauchito ist bis heute einer der populärsten Volksheiligen der Argentinier.

Gauchito Gil wäre eindeutig etwas für die Evangelische Kirche Deutschlands. Lange Haare, Pluderhosen, blaues Hemd, rotes Halstuch, Deserteur – was will man mehr. Aber da wir Protestanten uns Heilige nicht leisten und Südamerika weit weg ist, wird Gauchito ein argentinisches Phänomen bleiben. Wir sind aber neugierig geworden und planen einen Abstecher zum Heiligtum des Heiligen. Schließlich ist uns dank fleißigen Hupens bisher ja auch nichts Schlimmes zugestoßen. Der Besuch unseres Glücksbringers sozusagen Pflicht.

Der Wallfahrtsort für Gauchito Gil findet sich bei Mercedes, südlich des Sumpfgebietes, aus dem wir uns gerade zügig entfernen. Liegt direkt an der Fernstraße und ist schon von weitem an den Rauchschwaden zu erkennen. Wir hatten wenig Vorstellung von dem, was uns an einem südamerikanischen Wallfahrtsort so erwarten würde. Sicher kein gelecktes Barockkirchlein wie die Wieskirche in Freising. Aber was wir hier sehen, verschlägt uns selbst nach mehreren Monaten Tour durch Höhen und Tiefen dieses Kontinents einigermaßen die Sprache. Erklärt aber möglicherweise, warum die katholische Kirche diesen Volksheiligen nicht als vollwertigen anerkennt. Wären wir hier zufällig gelandet, wir hätten wohl Reißaus genommen. Der Ort hat was von Ali Baba und den 40 Räubern. Aber „Heiligtum"? Ein Schotterpfad, gesäumt von *parillas*, umgeben von zwielichtigen Gestalten, Spelunken in denen es hoch hergeht, dazwischen der ein oder andere Aushilfsgauchito in den typischen Pluderhosen des Verehrten. Über allem wabert der kalte Rauch von gegrilltem Fleisch, es riecht nach verbranntem Fett und Alkohol. Normalerweise zieht mich so was ja an. Heute irgendwie nicht.

Hinter der Szenerie machen wir eine Wiese aus, ein paar Autos und Zelte stehen auch herum. Ist wohl der hiesige Campingplatz. Nix wie hin. Vor einer der üblichen Grillfazilitäten breiten wir uns aus und kommen ins Gespräch mit anderen Pilgern, die sich gerade aus einem Reisebus ergossen haben. Die männlichen Pilger tragen lustige Gauchohüte, die Frauen das Grillgut der Männer. Lobenswerte Arbeitsteilung. Mit einem besonders authentischen Gauchitoanhänger versuche ich, ins Gespräch zu kommen. Es holpert allerdings etwas, der junge Mann ist misstrauisch. Erst als ich auch einen Schluck aus seiner aufgeschnittenen 2-Liter-Colaflasche mit faustgroßem Eisbrocken nehme (Fernet-Cola), taut er auf. Ich leite behutsam zur Theologie über: „Was hat es eigentlich mit dem Gauchito auf sich? Weshalb kommen so viele Menschen hierher?" Mein Gegenüber schaut mich an, als käme ich vom Mond, und antwortet kurz angebunden: „*El cumple!*" Dann geht er wieder und lässt mich ratlos zurück. Erst nach einigen Minuten fällt mir ein, was er gemeint hat. *El cumple* bedeutet: Er hält sein Versprechen. Das ist mal ein angenehmer Heiliger, der nicht fordert, sondern gibt, und das für ein einfaches Hupkonzert.

Dass Gauchito seine Anhänger auch wirklich erhört, sehen wir wenig später im Inneren des Wallfahrtskomplexes. Wenn man es durch diese Art Souk geschafft hat – voll von Devotionalien in allen Formen, Farben und Größen, Gauchitopüppchen, -teller, -tassen, - mates, -hand- und -halstücher, Gauchitos in Lebensgröße am Kreuz und ganz klein für den Schlüsselbund, als Kerze oder Münze, aus Leder oder in bunt –, steht man vor einer kleinen Kapelle. Diese vollgestopft mit Geschenken: Hochzeits- und Kommunionskleider, mehrere Fahrräder, Gitarren, Fotos, Fußballtrikots. So ziemlich alles, was man sich vorstellen kann, wird hier abgestellt. Die Kapelle ist von außen übersät mit alten Nummernschildern. An den Seiten der Soukhalle: noch mehr Nummernschilder, tausende. Alles Geschenke an denjenigen, der die Hupen bzw. Wünsche der Fernfahrer und anderer erhört hat. Ein beeindruckendes Zeugnis der Kraft von Gauchito Gil. Dennoch bezweifle ich, dass selbst der neue Papst aus Argentinien seinen Landsmann in den Heiligenstand erhebt. Ich wage aber zu behaupten, dass es den Anhängern von Gauchito herzlich egal ist.

Wir lassen die Aura dieses Ortes noch etwas auf uns wirken, zünden lange rote Kerzen an und gehen grillen. Während ich mit mäßigem Erfolg zündle und Thilo ganz glücklich ist über den

Müll, den er hier überall findet, wird es plötzlich laut. Ich winke die Kinder zu mir. Keine Sekunde zu spät. Nicht weit von unserem Standplatz unweit der Haupt„straße" springen zwei Halbwüchsige auf den Rasen. Beide mit nacktem Oberkörper, beide blau wie die Haubitzen und nicht gut gelaunt. Einer der Helden hat wohl eins auf die Fresse bekommen, ist blutverschmiert und böse geworden. Das teilt er dem anderen unmissverständlich mit. Um sein Anliegen zu unterstreichen, fuchtelt er mit einem ellenlangen Fleischermesser herum. In wenig schöner Sprache wird verbal abgestochen und zerschlitzt. So geht das ein paar Minuten, bis ein anderer Gaucho dazwischengeht und eine Polizeisirene ertönt. Klara und Thilo verstehen zum Glück nicht, was hier vorgeht, und kauern neben dem Grill. Wir werden wohl heute auf Abendspaziergang und Kontakt mit den Einheimischen verzichten.

Irgendwann wird es dann ruhig auf dem Zeltplatz und drumherum. Die Kleinen kuscheln, frisch gefüttert mit Chorizo, gegrillter Paprika und argentinischem Masthähnchen, in ihrem Alkoven und träumen wahrscheinlich von Gauchito, wie er ihnen Gummibärchen bringt. Die meisten Wallfahrer haben ihre Wünsche abgeladen, Geschenke gebracht, Kerzen angezündet und Nippes eingekauft. Die Rauchschwaden lassen nach. Selbst die Fangemeinde aus dem Reisebus hat sich wieder in ihr Gefährt zurückgezogen. Dort werden sie heute übernachten, bevor es am nächsten Morgen zum nächsten Heiligtum geht. Diana schreibt am Tagebuch, und ich überlege, was ich mit der angebrochenen Flasche Malbec tun soll. Lange muss ich nicht nachdenken, aber vorher möchte ich mir die Flaniermeile bei Nacht geben. Die Blase drückt außerdem. Da die öffentliche Toilette des Zeltplatzes geschlossen ist, die bärbeißigen Mate trinkenden Klofrauen, deren Arbeit sich augen- und nasenscheinlich auf das Putzen der gesammelten Geldmünzen beschränkt, haben Feierabend. Also ab in eines der Restaurants. Fast alle leer. Nur vor wenigen Läden steht noch ein Grill, brutzeln Fleischlappen auf ausgehender Kohle vor sich hin. Die Stimmung ist friedlich. Keine Spur mehr von dem Trubel vor wenigen Stunden. Ich suche mir das am wenigsten schmierige Lokal für einen Toilettengang, werde um einen Peso erleichtert, um dann festzustellen, dass sich das Lokal ganz der Küche verschrieben hat. Ich lege den Rückwärtsgang ein und suche mir doch lieber einen Baum, bevor ich die restlichen Schlucke Malbec Gauchito Gil opfere und mir einen tiefen Schlaf wünsche. Ich bin sicher, dieser Wunsch wird erfüllt.

Tränchen am Rio Uruguay

Bei den warmen Wassern von Daymán

Wir haben kaum noch 3 Wochen bis zu unserem Heimflug und nur noch wenige 100 Kilometer bis Buenos Aires. Dazwischen liegen der ein oder andere Naturpark, Ferienorte beiderseits des Rio Uruguay, der die Grenze zu Argentinien bildet, Pampa und das Tigre Delta.

Da uns Uruguay, vor allem die Beschaulichkeit und Ruhe, die freundlichen Menschen und das unaufgeregte Leben dort so gut gefallen haben, entschließen wir uns, noch einmal in dies Land vorzustoßen. Die Wahl fällt auf die Termas del Daymán. Dort soll es einen hübschen Campingplatz in der Nähe von heißen Thermalquellen geben. Es wird langsam kälter. Wir steuern auf den Herbst zu und haben die tropischen Gegenden schon ein paar Tage hinter uns gelassen. An die Hitze Brasiliens und der argentinischen Sümpfe noch gewöhnt, scheint uns eine Verlängerung der Wärmekur – und sei es nur mit warmem Wasser – angebracht.

Kurz vor dem Tagesziel und kaum über der Grenze, werden wir auf eine Menschen- und Tiermenge aufmerksam. Gleich unterhalb der Straße liegt ein riesiges Feld, Autos und Lastwagen parken dort, um einen Verschlag tummeln sich Einheimische. Das wollen wir uns näher ansehen und fahren ran, fragen, was hier los ist. Pferderennen erfahren wir. Spannend. Klara liebt Pferde, Thilo ist für Rennen jeder Art zu haben, und Diana und ich sind gespannt, wo dieses Rennen stattfinden soll, denn hier ist alles, nur keine Reit- geschweige denn eine Rennstrecke. Nur Wiese und Menschen. In der Mitte der Wiese eine Baracke, die Chorizo, Bier und Lärm anbietet. Der Lärm kommt von einem Mann, der etwas versteigert. Es dauert eine Weile, bis wir begreifen, dass es dort um die Wetteinsätze geht. Das vorletzte Rennen des Tages steht an, und wer auf eines der fünf Pferde setzen will, muss diesen Einsatz ersteigern. Das wird für alle Pferde ein paar Mal gemacht, bevor es losgeht. Der Favorit des Laufes ist auch schnell ausgemacht. Es ist das Pferd, das jeweils den höchsten Einsatz einbringt. Die anderen Pferde gehen in den Versteigerungsrunden für deutlich weniger über die Bühne. Gesetzt wird nur auf Sieg, und die Summe aller Wetteinsätze geht an den Sieger. Da unsere Reisekasse mittlerweile auch gut gelitten hat, beschließe ich, mitzusteigern, und begehe meinen üblichen Pferderennfehler: Setzen auf einen Außenseiter. So habe ich schon auf der Horner Rennbahn in Hamburg stilvoll Geld verloren, aber dort gab es nicht so leckere Chorizo, und die Leute wirkten eher gelangweilt. Hier herrscht buntes Treiben, die Bewohner der umliegenden Dörfer kommen mit Kind und Kegel jeden Sonntag auf diesen Platz oder fahren zu einem anderen Rennen der Gegend. Es ist der übliche Wochenendzeitvertreib. Man schwatzt, schaufelt Fleisch in sich hinein, wer ein gutes Pferd hat, erntet Ruhm, andere das Geld. Wir beobachten die Szenerie, einen alten Mann, der eine noch ältere Vespa vor sich her schiebt, den kessen Jungen mit Barettmütze, der für Vaters Bier ansteht, eine ganze Menge Gauchos wie aus dem Bilderbuch. Auch der Dorfpolizist schlendert über den Platz, und ein Journalist notiert irgendetwas für die Dorfpostille. Im Zentrum der Grill mit seinem munteren Grillmeister, der kaum mit der Produktion nachkommt. Es raucht wie aus einem Hochofen, an Fett haben die Wurstmetzger offensichtlich nicht gespart. Dann ist es endlich so weit. Alles was auf den Beinen ist, begibt sich an eine Absperrung im hinteren Teil der Wiese. Gerannt wird von links nach rechts, vielleicht 1000 Meter. Ein Schuss. Kaum habe ich mich orientiert, sind die Viecher an mir vorbeigaloppiert. „Mein" Pferd auch. Nur leider nicht an erster Stelle. Bevor ich noch mehr Geld in den uruguayischen Sand setze (gut, ein Vermögen war's jetzt auch wieder nicht), zotteln wir weiter zu den Thermen.

Klara und Thilo sind sofort in ihrem Element und freunden sich schnell mit den „Nachbarskindern" auf dem Campingplatz an. Das Spanisch flutscht vor allem bei Klara mittlerweile so gut, dass die Kommunikation mit Einheimischen kein Problem ist. Das war sie zwar ohne Spanischkenntnisse auch nicht wirklich, aber immer seltener muss ich übersetzen. Die Kleinen traben einfach auf ein frisch entdecktes Kind zu und mit „*me llamo Klara/Thilo*" oder „*quieres jugar*" (willst du spielen) ist das Eis schon gebrochen. Wenn keine Kinder in der Nähe sind, reichen Thilo ein paar rumliegende Drähte, und Klara pflegt die Batterie Kuscheltiere, die noch um das Plüschmilodon Müsli aus Puerto Natales/Chile erweitert wurde. Wir verbringen hier noch ein paar gemütliche Tage zwischen Paco, den heißen Pools am Campingplatz und der größeren Thermalanlage gleich im Ort. Nichts Spektakuläres oder gar Mondänes, aber ein nettes Freibad mit allerlei warmen Plantsch- und Schwimmbecken, sympathisch angestaubt und voll von zufriedenen Familien aus dem ganzen Land. Immerhin ist das hier eine der Top-Urlaubsdestinationen im hügeligen Inland der knuddeligen Republik östlich des Uruguay. Typisch die Unaufgeregtheit und Aufgeschlossenheit der Leute, die rundum zufrieden wirken. Hier kann man wirklich nichts machen, außer sich im Wasser oder vor dem Zelt zu aalen, dann und wann den Grill anschmeißen, ein überflüssiges Souvenir kaufen oder in eines der wenigen noch geöffneten Restaurants gehen. Wir sind mittlerweile in der Nachsaison angekommen. Es wird jeden Tag kälter, der Platz leert sich.

Auch für uns ist es jetzt an der Zeit, Paco für seine zweite Ozeanquerung herzurichten. Während Thilo und Klara eine tote Tarantel untersuchen und Diana sich fragt, ob das nicht gefährlich ist, räume ich die „Garage" unseres Reisemobils aus, um aufzuräumen und auszudünnen. Ein Sack Kohle geht an die israelischen Tramper drei Bäume weiter, überzählige Stöckchen von

Thilo wandern zum Feuerholz. Mitbringsel wie Flipflops aus Brasilien, Vulkanbrocken aus Chile, Rasseln aus Buenos Aires, Mates und dazugehöriges Yerba aus Corrientes werden sauber verstaut. Ich staune beim Aus- und Einräumen unserer Kisten nicht schlecht, was wir alles bis hierher gekarrt haben. Zwei Wagenheber, Gummipfropfen zum Flicken von Reifen, diverses Klebe- und Dichtmaterial, das ich im Zweifelsfall ohnehin nicht hätte applizieren können, Moskitonetze, Luft-, Diesel- und Ölfilter, Gasflaschenadapter, Abschleppseil und ein zweiter Satz Scheibenwischer. Unter anderem. Haben wir alles nicht gebraucht, weil Paco vorzüglich mitgemacht hat. Nicht mal eine Reifenpanne. Insofern kann ich auch den zweiten Ersatzreifen von Hankook mit seinen 40 Kilo wieder vom Dach und in den Innenraum wuchten.

Während sich ein Großteil unseres Hab und Gutes vor mir ausbreitet und ich die Spreu vom Weizen trenne, passiert es dann. Mir kullern ganz dicke Tränchen die Wangen herunter. Schmerzlich wird mir bewusst, dass in diesen Tagen ein Lebenstraum zu Ende geht. Wie lange haben wir uns auf diese Tour gefreut und vorbereitet. Jahre vor dem Abflug keimte die Idee, es folgten Besuche der Allradmesse in Bad Kissingen, der Kauf von Paco in Villach, die gemeinsame Planung mit Diana, wie der Wagen denn renoviert werden könnte, ein ganzer Rattenschwanz an Erledigungen von Impfungen (ich bin sicher der Tropenarzt hat heute noch Klaras Schreie in den Ohren, Thilo war ganz tapfer) über Papierkram bis hin zur Bestallung eines 1a-Werkzeugkastens. So schön es ist, einen Traum zu haben und sich diesen Schritt für Schritt zu erfüllen, so traurig ist es, diesen Traum – zumal einen wirklich gelebten – auszuträumen. Ich schaue meinen Kleinen beim Spielen zu, und mir wird noch mehr zum Flennen zumute. Zum Glück ist Diana da und nimmt mich fest in den Arm. Mir sitzt ein Kloß im Hals, und ich will einfach nicht wahrhaben, dass wir jetzt nach Hause sollen. Die Zeit so eng zusammen, die schönen Momente mit meinen Kindern und meiner Frau, zwar für immer im Herzen, aber bald Geschichte, nur noch Erinnerung. Aus der Traum vom Rumzigeunern ohne Plan und ohne Ziel. Nun ja, ohne Plan und ohne Ziel waren wir nie richtig, vielleicht in den letzten beiden Monaten, aber sicher waren wir so frei wie selten zuvor und immer wieder überglücklich, ein solches Abenteuer gemeinsam erleben zu dürfen. Zu Beginn schien die Zeit vor uns so endlos lange, noch vor Wochen wollte ich am liebsten in den Flieger steigen, und jetzt möchte ich nicht loslassen. Ich möchte sie festhalten, die Zeit mit meiner Familie und unserem Wohnmobil Paco. Was mich tröstet – aber nur ein bisschen – ist das Wissen, wie fest die Erinnerungen, die schönen zumal, sich einprägen werden. Diese Reise ist ein Teil von uns geworden, und hoffentlich werden wir immer ein Stückchen weit auf großer Fahrt sein. Thilo und Klara werden, was sie vergessen haben von den Walen, dem Wind und den Vulkanen am Ende der Welt, nachlesen können. Und wer weiß, vielleicht …? Ist nach der Reise nicht vor der Reise? Aber daran möchte ich jetzt nicht denken. Erstens haben wir noch zwei Wochen, und vor mir liegen immer noch eine ganze Menge grauer Staukisten.

WIEDER IN GAUCHOLANDIA
Auf der Ruta del Carne nach Buenos Aires

Wir lassen uns die Laune nicht verderben und lümmeln noch zwei Tage in Colón herum, einem argentinischen Urlaubsstädtchen am Rio Uruguay. Ähnlich schöne Strände wie am Rio de la Plata, aber mit argentinischem statt uruguayischem Rindfleisch. Die Weintraube zum Fleisch bleibt die gleiche, schwerer Tannat. Wir verkosten in einem der wenigen hiesigen Weingüter aber auch Sangiovese und Cabernet Sauvignon und bleiben beim Sangiovese (typische Traube des Chianti) hängen. Der Winzer, der uns und ein paar anderen Neugierigen stolz sein Gut zeigt, ist Seiteneinsteiger, was man seinen Weinen nicht anmerkt. Keine ganz großen Tropfen, aber ausgesprochen gut trinkbarer, würziger Roter, spritziger Sekt. Die Flaschen Sangiovese, die wir einsacken, werden nicht alt, denn Soheyla, eine Münchnerin und deren argentinischer Begleiter Xavier – haben wir beide während der Gutsführung kennengelernt – entführen uns in eine „take-away-parilla" in Colón, danach an den Strand. Bestimmt der längste feststehende Grill, den wir auf unserer Reise gesehen haben. Locker 12 Meter lang, jetzt in der Nachsaison nicht vollständig befeuert, aber ein paar Meterchen eben doch. Dort liegen abholbereit saftige Stückchen Vacío, Hühnchen, Chorizo und Rippchen. Wir zeigen dem Grillmeister, was wir mitnehmen wollen, das Fleisch wird gewogen, in Papier gewickelt, und ab geht's. Pommes und Salat haben wir auch noch mitbekommen. Spontane Grill- und auch sonstige Feiern sind ja bekanntlich die besten, was auch für diese gilt. Die Sonne wärmt angenehm, der Fluss in Sichtweite, keiner außer uns weit und breit, es duftet nach Hähnchenbraterei und frisch frittierten Kartoffelstreifen, die Kinder quasseln munter unsere neuen Freunde zu. Bei dieser Stimmung entkorkt sich die Flasche Wein fast von selbst. Die nächsten auch. Zum Glück muss ich unser Wohnmobil nicht mehr bewegen, ganz im Gegensatz zu Xavier, der seinen alten Ford erst gegen einen Mülleimer dengelt, bevor er die Mitte des Weges findet.

Unser nächster Stopp auf der Ruta del Carne[28] ist San Antonio de Areco, keine zwei Stunden von Buenos Aires. Hier waren wir schon einmal. Während unserer langen Wartezeit auf Paco sind wir ein Wochenende hierher gefahren und haben in der schmucken Posada „Antigua Casona" genächtigt. Einem Kolonialhaus in sog. Chorizo-Bauweise, d.h. die Zimmer ziehen sich vom größten Wohnraum ausgehend einen langestreckten Patio entlang. Diesmal nächtigen wir weniger elegant in Paco, aber nicht minder zentral an einem Park unweit des Hauptplatzes. Gut, unweit des Hauptplatzes ist man hier fast nirgends, da der Ort recht überschaubar ist. Überschaubar und so schnuckelig, dass wir unbedingt wieder hierher wollten. Auch nach sieben Monaten Durchstreifen mehrerer Breitengrade Argentiniens, ist uns kein Städtchen untergekommen, das es mit San Antonio aufnehmen kann. Durchweg niedrige Bebauung, vorwiegend Flachbauten im Kolonialstil, Kopfsteinpflaster, ein gepflegter Park nahe eines Flusses, „Pulperias" (Gauchospelunken), in denen die Zeit stehengeblieben ist, diverse Grilletablissements. Alles recht pittoresk, wie aus der Zeit, als es Argentinien noch gut ging. Dieses Ambiente zieht jedes Wochenende Scharen von Porteños[29] in das Städtchen, und sei es nur, um ein Stück Rind zu vertilgen oder Mate trinkend durch den Park zu schlendern. Ausländische Touristen wie wir machen hier natürlich auch reihenweise Halt. Im Gegensatz zu anderen Touristenzielen (z.B. Carlos Pellegrini) ist die Hotel- und Pensionsaus-

---

28 Die „Fleisch-Route" gibt es – glaube ich zumindest – nicht wirklich, könnte es aber ...

29 Einwohner von Buenos Aires

wahl von guter Qualität, die Gastronomie unaufdringlich, die Souvenirläden ausgesucht gut und auf lokale Mitbringsel beschränkt (Mates, Peitschen, Messer, Ponchos etc.). Es gibt sogar eine hübsche kleine Schokoladenmanufaktur, deren Spezialität die überall in Argentinien angebotenen *alfajores* sind: mit feinster Creme gefüllter Doppelkeks, mit Schokolade überzogen (auch in der Diabetikervariante nur mit Puderzucker zu haben). Die Einheimischen kommen noch mit dem Pferd in die Stadt. Vor der größten Parilla schräg gegenüber der Kirche sitzen Gauchos in landesüblicher Tracht und trinken Wein, ihre Pferde stehen nur ein paar Meter weiter auf dem Trottoir und blinzeln in die Sonne. Mehr Argentinien geht eigentlich nicht.

Wir fühlen uns wie beim ersten Mal pudelwohl hier, sehen bekannte Gesichter, so klein ist das Nest, und verbringen die letzten Tage auf dem Lande mit leichter Wehmut. Hier fehlt es uns an nichts, außer vielleicht an Zeit – wie so oft. Die Grillmeister in der Bodega vor unserem Parkplatz haben diese Zeit. Um neun Uhr morgens werden die Holzscheite vor dem Restaurant angezündet, der Mate bereitet und halbe Lämmer leicht gesalzen an den Rand des Feuers gestellt. Dann werden die Hähnchen zerlegt und Chorizo portioniert, in drei Stunden kommen schließlich die ersten Mittagsgäste. Ein toller Job, denke ich. Jeden Morgen wie ein kleiner Junge mit Feuer spielen, eine Baskenmütze auf dem Kopf und die Matebombilla im Mundwinkel, Grillduft in der Nase. Keiner hetzt, keiner treibt, keiner will was. Volle Konzentration auf die züngelnden Flammen, die die Arbeit tun. Wieso eigentlich hier weg?

DAS WAR'S – WAR'S DAS?
Aus der Traum

Weil wir Termine haben. Paco muss wieder in den Hafen. Ein paar Tage danach ist Abflug. Bis dahin weilen wir wieder in „unserer" Stadtwohnung in Buenos Aires mit Oscar dem Hausmeister, genießen die letzten Tage, packen aus und wieder zusammen, besuchen Freunde und versuchen, uns wieder an das Stadtleben zu gewöhnen. Autos, Lärm, Hundeködel, Fahrpläne, Telefone, also an alles, was man nicht wirklich braucht. Wir gewöhnen uns aber schnell an das alte neue Leben in der Stadt und genießen die Hektik, so lange wir noch können, denn bald hat uns die badische Provinzmetropole Freiburg wieder. Aber auch darauf freuen wir uns. Auf die Familie und die Freunde, endlich wieder richtiges Brot, über den Markt schlendern und mit Nachbarn tratschen. Ein fein gezapftes Pils in der Kneipe zischen oder auf der Terrasse sitzen und ein Viertele Grauburgunder „schlotzen", wie es so schön heißt. Und auf den Kindergarten freuen wir uns natürlich auch. Obwohl wir uns streckenweise all diese Dinge in die Pampa gewünscht haben, hätten wir durchaus noch ein paar Wöchelchen oder gar Monate in Paco ausgehalten. So viel blieb unerkundet, an so viel sind wir vorbeigehetzt und haben doch so unendlich viel erlebt, gesehen und erfahren. Nicht zuletzt uns selbst, die kleine Familie auf großer Fahrt.

Ich sitze mit Krawatte im schwarzen Anzug vor meinem Starbucks Latte Macchiato im geschniegelten Büroviertel Puerto Madero und warte auf Pedro. In einer Stunde haben wir einen Termin bei einer der größten Kanzleien des Landes. Marketingtermin. Pedro und ich sind nämlich nicht nur Freunde, sondern mittlerweile Geschäftspartner einer Unternehmensberatung, die ich schon vor unserer Reise gegründet habe. Wollte schließlich nicht, dass mir daheim gleich wieder langweilig wird. Also habe ich am zweiten Tag in Buenos Aires die Flipflops, abgewetzte Jeans und das schmuddelige T-Hemd gegen die internationale Bürohengstuniform getauscht. Sitzt noch etwas unangenehm, vor allem die Krawatte. Obwohl ich abgenommen habe (wenn auch nicht so viel, wie ich gerne hätte) schnürt das Ding den Hals unangenehm zu, manchmal wohl auch das Gehirn. Aber das merken die wenigsten. Während ich so dasitze und auf die renovierten Rotklinkerspeicher des alten Hafenviertels starre, wird mir klar: Das war's jetzt. Aus und vorbei. In drei Tagen sitzen wir wieder in der Lufthansa-Holzklasse Reihe 38, einen Tag später sind wir in der Heimat. Die Melancholie, die sich bei diesen Gedanken noch vor wenigen Wochen in Uruguay eingestellt hat, kommt nicht wieder. Zu sehr freue ich mich auf zu Hause, meine Eltern, die Nachbarschaft, unsere Wohnung, den Weinkeller und ein neues Abenteuer als Unternehmensberater. Und gleichzeitig stelle ich mir die Frage: War's das jetzt? Hat sich der Trip wirklich gelohnt? Ist das, was Diana und ich uns erhofft haben, in Erfüllung gegangen?

Je nachdem, wann man mir diese Frage gestellt hätte, sie wäre unterschiedlich beantwortet worden. Es gab Tage, da habe ich unseren Einfall verflucht und mich gefragt, was in aller Welt hat uns dazu gebracht, mit einer Horde renitenter Gören in die windig-kalte Pampa zu fahren. Nur um tagelang über Schotterpisten zu kacheln, wo ich doch daheim mit einem guten Buch und einer heißen Tasse Tee sitzen könnte. Anderntags genieße ich genau das. Vom Wind zerzaust in der menschenleeren Einöde zu stehen, nur Familie Huber und die Naturgewalten. Wir selbst ein Nichts im Anblick der schier endlosen Weite vor und hinter uns. Freiheit zum Anfassen.

Das war's – ganz ohne Zweifel. Einmal diese Freiheit zu genießen, zu spüren. Das tun oder auch lassen zu können, was einem beliebt, und dahin fahren, woher der Wind weht – oder eben nicht. Mit Ansage und großem Bohei aussteigen aus dem Trott, um einen neuen Trott kennenzulernen. Der findet sich nämlich auch auf einer Wohnmobilreise schnell ein. Wasser tanken, Windeln wechseln, Strecke machen. Auch dieses eine Erkenntnis. Freiheit von allem gibt es nicht. Nur von dem, was einen gerade wurmt. Denn irgendwas ist immer. Aber schön ist es, sich aussuchen zu können, wo, mit wem und wie man dieses Irgendetwas meistert.

Wir haben uns das südliche Südamerika ausgesucht und können auch hier sagen: Das war's. Eindeutig. Angefangen bei den Walen und Pinguinen, durch und über atemberaubende Landschaften, Wälder und Wüsten, an liebreizende Strände. Nette Menschen und Begegnungen allerorten. Wenn man uns fragt – und das hat man oft auf und nach unserer Reise –: „Was war denn das Schönste?", so ist diese Frage schlicht und einfach nicht zu beantworten. Auf seine Weise war es überall beeindruckend. Die Weite in Argentinien, die Ruppigkeit Chiles, die Ruhe in Uruguay, die Kraft Brasiliens. Es ist unmöglich, sich zwischen Patagonien beiderseits der Anden, der Atacamawüste, den Iguazú-Fällen, den Stränden Uruguays wie Brasiliens oder dem Trubel in Buenos Aires zu entscheiden. Schön waren die Begegnungen mit durchweg freundlichen und hilfsbereiten Menschen, mit anderen Kulturen, aber auch mit anderen Globetrottern. Nikolauskeksebacken an der Carretera Austral, Weihnachten in El Chaltén, miterleben, wie Klara ihren ersten Zahn an die Zahnfee und Thilo seinen letzten Schnuller an die Schnullerfee verliert. Merken, wie sehr ich Diana liebe, trotz oder gerade wegen der intensiven Erlebnisse auf dieser Fahrt. Feststellen, dass ich einen Schraubschlüssel unfallfrei bedienen kann und es mir auch noch Spaß macht, mich unter den Wagen zu legen, um ölverschmiert wieder hervorzukrabbeln. Das war schön. Die einfachen Dinge waren schön. Bodenwischen in der Pampa, Holzsammeln und zündeln, im Rauch von verbranntem Fleisch am Ende der Welt stehen, sich im Rausch mit chilenischen Rodeoreitern verbrüdern, den Kindern beim Wachsen, Spielen und Lernen zusehen, meiner Frau beim Autofahren (wenn ich sie mal gelassen habe), Gitarre spielen und Mate trinken, gegrilltes Gürteltier bestaunen, Gammeln auf chilenischen Verbindungshäusern. Brasilianische Arschgeweihe bewundern und argentinisches Eis schlecken. Auch nicht schlecht. Ich könnte diese Liste endlos fortführen, ohne zu einem Ende zu kommen. Von Seite 1 bis hierher ist ja nachzulesen, was schön und was nicht so toll war. Am schönsten aber – wenn ich mich doch dazu hinreißen lassen sollte, diese profane Frage zu beantworten – war die Reise an sich. Dass wir den Mut hatten, die Kinder eingesackt und unseren Traum einfach wahrgemacht haben.

Das Gefühl, einen Traum nicht nur geträumt, sondern auch gelebt zu haben. Das war – und ist – das Schönste.

DANKE !
Gracias, Thanks und Obrigado

Ganz, ganz, ganz vielen Verwandten und Freunden und Bekannten haben wir zu danken. Das kommt jetzt in ungeordneter Reihenfolge und womöglich unter Auslassung des ein oder anderen. Hierfür bitte ich jetzt schon um Nachsicht. Dafür, dass uns auf der ganzen Fahrt kein Missgeschick passiert ist, keine Krankheit, kein Ärger, noch nicht einmal eine Reifenpanne, dafür danke ich unserem lieben Gott. Klingt vielleicht etwas angestaubt, aber wem soll ich hierfür sonst danken?

Meiner Frau Diana danke ich für die vielen schönen Stunden in und um unser Wohnmobil, aber auch dafür, dass sie von Anfang an Feuer und Flamme für unser Projekt war und Paco so toll ausstaffiert hat. Thilo und Klara, denen dieses Buch gewidmet ist, danke ich dafür, dass es sie gibt und dass sie uns so viel Freude bereiten, die Reise so problem- und sorglos mitgemacht haben. Von solchen Kindern kann sich mancher Erwachsene eine dicke Scheibe abschneiden. Unseren Familien in Freiburg, Hamburg und Bad Segeberg sei gedankt für die nicht gezeigte Sorge und die vielen Skype-Sitzungen. Meinem Vater und Diana für geduldiges Korrekturlesen dieses Buches. Herr Feldweg von Alustar (in Murg in Baden) hat die ausgezeichnete Beratung, Planung und Ausstattung unseres Mobils zu verantworten, Hankook die Festigkeit der Reifen. Kaufe ich ganz bestimmt wieder. Ute aus dem Fränkischen sei gedankt für regen Austausch vor dem Abflug und den zu kurzen Abend mit ihrer Familie am Pass von Quelat. Pedro und Familie für das Warten und Auslösen eines Pakets im argentinischen Zoll und den Kapitänen der Frachtschiffe fürs Ankommen im Zielhafen – wenn auch mit Verspätung. Martín hat uns in seinem Refugium gut gesichert packen lassen und einige Koffer eingestellt, Guillermo hat uns Praia do Rosa empfohlen. Frau Verkuyl uns ihren Quincho überlassen und ein Chimichurri-Rezept sowie ihre Familiengeschichte auf den Weg gegeben; mit Sascha, Reinhard, Urschi und Freunden haben wir lustige Abende auf der Península Valdez verbracht; Familie Siegenthaler hat uns vor herabstürzenden Felsen gerettet. Anne und Benny haben in Südchile geduldig unser Nikolausgedudel ertragen, mit Patricia, Danny und ihren Kleinen haben wir Weihnachten gefeiert. Antonio aus Chepú hat uns sicher durch die dortige Wildnis geführt und die Wirtin aus Quemchi durch die chilotische Küche. Den Burschenschaften Vulkania in Valdivia und Araucania in Santiago sei für die herzliche Gastfreundschaft gedankt, Matthias für das Zusammenbringen mit Kristoffer (mittlerweile auch Geschäftspartner), die Nächte in Santiago und die Suche nach peruanischen Restaurants. Mercedes Kaufmann in Llanquihue und Santiago haben uns nicht weniger beeindruckt als die Fleischerkünste der Gebrüder Mödinger (Cecinas Llanquihue). Sergio hat mich zum Glück nicht allein durch Araukarienwälder laufen lassen. Es ist beruhigend, wenn man sich nicht allein verfranzt. Über die Italienerin Ingrid und den Griechen Mario muss ich heute noch schmunzeln, wie sie verloren in der „chilenischen Schweiz" hockten; Marketa und Temo haben uns traumhafte Tage in der Atacamawüste beschert, Patricia und Kathy lustige Stunden in der Pisco Brennerei im Elqui-Tal. Den Südamerikabummlern Thomas und Anke danke ich für das Rumlungern am Grenzposten Gualeyguaychu sowie den leckeren Tereré, Michael für das Tankdeckelgeschenk an der Ruta 40. Bernd-Uwe und Bernadita für die Fürsorge am Rio de la Plata. James, Laura und Kinder haben uns in Santiago bestens verköstigt, und da wäre auch noch Rafael, der brasilianische Starfotograf. Danke für die tollen Familienfotos in der Atacama. Mit Frank habe ich in Iguazú Bier im Pool getrunken, mit seiner heiteren Frau sind wir in die Anthropologie des Amazonas eingedrungen. Valmir und Familie danke ich für die spontane Einladung zum Osterschmaus und dem Ingenieur Ricardo für den Portugiesischunterricht am Strand von Bombinhas. Ohne Soheyla und Xavier hätten wir noch mehr Weinflaschen selber leeren müssen. Und Ihnen/Euch sage ich für das geduldige Lesen dieser Seiten Danke.

Und an alle, die ich jetzt vielleicht zu Recht oder Unrecht vergessen habe, geht ein herzliches: gracias, thank you, obrigado.